中国城市发展创新模式系列丛书
丛书主编　杨天举

县（区）乡村振兴战略顶层设计与系统规划知与行

——乡村振兴十六重思维

杨年春　朱新华　著

中国财经出版传媒集团
中国财政经济出版社

图书在版编目（CIP）数据

县（区）乡村振兴战略顶层设计与系统规划知与行 / 杨年春，朱新华著.--北京：中国财政经济出版社，2021.5 （2023.3 重印）

（中国城市发展创新模式系列丛书）

ISBN 978-7-5223-0446-5

Ⅰ.①县… Ⅱ.①杨… ②朱… Ⅲ.①农村－社会主义建设－研究－中国 Ⅳ.①F320.3

中国版本图书馆CIP数据核字（2021）第050706号

责任编辑：彭　波　　　　责任印制：史大鹏
封面设计：卜建辰　　　　责任校对：张　凡

县（区）乡村振兴战略顶层设计与系统规划知与行
XIAN（QU）XIANGCUN ZHENXING ZHANLÜE DINGCENG SHEJI YU XITONG GUIHUA ZHI YU XING

中国财政经济出版社 出版

URL：http：//www.cfeph.cn
E-mail：cfeph@cfeph.cn

社址：北京市海淀区阜成路甲28号　邮政编码：100142
营销中心电话：010-88191522
天猫网店：中国财政经济出版社旗舰店
网址：https：//zgczjjcbs.tmall.com
北京财经印刷厂印刷　各地新华书店经销
成品尺寸：170mm×240mm　16开　17.75印张　268 000字
2021年5月第1版　2023年3月北京第3次印刷
定价：78.00元
ISBN 978-7-5223-0446-5
（图书出现印装问题，本社负责调换，电话：010-88190548）
本社图书质量投诉电话：010-88190744
打击盗版举报热线：010-88191661　QQ：2242791300

编委会名单

前言

乡村是中国稳定经济社会发展的“压舱石”，是中华文明传承创新的“活细胞”，是生态涵养和生态安全的“海绵体”，《中共中央 国务院关于全面推进乡村振兴加快农业农村现代化的意见》指出：解决好发展不平衡不充分问题，重点难点在“三农”，迫切需要补齐农业农村短板弱项，推动城乡协调发展；构建新发展格局，潜力后劲在“三农”，迫切需要扩大农村需求，畅通城乡经济循环；应对国内外各种风险挑战，基础支撑在“三农”，迫切需要稳住农业基本盘，守好“三农”基础。乡村振兴战略正在成为全国上下各级领导干部工作的重点，以及社会各界热切期盼与热情参与的新“风口”。

不言而喻，乡村是一个复杂的体系，乡村振兴是一个复杂的过程，乡村振兴战略是一个复杂的命题，乡村振兴战略的推进需要系统性的解决方案。因此，从中央到地方，从省市到基层、从智库到媒体、从政府到企业、从金融机构到运营机构，不断探索和总结，持续推出各种指导意见、战略规划、工作思路、创新模式、示范案例。然而，由于我国幅员辽阔、各地发展不平衡、资源禀赋差异大、发展要素千差万别、乡村机理多样性等原因，似乎还没有一种意见、政策、规划可以放之四海而皆准地指导实践，更没有一种方案、模式、案例可以照搬照抄地推广。

乡村振兴战略的系统性解决方案可能是基于新理念、新理论、新趋势、新需求、新制度的一次全面集成，通过彻底对当下和未来的人文、社会、经济、机制、生态、信息等领域的跨界思考，需要以超越传统规划的建筑学、美学和空间布局的视角，结合发展经济学、国民经济学、区域经济学、产业经济学和空间经济学、制度经济的跨学科创新，更需要放眼生态文明思想和数字文明变革的语境下进行一次系统变革、要素重构、全景再造、整体激活。从而，通过顶层设计、系统规划，引领智慧发展、智慧建设、智慧运营，“把强县和富民统一起来，把改革和发展结合起来，把城镇和乡村贯通起来”。

作为来自新型城镇化系统解决方案提供商、投资运营商和建设服务商的团队，我们总结了近30年参与的数百个案例，认为乡村振兴系统解决方案的探索过程是一个漫长的实践和理论创新过程。我们相信随着时间的推移和实践的深入，不同领域的解决方案都会得到动态完善和持续调整。在没有尽善尽美解决方案之前，作为当下肩负乡村振兴战略时代使命的人们更需要的是一种心态和思维，心态和思维决定解决方案的高度、深度、宽度、温度，并以此作为乡村振兴实践过程中激发创新、因地制宜、审时度势、动态调整、示范引领、模式总结的主观能动性的基础。

我们呼吁所有乡村振兴工作者，特别是规划者、建设者和运营者，要有“九种心态”。规划者需要尊重历史和尊重自然的圣心，需要挖掘禀赋和发现价值的慧心，需要面向未来和以人为本的仁心；建设者需道法自然和亲民惠民的良心，需要精打细算和因地制宜的精心，需要创造经典和传承文明的匠心；运营者需要久久为功培育内生动力的恒心，需要精心引导转变生产生活方式的耐心，需要积极探讨新模式和接受新事物的热心。

乡村振兴战略所需的思维格局和角度，因研究的问题尺度和解决问题的主体不同而不同。因为县（区）域是我国经济社会发展最小的战略单元，也是最大的战术单元。而且乡村振兴的问题表面在乡村，而实际上答案可能在城市，乡村振兴战略是城乡融合关系的系统重构，县（区）域是最有效的城乡统筹单元。所以，县（区）域是最好的乡村振兴战略抓手。形象些理解，在特定的阶段，全国的乡村振兴战略可能需要有解决1000个问题的《指导意见》和《规划纲要》，省级的乡村振兴战略应该结合中央指导下重点围绕100个问题制定《战略规划》和《行动纲要》，而县域乡村振兴战略很可能是10个重大工程的《系统规划》和《行动计划》。

所以本书选择县（区）域乡村振兴战略作为系统创新研究对象，并以此为视角提出了与之对应的顶层设计与系统规划“十六重思维”。这些思维是更像是一套方法论和思维导图，包括四个层面：一层是瞄准产业兴旺、生态宜居、乡风文明、治理有效、社会富裕的内涵，应有内涵思维、系统思维、逻辑思维、创新思维；二层是全景打通战略、产业、空间、重大项目、投融资和机制体制创新，应有全景思维、全生命周期、全域思维、全要素思维；三层是战略布局打造产业增长极、空间增长极和能力增长极，应有战略思维、平台思维、集群思维、示范思维；四层是落地项目推进产业发展项目、基础设施项目、公共服务项目，应有项目思维、多元主体思维、金融思维、全过程思维。

为了更好地解读县（区）视角下的乡村振兴顶层设计与系统规划，我们在一些理论和经验分享的基础上，选择了一个完整的案例，尽可能详尽解读县（区）如何以“五位一体、四化融合、三生互动、二元统筹、一域贯通”为目标，坚持“战略为势、产业为本、文化为源、创新为魂、生态为基、规划为纲、金融为器、数字引领”，通过“全要素聚集”和“多规合一”保障，实现“要素融合”“跨界整合”“产业叠加”“业态复合”“线上线下互动”，重构“村民+甲乙丙丁+政府”的相关利益协同共赢的生态圈，形成指导本区域乡村战略的战略、空间、产业、机制、项目、金融等创新集成的系统蓝图、行动纲领和科学作战地图。

本书稿是泛华集团大量的案例实践和理论创新的积累，是泛华生态圈下所有同仁、客户、伙伴、联盟、受众的共同智慧。在具体写作过程中，张源、鲁筱、青玮婷、曲华丽、肖爱耿、彭珏等参与了编写和资料整理工作。我们对此表示衷心的感谢！

目录

第一篇　乡村振兴的理论基础与时代背景

第二篇　县（区）视角下的乡村振兴战略

第三篇　乡村振兴系统创新

第四篇　践行乡村振兴战略创新

——萧县全域乡村振兴顶层设计与系统规划

附录 泛华乡村振兴实践案例集

第一篇

乡村振兴的理论基础与时代背景

“十四五”时期是我国经济社会发展的重要转折时期，也是实现全面建成小康社会目标后向全面建成社会主义现代化强国迈进的承上启下的关键时期。当前，世界正经历百年未有之大变局，新一轮科技革命和产业变革深入发展，国内经济发展正在进入“双循环”格局和高质量发展阶段，国际环境日趋复杂，不稳定性不确定性明显增加。中国农业农村发展迎来了新的机遇和挑战，《中共中央关于制定国民经济和社会发展第十四个五年规划和二〇三五年远景目标的建议》明确提出，把解决好“三农”问题作为全党工作重中之重，全面实施乡村振兴战略，加快推进农业农村现代化发展。第十三届全国人民代表大会常务委员会第二十八次会议于2021年4月29日通过《中华人民共和国乡村振兴促进法》，自2021年6月1日起施行。在此背景下，通过系统厘清乡村的起源与发展，揭示城乡二元结构的形成机理，为我国全面实施乡村振兴发展战略提供理论支撑。

第一章　乡村的起源与发展

乡村，是与城市相对的一类聚落形式。人类社会早期，乡村伴随农业的发展而出现，乡村聚落的形态、结构及其演变反映了农业生产的发展及人地关系的演变。国内外许多研究以乡村聚落作为研究对象来揭示人地关系，寻求人与自然和谐相处的方式。近代来，随着生产力的提高以及人们需求的变化，乡村发展呈现出了多元化趋势，在不同国家以及同一个国家不同发展时期，乡村与城市的关系以及乡村与地理环境的关系显现出不同的特征。

一、相关理论梳理

（一）乡村的概念与起源

一般而言，“乡村”是人们对村落笼统上的理解，由于民间概念划分的模糊，时常也将“乡村”与“农村”对等。目前来说，对“乡村”的定义大致可以分为两种：一种是指以农业生产为主体的广大聚居地域，另一种则是单纯地认定为乡人聚居村落，属于自然村，有一定的边界特征。换句话说，我们既可以把乡村认为是古人采集渔猎文明进化到农耕文明的重要标志，也可以理解为先民各族群在历史进化过程中发展起来的相对稳定的社会单元。乡村作为人类生产、居住、繁衍及进行政治、经济、文化等活动的场所，我们应当从两个层面来定义：一是乡村作为现实存在，它首先是物质实体空间，外在表现形式具有明显的聚集性，存在于一定的地域范围，是自然要素与人文因素共同作用而形成的地域综合体；二是乡村是人类群体意识活动的空间范围，它是非物质的社会空间，该空间的划分依赖于人类思想的群体性及血缘延续性，是血缘关系、亲缘关系与地缘关系高度重合的社会单元。综上所述，乡村可以被定义为物质实体空间和非物质社会空间高度重叠的地域空间，它是农林渔牧业人群长期生活、聚居、繁衍的边界相对清楚的社会单元。

乡村的起源并非伴随人类起源而生的，具有其独特的产生原因。乡村聚落在我国有着悠长久远的发展历史，作为一种聚落形态和社会单元，它是人类进化和人类文明起源时期的伴随产物，由于人类体质天生弱小，在面对大自然中的凶猛动物及弱肉强食的自然法则时，只有聚集群众的力量才能得以存活，于是为了生存，个体之间在某个时间段的某个空间范围内形成了稳定生存单元，同时由于人类之间能够相互沟通的天赋，使人类学会制造和使用工具，进而促进人类乡村聚落的形成。

（二）国外乡村聚落的研究与发展

国外在乡村聚落方面的研究早于我国，“乡村”及乡村聚落的概念最早皆来源于国外。国外乡村聚落研究大致可以分为四个阶段：

第一，起步阶段，主要研究自然环境与聚落之间的关系。代表人物有德国地理学家科尔，在其出版的《人类交通居住与地形之关系》中，对不同聚落类型进行了相关比较研究，分析了自然环境、地形和交通等与聚落分布状况的关系，并着重说明地形差异对聚落区位的影响。梅村（Meitzen）主要研究了德国北部农村聚落，系统分析了聚落形成的因子、聚落形态和聚落发展条件与过程，为聚落研究初步提供了理论基础。德国学者路杰安（Malign）对地形、日光等自然环境要素与乡村聚落位置的关系进行了深入研究。此后，白兰士（Blache）、白吕纳（Jean Brunhes）等法国地理学家系统分析了自然环境与乡村聚落的关系，对乡村聚落的分布、类型及其演变等进行了研究。

第二，发展阶段。20世纪20~60年代，乡村聚落研究主要侧重于村落的形成、发展、规划及类型等方面研究，并在理论研究上取得较大进展。德国著名的地理学家克里斯泰勒（Christelle）提出的“中心地理论”，为乡村聚落的研究和实践提供了重要理论基础，促进了乡村聚落的中心规划、空间体系等实践研究。

第三，计量变革阶段。在“计量革命”与“行为革命”影响下，20世纪60~80年代乡村聚落在研究方法上出现了重大转变，趋向定量和定性研究相结合，同时行为科学的研究成果也被运用到乡村聚落研究，人类决策行为影响聚落分布、结构与形态的作用被强调。

第四，转型重构阶段。随着人本主义思潮的兴起和地理学研究的“文化转向”，国外乡村聚落在研究范式上逐渐向人文与社会方向转变，研究内容更加多元化和丰富，从社会学、生态学、经济学等学科角度进行研究成为趋势，农村社区、城乡关系、乡村政策、人口与聚落、乡村聚落模式的演变等以往研究被忽略的部分成了聚落研究的主要问题。近年来，国外乡村工业化与城市化的快速发展也促使乡村聚落空间结构与体系发生了较大改变，乡村重构研究逐渐受到国外研究者的重视，涉及乡村的聚落重构、空间重构、社会经济重构等方面。

（三）国内乡村聚落的研究与发展

相较国外而言，国内对乡村聚落研究起步较晚，大致可以分为四个阶段：一是萌芽时期。这时期的代表人物有林超、陈述彭等老一辈学者，他们的乡村聚落研究主要集中在聚落与地理环境之间关系的初步分析方面，研究范围比较小，研究方法以定性描述分析为主。二是初步发展时期。这时期的代表人物是吴传钧先生，他对聚落等级进行了研究，提出“市镇度”概念并使用这个概念去衡量聚落的发展程度，这个阶段的研究方法仍较多使用定性描述分析。三是高速发展时期。这一时期研究内容逐渐多样化，对乡村聚落的研究主要集中在聚落区位布局、类型、规模、体系、空间结构以及聚落演变方面，研究方法开始定性与定量研究相结合并注重计量分析。四是全面发展时期。这一时期受人文地理学研究的文化转向及学者们对计量分析法日益看重的影响，研究的重点及内容趋于多元化，多学科综合研究也得到加强。具体而言，我国乡村聚落近年来的主要研究内容集中于乡村聚落区位研究、乡村聚落规模研究、乡村聚落类型与分类研究、乡村聚落体系研究、乡村聚落空间结构研究、乡村聚落空间演变研究等六个方面。

（四）我国乡村聚落形成条件及变化

聚落的形成条件，除了与人类的空间活动特征紧密相关外，一系列外部条件也具有重要地位。在聚落区位及其发展研究中，学者们非常强调自然条件、自然资源和通达性等因素（见图1–1）。有学者认为在一些地区，地形、土壤等自然因素影响乡村聚落的分布，气候、可用水、土壤肥力和交通设施等对聚落区位选择起着控制作用。但是，综合分析，聚落的形成和演化是居民的需求与环境综合供给两者的均衡结果[①]。

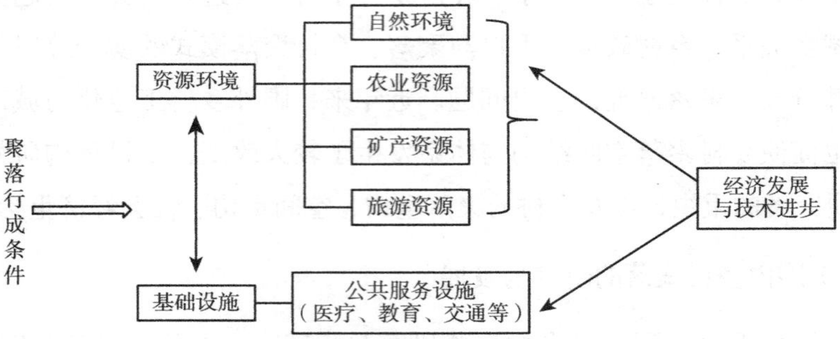

图1-1 聚落形成的条件

从历史上看，中国乡村聚落作为一个整体，经历了长期的发展过程。总体来看，自然条件和自然环境在早期聚落形成中起着决定作用，聚落初始区位对自然环境有很强的依赖性。在山地丘陵区，靠近水源、农田、燃料等资源的区位；在平原地区地势较高的区位，乡村聚落呈现出更易发展的趋势。

由于中国的特殊地理环境，我国的历史就是一部农业社会历史，因此，在乡村聚落位置的早期选择时，该区位的自然环境和农业资源就显得至关重要，只有优渥的自然环境和农业资源才能促使乡村聚落从无到有。伴随着社会经济的发展及新兴技术的出现，人们对周遭环境开发利用的能力日益增强，自然条件对人类活动的限制不断削弱，人类逐渐适应了更多元的生存环境。历史上，曾因某些区域的矿产资源出现与开采，促使一部分傍山吃矿的乡村聚落得以形成。随着人类生产方式的进一步飞跃，人类进入工业化时代，对矿产资源的需求大幅度增加，资源型城镇加速发展，聚落范围逐渐扩大，并形成新的聚落形式。此外，在某些自然条件和自然资源状况相对欠佳的地区，人类发现这类自然资源的观赏和休闲价值，凭借优美的自然环境和特殊的观赏资源，依靠旅游经济得以生存的乡村聚落遍地开花，大量的乡间民宿，心灵归宿如雨后春笋般出现在人们的视野中。除了这些资源环境因素外，基础设施的改善、人类需求的变化及价值观念的转换从多个方面影响着乡村聚落的形成。

① 李小建，杨慧敏. 乡村聚落变化及发展型式展望［J］. 经济地理，2017（12）：1–8.

二、乡村人地复合系统

（一）人地关系概述

人地关系的经典解释就是人类社会及其活动与自然环境之间的关系。在英语国家多是以“人类与环境系统”（Human-Environment system）来表达人地关系，而不是中国学者最常用的“人地关系”（Man-Land relationship）[①]。工业文明发展时期，人类社会财富快速累积导致了巨大的人地矛盾和冲突，这些矛盾与冲突集中表现为高速增长的消费需求和结构变化对定量的资源环境基础形成巨大压力，对人口数量庞大、发展需求强烈的发展中国家而言更是火上浇油（见图1-2）。

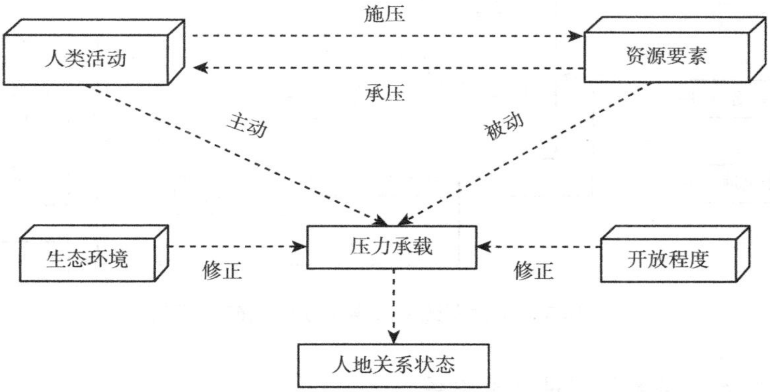

图1-2　压力承载的结构要素

时至今日，战略资源争夺、区域环境污染失控、粮食安全保障、气候变化、城市无序扩张、贫困与可持续发展等一系列日趋严重的全球性问题的核心仍然是人类社会及其活动与资源环境之间的关系问题。

实际上，由于中西方文化及社会背景的差异，人地关系研究侧重点存在着学科上以及视角上的差异。西方国家的研究视角从人类活动与地理环境变化开始转向城市安全、城市环境变化、贫困与环境问题、资源可持续发展和灾害等相对更加具体的方面。而中国的人地关系研究更加注重宏观政策视角的应用研

① 杨宇，李小云，董雯，等.中国人地关系综合评价的理论模型与实证［J］.地理学报，2019，74（6）.

究，在中国人地关系理论的奠基者吴传钧及人文经济地理团队首席科学家陆大道、樊杰的倡导下，服务国家重大战略需求逐渐成为中国人地关系研究的特色，并在中国国土规划、主体功能区规划、生态文明建设和战略环境评价等国务院颁布的重大国家战略中产生了重要影响。

（二）人地关系的认知内容与方法体系

乡村人地关系基本认知的研究框架包括3种基本关系、2项基本评价以及4类典型特征（见图1–3）。通过上述内容的认知，可以较为全面地认识乡村产业发展状况、土地利用与资源禀赋、劳动力转移与空间组织的特征与变化趋势[①]。

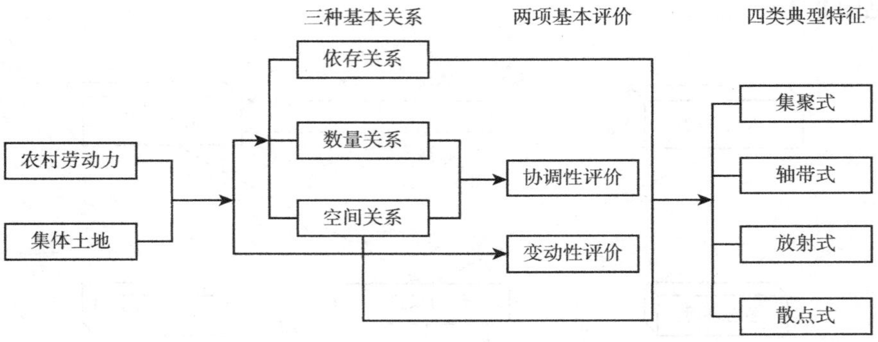

图1–3 乡村人地关系基本认知的研究框架

1. 乡村人地关系的三种基本关系。

乡村人地关系的三种基本关系分别是指依存、数量及空间关系，这三者分别侧重于定性、定量及定位。从农村劳动力对集体土地利用目的角度，三种关系可分为生产与生活两个方面。依存关系指农村劳动力对集体土地的依赖性，主要通过农村劳动力中各产业劳动力占比指标来判断；数量关系指农村劳动力对集体土地中生产与生活用地的占有量，主要由第一产业农村劳动力人均农用地面积、农村劳动力人均村庄建设用地面积两项指标来表征；空间关系指农村劳动力对集体土地利用的空间集聚程度（集聚或是分散），其判断方法较为复杂。

① 洪亮平，郑涛.乡村规划中乡村人地关系基本认知方法研究——以扬州市江都区为例［J］.城市规划，2018，42（11）：22–34.

2.乡村人地关系的两项基本评价。

乡村人地关系包括协调性与变动性两项评价。协调性评价是从空间维度评价乡村人地关系的协调程度，其实质是要准确认识各村农村劳动力对集体土地利用的广度与深度；变动性评价是从时间维度评价各村一段时期内“人”与“地”的变化，用于反映人地“流动”的强度与趋势。

3.乡村人地关系的典型特征。

乡村人地关系的特征是指“人”与“地”在空间上联系的强弱程度，并用定量且图示化的语言表示出来。由于农村劳动力主要居住在村庄建设用地中，因此可以将农村劳动力概化为村庄建设用地，则生活空间方面可以研究村庄建设用地的空间形态；生产空间方面可以研究村庄建设用地与农用地联系的空间强弱。

第二章 城镇化与城乡二元结构

工业革命以来，技术的进步推动了世界各地的城镇化进程，今天世界已经进入城市时代。实现高度城镇化的国家在经历早期的城乡差距扩大后，基本实现了城乡均衡发展。我国城乡二元结构的形成既与我国城镇化阶段相关，又反映了我国特殊的国情及城乡二元体制。破解城乡二元结构是城镇化过程中面对的问题，需要在城镇化进程中解决。

一、发展经济学与城乡二元理论

发展经济学作为研究经济发展的一门学科，总也绕不开两个“化”，即城市化与工业化。根据刘易斯的理论，工业化与城市化具有同步性，工业化产生对劳动力需求的拉力，当资本积累到一定程度时，自然而然地产生更多的劳动力雇佣缺口，于是大量的劳动力从乡村涌入城市。工业化与城市化作为发展经济学的经典问题，两者的进程完成于同一转型的制度背景之下。然而，新中国成立以后，为保障中国工业体系的建立和建立强大的国防体系，通过“工农业产品不等价交换、农业合作化、统购统销和要素流动控制等一系列的城乡关系政策与制度”，在牺牲农业来发展工业的过程中城乡二元经济结构逐渐形成并日益固化。

改革开放后，我国计划经济向市场经济转型。伴随着劳动力高度聚集，城市与乡村差距进一步扩大，大城市虹吸效应加剧的背后是乡村农耕经济的没落，乡村劳动力继续向城市聚集，而城市的容量有限，自然对农村涌入城市的劳动力产生了区别的对待。由于户籍制度的存在，涌入城市的农村劳动力无论是从经济层面，还是政治、社会、文化层面都无法获得与城市居民平等的对待，他们生活在城市的边缘或近郊，无法获得同等的社会福利、工资待遇。因其明显的目的性：在城市赚钱而非消费，所以这部分劳动力对城市消费经济的发展起着阻碍作用，换句话说，从消费的层面阻碍了城市经济的进一步发展。同时也是这批人，似乎脱离乡村，但又无法融入城市，进而促使城市出现“城中村”的现象，传统的城乡二元经济结构又进一步成长为复合的城乡二元结构①。

另外，由于这一批农村劳动力年迈后，只能重新返回农村继续从事低收入的农耕活动。在这一轮人口的流动中，城市因为拥有大量由乡村劳动力建设的道路、通信、卫生和教育等基础设施变得更加发达，而乡村的基础设施依旧落后，乡村经济并未得到应有的发展。城市的人均消费水平也远远高于农村，城市与乡村两者之间逐渐形成厚重的壁垒，更进一步造成了这种状况的恶化。

二、城乡要素流动剪刀差与城乡差异

城乡二元结构并非由单一要素所导致，究其本源可以认为是在社会主义市场转型的大背景下，因城乡二元政策的差异所造成的。具体而言，城乡差异的成因主要有以下几个方面。

（一）工农产品的价格体系

城乡差异最为显著的问题就是工业化产品与农业化产品的价值不对等交换。工业化产品以远超过其价值的价格与农业化产品进行置换，在这场置换中产品价格与价值的差额被称为“剪刀差”。中国工农业产品交换中存在的“剪刀差”，并非现代出现的，是有历史成因的。在鸦片战争以前，中国的国民经济以农业为主，手工业只是农业的附庸。在那时，农产品和手工业品基本能按照它们的价值进行交换。鸦片战争后，外国资本主义和中国国内剥削阶级利用他们在经济和政治上的优势地位，不断提高工业品销售价格，降低农产品收购价格，用扩大“剪刀差”的办法剥削农民。直至1949年中华人民共和国成立以后，政府才在保持物价基本稳定的基础上，对不合理的工农产品价格进行调整，但这种“剪刀差”并未如愿一直缩小。由于经济发展速度过快，服务于农业生产的工业产品，诸如同期种子、化肥、农药、农膜、柴油等生产资料的价格持续增加，与农产品价格的增长幅度形成明显差异。而外出打工既可避免不断攀升的服务于农业生产的工业产品价格，与种粮要面临的自然灾害、市场风险等因素，又

---

① 贺雪峰.城乡二元结构视野下的乡村振兴［J］.北京工业大学学报（社会科学版），2018，18（5）：34–42.

可以获得高于农产品价格的收益，显然，向城市流动是最优选项。

（二）城乡二元土地制度

我国《宪法》规定土地实行国家所有和集体所有两种所有制形式。“城市的土地属于国家所有；农村和城市郊区的土地，除由法律规定属于国家所有的以外，属于集体所有，宅基地和自留地、自留山也属于集体所有。国家为了公共利益的需要，可以依据法律规定对土地实行征收或征用并给予补偿”。同时，《土地管理法》规定：“中华人民共和国实行土地的社会主义公有制，即全民所有制和劳动群众集体所有制。”《宪法》《土地管理法》与其他土地法律一起构成一个土地法律体系，形成了我国城乡土地二元制度的基本格局。在我国二元的土地制度和二元的土地法律体系下，农民的土地权利被摒除在土地城市化之外。在法律上，农村土地集体所有权与城市土地国家所有权处于完全不平等的地位，这是导致农地产权残缺的重要因素。城乡土地市场被人为地隔离，形成城市土地市场与农村土地市场界线分明的两个不同的市场体系，这对于拥有农村土地使用权的人很不利，也使城市土地市场的效率低下，并且造成了城市和农村不同的土地权利体系。

（三）金融的存与贷

乡村由于经济发展程度远低于城市，农民基本没有过多资金投入银行存款系统，导致乡村的银行系统发展缓慢，银行储备资金缺乏，进而导致农民贷款难的问题。从信贷服务看，国家四大专业银行中，工行、建行、中行这三大行都是围绕着城市开展业务，满足城市产业、企业和居民的需要。唯有农行是专门为农村和农民服务的，但是，随着中国农业银行退出农村市场，信贷渠道中的资金也从农村流向城市。而农业项目由于风险大、周期长、盈利率低等原因，很难从国家银行系统获得贷款。即使乡村还存在农村信用社，但由于担心农民不能按时还贷，影响资金安全，也不愿意向农民发放贷款。这种非农化的信贷结构显然不利于农业的发展，更加剧了农业资金短缺的局面，也同整个农村经济发展不相适应。在这种乡村缺乏资金贷款、城市资金溢满的情况下，城乡差异进一步扩大。

（四）人口单向流动

随着我国工业化和城镇化的不断推进，农村人口向城市流动的规模也达到前所未有的高峰，20世纪90年代初期开始的“民工潮”更是加剧了这种状况，2011年我国城镇常住人口首次超过农村人口，2020年城镇化率达62%。通过教育、就业、经商等途径，我国的人口流动方向主要为向大中城市集中，相对农村留守人口而言，从农村流向城市的人口素质比较高，因而导致了农村人才资源的大量流失。新时期，为解决城乡人口单向流动带来的各种问题，政府大力推进社会主义新农村建设，推行农村的税费改革，对农业生产的直接补贴，工业反哺农业、城市支援农村，并取得了一些成效。但要实现城乡人口双向良性循环，仍需要相当长的历史时间。

三、乡村振兴：问题在乡村，答案在城市

新中国成立之初，国家重点发展工业部门，让农业剩余人口流入城市现代产业部门，从无到有地建造起国家工业化的基础，这一从农业社会向工业社会转变的过程必然导致所谓的“三农”问题。然而要解决“三农”问题，必须站在经济社会发展全局的高度，把农村与城市结合起来，用城乡统筹的眼光，打破城乡分隔局面，实现城乡之间多种要素交流的市场，解决城乡双向要素流动问题，面向城市发现新价值创造新需求。

一方面，在未来相当长的一段时间，我国人口流动的主流还是从农村向城镇流动，不管是异地城镇化还是就近就地城镇化，城镇化仍是吸纳农村人口、解决“三农”问题的重要出路。从城乡体系布局的演变来看，城镇发展规划相对清晰，而农村的规划发展则有不确定性。通过新型城镇化吸纳农村人口、化解“三农”问题，减轻农村建设的任务和压力，也是协同助推乡村振兴的重要举措。乡村振兴必须从经济上彻底打破传统农业所依赖的自然经济基础，使其面向市场，走上生态化、智能化、品牌化之路。同时，农业产业化和现代化并非空喊口号即可达成，必须拥有来自城市的先进技术和先进人才。通过优化乡村乡貌，吸引人才定居，引进先进的科学技术，构建规模化、集群化的现代农业产业体系，利用农业产业化经营组织农户直接进入城市市场，直接满足城市

居民需求，使农业走上自我积累的良性循环之路，真正加强了农业在国民经济中的基础地位[①]。

另一方面，推进新型城镇化也离不开乡村振兴。乡村振兴既是一个目标，也是一个长期推进的过程，特别是我国村庄的演变将会是一个漫长的过程。即使是对于那些长远来说可能要消亡的农村，也并不能完全排斥农村建设，因为它仍然可能还要存续发展二三十年甚至更长的时间，在这期间它仍然承载着相当的人口，村里人的生产生活条件仍需要保障、改善和提升。而且，农村隐藏着巨大的市场潜力，我国有2800多个县、近4万个乡镇、58万个行政村，还有5.6亿人生活在农村。乡村振兴大幕已经拉开，城乡差距正逐步缩小，未来如果中国农村都能建设得像欧洲那样，农民过上城里人一样的日子，将孕育巨大的投资空间。随着工业化、城镇化快速发展，城镇人口已超过农村，营养健康、优质绿色的特色农产品，绿水青山、小桥流水的田园风光，乡愁浓郁、民风淳朴的农耕文化，日益成为稀缺资源，受到越来越多的青睐。

四、新型城镇化与逆城镇化

“新型城镇化”是在“城镇化”概念的基础上进一步展开的，是以城乡统筹、城乡一体、产业互动、节约集约、生态宜居、和谐发展为基本特征的城镇化，是大中小城市、小城镇、新型农村社区协调发展、互促共进的城镇化。结合党的十八大、十九大和中央经济工作会议的思想，融入高质量发展理念，把新型城镇化道路的内涵和特征主要归纳为四个主要方面的内容：一是工业化、信息化、城镇化、现代化“四化”协调互动，通过产业发展和科技进步推动城乡融合，实现城镇带动的统筹城乡发展和农村文明延续的城镇化。二是人口、经济、资源和环境相协调，倡导集约、智能、绿色、低碳的发展方式，建设生态文明的美丽中国，实现中华民族永续发展的城镇化。三是构建与区域经济发展和产业布局紧密衔接的城市格局，以城市群为主体形态，大、中、小城市与小城镇协调发展，提高城市承载能力，展现中国文化、文明自信的城镇化。四是实现人的全面发展，建设包容性、和谐式城镇，体现农业转移人口有序市民

① 姜作培.城乡一体化：统筹城乡发展的目标［J］.理论参考，2005（4）：32-34.

化和公共服务协调发展，致力于和谐社会和幸福中国的城镇化[①]。

"逆城镇化"是随着城镇化走向更高水平而逐渐人口从城市外流的现象，一般是指大城市居住人口向外迁移的现象，它表现为大城市外围人口增长快于中心人口增长，因而外围人口密度提高，通勤距离延长。出现"逆城镇化"现象的基本动因在于城镇化内在的利弊。在城镇化快速发展阶段，人口大量从农业和农村向非农业或城市（特别是大城市）转移。一方面导致城市规模扩大、城市要素集聚增加，集聚不经济现象逐渐显现；另一方面造成了农村的逐步衰落，由此扩大了城乡之间、地区之间发展的不平衡。为解决或避免这类问题，一些先行工业化国家通常采取适当疏导、限制大城市增长和支持农业、乡村发展的方式，寻求城乡之间、地区之间能够较为均衡的协调发展。

然而，"新型城镇化"与"逆城镇化"现象的出现并不意味着将城镇与乡村孤立来看优劣，而应该注意到城乡之间极强的相互依赖性和互补性。"逆城镇化"与"城镇化"应该有先后发展逻辑，从发展阶段来看，我国存在着东西部差距大、让少部分人先富起来形成的不均衡所造成的问题，但将来一定会形成"逆城镇化"与"城镇化"长期并存、"逆城镇化"价值彰显的局面。乡村的衰弱不是必然规律。城市与农村有着不同禀赋、不同的发展路径，发挥各自的比较优势，形成城乡产业互补、文化互促、治理共融的发展格局，相互补充、渗透，才能相得益彰、相辅相成。"新型城镇化"和"逆城镇化"相得益彰必须坚持农业农村优先发展，推动形成工农互促、城乡互补、全面融合、共同繁荣的新型工农城乡关系，这就需要立足城乡关联互补性，健全城乡融合发展的财政、金融、资本、人才、土地等体制机制和政策体系，以相互补充的投资，创造互为需求的市场，推动城乡互补发展。此外，还需要注重地域特色、尊重文化差异，深度挖掘乡村积淀的历史人文资源，因势利导地培育发展好不同地区各具特色的乡村发展优势。

五、城乡一体化与区域间可持续发展

（一）城乡一体化概述

城乡关系是指在一定社会经济条件下城市和乡村之间相互作用、相互影响、

① 周一星.城镇郊区化和逆城镇化［J］.城市，1995（4）：7-10.

相互制约的普遍联系与互动共生关系①。西方学者对城乡关系研究起步较早，从20世纪40年代前以霍华德的田园城市理论、沙里宁的有机疏散理论等为代表的“城乡共同发展论”，到40~80年代以伯克、刘易斯等学者为代表的“城乡二元结构论”，再到城市偏向和乡村偏向，以及Rondineli提出的“次级城市发展战略”，城乡关系及其发展一直是西方学术界关注的重点。80年代，国内社会学领域开始探讨中国特色的社会主义新型城乡关系构建，包括市管县体制的改革及城乡工业协调发展。进入90年代之后，地理学、城市规划学、经济学、社会学、生态学、管理学等多学科开始关注城乡关系，大量研究成果探讨了城乡关系理论与实践等方面内容。

改革开放以来，伴随着工业化、城镇化的快速发展，中国城乡关系发展逐渐从城乡对立、城乡分隔开始走向城乡一体化发展。经济拉动城镇化取得很大成效，但同时也带来很多问题——如大城市过度膨胀形成“城市病”、二三线城市因为房地产泡沫形成的增长乏力等。近些年来，中国经济发展开始进入以“增速减缓、结构优化、动力多元、质量提升”为基本特征的新常态，正从经济的高速增长向高质量发展转型。随着“产业、人口、土地、社会、农村”五位一体的城镇化理念的进一步落实，更多的机会和公共资源正投向农业、农民和农村，创新驱动也加速推动人口、信息、技术、产品等要素的城乡流动。2017年，党的十九大报告提出了实施乡村振兴战略和实施区域协调发展战略，并在2018年“中央一号文件”《关于实施乡村振兴战略的意见》中进一步明确提出了“建立健全城乡融合发展体制机制和政策体系”的要求。可见，中国的城乡关系还存在特殊性和差异性。但总体而言，新的发展阶段、发展环境以及政策框架，正促使中国的城乡发展发生更加深刻的变化，并进入一个“强联系”驱动下的新型城乡关系构建时期。

（二）我国城乡产业发展失衡现状

1.城乡二元经济特征明显。

新中国成立以来，我国城乡经济发展水平呈现出明显的二元特征。产业是经济发展的基础和载体，二元经济主要体现为城乡产业发展失衡和结构不合理。一般以城乡比较劳动生产率、城乡二元对比系数（数值越小二元特征越明显）

① 刘春芳，张志英.从城乡一体化到城乡融合：新型城乡关系的思考［J］.地理科学，2018，38（10）.

等指标来衡量。在对比了1978年改革开放至今的农业与非农产业部门的比较劳动生产率后发现改革开放40多年来，我国农业与非农产业部门的比较劳动生产率差距在逐步缩小，二元对比系数也获得了约36%的涨幅。但根据国际经验，发展中国家的二元对比系数通常保持在0.31~0.45，发达国家一般为0.52~0.86，均远高于我国目前的水平。此外，2019年我国农业的比较劳动生产率还仅相当于非农产业的四分之一，说明我国农业现代化水平过低，仍未摆脱以劳动密集型为主的传统生产方式。

2. 三次产业间结构失衡。

根据产业结构理论，三次产业增加值占GDP的比重以及各产业劳动力占社会劳动力总数的比重是综合反映产业结构是否均衡合理的重要指标。从产业增加值占GDP比重指标看，我国三次产业的演进方向符合世界产业结构演变的一般规律，从2013年开始第三产业增加值比重首次超过了第二产业，占到了46%，成为国民经济的第一大产业。与改革开放之初相比，产业结构得到明显改善。但横向来看，根据世界银行数据，2014年，同为世界前三大经济体的美国三次产业比例分别为1.5∶20.5∶78.1，日本为1.2∶26.2∶72.6，而该年我国三次产业比例分别为9.1∶43.1∶47.8，不难看出，我国第一产业比重过高，第三产业比重过低，产业结构比例失衡问题依然突出。从劳动力占比指标看，2015年我国三次产业劳动力占比分别为28.3∶29.3∶42.4，其中第一产业占用的劳动力比重过高，第二产业的劳动力比重不足，仅相当于美国工业化初期的水平，作为就业弹性系数最高的第三产业，其劳动力比重只有发达国家一半左右的水平，这与我国当前的经济发展国际水平极不相称。

3. 城乡产业融合程度低。

除了城乡二元经济特征以及三次产业比例不合理外，城乡产业结构失衡还突出表现在作为发展短板的农村内部，农村三次产业联系不紧密、融合程度低。首先，从农业产业链来看，尚未形成完整高效的产业链条。产业链的各环节普遍竞争力不足，附加值不高，农业以传统种养业为主，农产品加工业多为初、粗加工，转型升级缓慢，农产品流通方式落后，此外，生产加销售各环节之间信息不对称、联系不紧密、发展不协调等问题突出。其次，从农产品价值链来看，生产销售各环节利益分配不均衡。近年来，虽然农产品价格不断上涨，但农业生产一直无法同步分享到加工和流通环节的增值收益，甚至连农业自身的收益也受到侵蚀。再次，从农业生产经营主体来看，发展水平总体不高，表现为种粮大户、家庭农场等普遍规模小实力不强；农民合作社普遍存在合作意识不强、人才匮乏、融资困难等问题；农业产业化龙头企业数量不足，管理不规范、创新带动能力不强，不具备开发新产品、新模式和新业态的能力。最后，从利益联结机制来看，以普通农户为代表的传统经营主体与农民专业合作社、龙头企业、家庭农场等新型经营主体之间没有形成“利益共享、风险共担”的利益联结机制，传统订单农业的契约期限较短，订单履约率低且约束力不强，农民的权益得不到保护。

（三）探索构建三次产业相融合的现代农业体系

1.促进农业内部结构优化融合。

促进农业内部结构优化融合，就是要改变以往只重视粮食种植业而忽视了经济作物种植业、牧业、副业、渔业的状况。这种传统农业内部结构的不合理不科学严重阻碍了我国农村资源的合理利用、节约利用、循环利用以及可持续利用。在城乡一体化的背景之下，科学调整农业内部结构，促进农业内部结构优化融合势在必行。

促进农业内部结构优化融合必须解放思想。单一的农业内部结构的产生与国内传统观念有关，因此解放思想，跳出传统观念的框框，农林牧副渔同时并举，努力构建现代化的农业体系，不仅能够深挖农业发展新动能，促使农林牧副渔相互协调，相互促进，还能逐步创造出更加合理的生态环境以保证农业生产的高质量稳定发展。

促进农业内部结构优化融合必须因地制宜，针对不同地方具体情况采取相应的措施来促进农业内部结构优化融合。立足不同地区的发展实际来促进农业与牧业的结合、农业与林业的结合、种养的结合。离开了各地的实际而简单化必然影响各地优势的发挥，必将严重损害农民的生产积极性，也必然影响农民收入的提高，更会影响乡村振兴战略的稳步推进。

促进农业内部结构优化融合必须坚持科学的指导方针。农业内部结构优化融合就是要通过结构的调整而建立高效、生态、循环的现代农业体系以促进农业资源的合理、节约、循环与可持续利用，目的就是要形成农业内部的协调促进与联动发展的新局面。

2. 推动三次产业融合。

首先，推动三次产业纵向融合。纵向融合主要是指产业链的延伸拓展。传统农业以粮食种植业为单一模式，这种单一模式的弊端与缺陷所造成的恶性循环广为诟病，不仅造成了资源的浪费，也对生态环境造成了难以估量的破坏。通过推动三次产业的纵向融合，产业链可以得到有效的延伸拓展。农业内部的种植业、养殖业、畜牧业等子产业之间以及农业与加工制造业之间能够形成上下游之间的有机关联。这种有机关联的建立便可以有效地将产业链进行延伸与拓展，从而形成相互衔接与循环往复的良性发展状态。

其次，拓展三次产业横向融合。横向融合主要是指拓展农业的多样功能。传统农业以单一种植模式为主，通过三次产业的横向融合，可以赋予农业多种多样的功能性。通过开发、拓展以及提质增效，传统农业可以被赋予科技、文化以及教育与环境等多重价值功能。这种多重价值功能的赋予可以使传统农业拓展至生态休闲、旅游观光以及文化传承与科技教育等领域。由此，农业便可以与文化、教育、旅游、环保、健康等产业实现有机统一、连通互动的良性发展态势（见图2–1）。

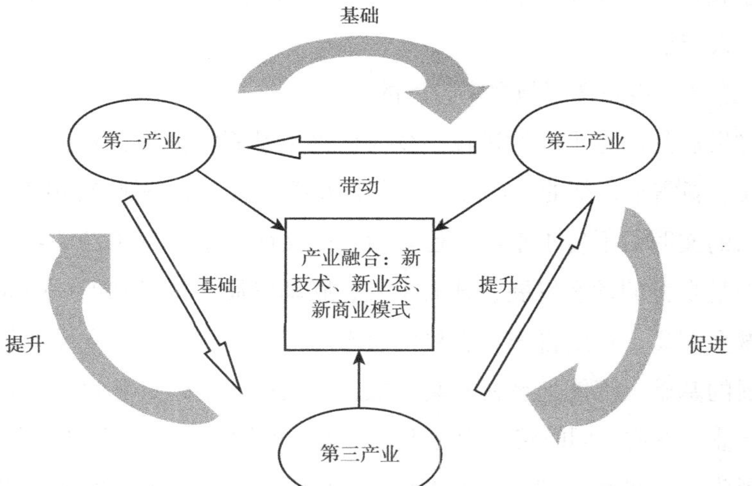

图2–1　农村三次产业的融合

3.深化农业与高新技术融合。

深化农业与高新技术的融合是指大力推进各种高新技术在现代农业领域的推广与应用。主要是要深化推进移动互联网、物联网以及大数据等新一代信息技术与目前各种高新的生物科技在农业领域的推广与应用。高新科技的推广与应用可以显著提升生产效率，转变生产模式，改善生态环境。同时能够推动农业科技的进一步发展提升，能够推动农业体系的创新升级。由此，农业发展的新业态、新模式便可得到培育发展。

传统农业因没有高新科技的支撑而发展缓慢甚至弊端丛生。高新技术可以为农业发展注入新鲜血液而使其保持旺盛的生命力。国外农业发展与高新技术的融合已经为我们提供了许多有益借鉴。例如，日本于2015年启动了“基于智能机械+智能IT的下一代农林水产业创造技术”项目，未来将大力发展以农业机器人为核心的无人农场；荷兰农业大力发展玻璃温室农业、园艺花卉、生物防控技术、电子信息技术；2021年1月，德国启动了基于欧洲云计划GAIA-X的首个农业应用项目，致力于为农业和食品工业建立开放的人工智能标准。因此，加大高新技术与农业的融合发展必将使我国传统农业跨上一个新的台阶。同时，各种高新技术与农业的融合发展必将进一步挖掘农业的新动能，这种新动能在各种高新技术的支撑之下必将焕发出旺盛的生命力从而使农业提质增效，为农民创收增收。在大力推进数字乡村建设的背景下，乡村振兴战略的实施也必将获得大步推进。

4.推进乡村生态文明与数字经济的融合。

乡村发展是动态重构的过程，乡村振兴不是固守传统农耕文明，而是要结合新时代、新需求，新的生产方式、生活方式，面向未来创造和引导新的文明，既要给旧的文明留下传承空间，也要给新的文明留下发育条件。乡村振兴一定要把握的是乡村的动态发展、开放发展、联动发展、持续发展……而不是固守不前，城乡割裂，封闭自守。农村的生态环境、乡村肌理、乡风文化都是第三产业发展的基础，不能把乡村割裂为农民、农业，不能只靠农民独立去发展乡村第三产业。农耕文明时代，山林中一户人家就构建起了一个自给自足的体系，后来发展为一个自然村和一个家族的互助体系，当下，乡村发展要思考数字变革、数字经济、数字时代，以及生态文明建设下的乡村振兴重构，产业与经济、文化与社会、生产与生活、新技术和新方式需要的场景，以及新关系下的新结构。

随着新型城镇化进程的推进，我国绵延五千年的农耕文明不断被工业文明所冲击，乡愁再度成为人们心中守望的记忆。在长期的社会迁延与情感沉淀中，乡愁渐渐成为中华文化的传统元素与精神基因，成为民族情感的依凭与精神家园的归附。乡愁本来就是主观的词，所以有个体性和鲜活性，而不是机械性。乡愁既有主体人群参照的，也有时代感的，所以父亲的乡愁、我的乡愁和儿子的乡愁自然不一样，但只要不过度粗暴地大拆大建，乡愁自然会留下和更新。父亲的乡愁是宗祠和水口旁边的古树的记忆，我的乡愁是乡村小学和村口河坝放牛的故事，儿子的呢，或许是门前桂花树下爬上爬下的故事。乡愁也有两重含义：一重是历史存在的认同和记忆，另一重是现代发展的变化和期待。谁也不希望自己的乡村因为记忆需要而固守和没落，而是希望她随时代进步、融合。

乡村振兴不仅是农耕文明演化，还应是顺应时代的数字文明、生态文明下的四化融合。现代乡村发展是全面融合的发展，农业产业结构性变革需要第三产业、订单经济、体验经济，复合经济，规模经济、平台经济，需要空间再造、乡村工场，新材料、新设备。农村人居环境整治需要加强绿色农业、休闲农业、水环境治理。农村人居环境提升，需要现代公共文化设施，数字化基础设施，需要现代治理体系。

第三章 乡村振兴战略的时代背景

近现代以来，长期存在城乡发展差距成为制约我国全面发展的短板，随着当今世界正经历百年未有之大变局，我国发展进入新时代，乡村发展迎来了新的机遇。乡村振兴战略的提出是新时代我国乡村建设的总抓手，乡村振兴战略统筹推进全面小康建设、精准扶贫。对乡村振兴战略及相关政策举措的全面解读将准确理会和落实相关政策。

一、乡村振兴是新时代我国建设全面小康社会的必然选择

《中共中央国务院关于实施乡村振兴战略的意见》中指出实施乡村振兴战略，是党的十九大作出的重大决策部署，是决胜全面建成小康社会的重大历史任务，在中央创新、协调、绿色、开放、共享五大理念的视角下，乡村振兴是认知、发现、解决问题的一整套战略体系，是新时代我国实现“两个一百年”奋斗目标的必然选择。

（一）乡村振兴战略重新聚焦了全面小康社会建设的工作重点

党的十八大以来，全面建设小康社会的根本任务和工作重点之一就是精准扶贫。习近平同志对精准扶贫的内涵做了“六个精准”的界定，即“扶持对象精准、项目安排精准、资金使用精准、措施到户精准、因村派人精准、脱贫成效精准”。秉持习近平“精准扶贫”的思想，全面建成小康社会是“十三五”的主要目标，而现在则是全面建成小康社会的决胜期。脱贫攻坚虽然成效显著，但我们也必须清醒地认识到，脱贫攻坚任务到了最艰巨的时刻，而且需要有个新聚焦点来承接精准扶贫的任务，乡村振兴战略为此提供了充分条件。党的十九大首次提出的乡村振兴战略是精准扶贫工作的长久性的发展，精准扶贫能否脱真贫、真脱贫，也取决于乡村的发展与振兴。如何带领贫困人口一同进入全面小康社会、开创乡村振兴新局面，无疑成为新时代国家治理的新议题。因

此，乡村振兴战略不仅指明了农业农村发展的方向，更是决胜全面小康社会的根本任务和工作重点的重新聚焦[①]。

（二）乡村振兴战略是破解“三农”瓶颈的治本之策

农业农村农民问题是关系国计民生的根本性问题，中国作为世界农村人口最多的国家，“三农”工作重中之重的地位没有变，特别是在新时代下，解决社会主要矛盾、决胜全面小康的重点难点都在“三农”。实施乡村振兴战略具有一定的方向性和全局性，必须用系统的思维进行谋划。当前，我国主要矛盾发生了变化，由原来的人民日益增长的物质文化需要同落后的社会生产之间的矛盾，转化为人民日益增长的美好生活需要和不平衡不充分的发展之间的矛盾。我国十几亿人的温饱问题已经解决，人民生活水平有了较大幅度的提高，在这样的大背景下，“三农”问题必然成为全面实现小康社会的重大障碍。乡村振兴战略就是突破这一难点的重大战略选择，就是促进农业发展、农村繁荣、农民增收的治本之策。因此，要实现农业农村的现代化，就必须实现农村经济、生态、科技、文化、教育等全方位振兴。

（三）乡村振兴战略是决胜全面小康社会的内生动力

乡村振兴战略的关键在人，破解“三农”问题的关键也在人，全面小康社会的发展更在于人。这里的人不仅仅是指乡村的群众基础，更是指能在乡村内部催生的推动乡村振兴战略发展的动力，主要是指乡村的人才队伍建设和乡村的基层组织创新。

建设乡村人才队伍，进一步加大本土人才培育力度，汇聚外部力量，引导各类人才投身乡村建设。统筹用好政策创设、平台打造和示范带动“三大抓手”，进一步深化人才发展体制机制改革，搭建人才选拔培养平台，继续开展好农村实用人才带头人和大学生村官示范培训，积极发现和选树人才典型。着力建设农村实用人才带头人、新型职业农民、农业科技推广人才、农村专业服务型人才“四支队伍”，强化农业农村人才的作用发挥。为发展全面小康社会提供人才支撑。

---

① 白如钰，黄江，杨育民.乡村振兴与新时代全面建成小康社会的战略选择［J］.农业经济，2020（3）：28–30.

推进基层组织创新，尤其是基层党组织的作用。充分发挥党建引领作用，以大村强村为龙头，按照一定辐射半径，把区域相邻、产业相近、人文相亲的行政村整合起来，建立中心辐射、产业引领、村企联建、新型社区等不同功能的联合党委，构建起了新的组织体系。新组建的联合党委，一般由先进村党组织书记担任书记，其他村党组织书记担任委员，并建立干部互派挂职、集体议事决策、党员活动联动等工作机制，对上统筹政策落实、对外承接项目落地、对内联动服务群众，形成了乡村振兴的集群叠加效应，党组织的凝聚力战斗力明显增强，为全面实现小康社会提供组织上的保证。

二、乡村振兴是解决“三农”问题、实施精准扶贫的现实需要

精准扶贫是指利用高效合理的手段，对贫困户进行有针对性的帮助，从而达到农民脱贫的目标，这与乡村振兴的核心思想一致。因此，在乡村振兴战略提出的大背景下，精准扶贫的研究显得尤为重要。本部分在研究乡村振兴战略于精准扶贫的促进作用的基础上，发掘实践中实施精准扶贫政策遇到的问题，并提出对策建议。

（一）乡村振兴创造“三农”机遇

实施乡村振兴战略是党的十九大提出的一个新战略，是从根本上解决“三农”问题的重大举措。“三农”问题是关系国计民生的根本性问题。长期以来，中国共产党高度重视“三农”问题，坚持农业乡村优先发展，并提出了按照“产业兴旺、生态宜居、乡风文明、治理有效、生活富裕”的总要求，加快推进农业乡村现代化。走中国特色社会主义乡村振兴道路，显示出中央解决“三农”问题新的决心和发展战略思路，这无疑给乡村经济发展和解决“三农”问题带来了具有历史意义的机遇。“三农”问题的核心目标之一是农民转变生产关系，实现农民职业化。职业农民可以拥有稳定的收入，且没有过高的风险，就能够和组织形成强连接、形成专业化服务。农民就可以实现股东化，家庭可以实现创业化，从而促进乡村活力的形成①。

① 邓雅杰.乡村振兴：整体上解决三农问题的根本战略［J］.新西部，2019（21）：17-18，59.

（二）乡村振兴助力精准扶贫

国家根据乡村振兴不同阶段的特征出台相应政策文件，除了同步建立配套保障机制外，也会对一系列保障精准扶贫策略实施的配套政策进行完善。精准扶贫作为乡村振兴至关重要的一步，对政府及相关社会组织支持农民脱贫提出要求，精准扶贫的稳步推进对乡村振兴战略的有效落实起到了一定程度的促进作用。为切实落实乡村振兴战略，国家分别出台了《关于促进农村创业创新园区（基地）建设的指导意见》《关于严格核定土地整治和高标准农田建设项目新增耕地的通知》《关于开展土地经营权入股，发展农业产业化经营试点的指导意见》等文件，鼓励村民入股企业并为广大返乡下乡创业创新人员提供场所和服务。在乡村振兴的农产品安全、农业金融、农机补贴方面，国家出台了《2018年农产品质量安全工作要点》《关于组织推荐金融支持旅游扶贫重点项目的通知》《2018~2020年农机购置补贴实施指导意见》等文件，对农产品质量安全、推进旅游扶贫工作及落实农机购置补贴等给予政策支持。在生态环境治理保护、乡村建设方面，国家也出台了《关于坚持农业农村优先发展，做好“三农”工作的若干意见》《关于建立健全长江经济带生态补偿与保护长效机制的指导意见》等文件，对解决“三农”问题及加大对长江经济带生态补偿和财政资金投入力度等给予政策上的支持①。

此外，乡村振兴吸引大批大学生及高级知识分子投入基层工作，为精准扶贫培养了大批优秀干部和学者。乡村振兴吸引企业在农村建厂，为农民提供大量的就业岗位，使农民的收入方式多元化，提高农民生活水平，加快贫困地区的脱贫速度。同时，吸引大量资金流入农村，为精准扶贫策略的推进提供充裕的资金支持。

（三）乡村振兴强化民生建设

乡村振兴的根本目的，是要实现农业农村现代化，最终要落实到增进民生福祉上来，让广大农民共同享有经济社会发展成果。但是，由于长期以来受城乡二元结构体制制约，农村的经济发展和社会建设与城市相比仍明显落后，农村民生领域更是欠账较多，农民收入水平低，就业、教育、医疗卫生、社会保

---

① 于法稳.基于绿色发展理念的精准扶贫策略研究［J］.西部论坛，2018，28（1）.

障、环境等方面发展不平衡不充分，远不能满足农民生产生活实际需要，为了强化乡村民生，必须落实乡村振兴战略。具体而言：一是建立覆盖城乡的就业创业服务机制。完善城乡公共就业服务体系，加强乡镇的就业服务机构建设，借助互联网、大数据、云计算等信息技术提高就业服务质量。二是建立城乡教育资源均衡配置机制。加大城乡教育统筹力度，促进城市优质教育资源向农村流动。三是建立城乡统筹的医疗卫生和社会保障制度。探索建立多种形式的城市医联体，推进紧密型县域医疗卫生共同体建设，提升基层医疗卫生服务水平。四是建立农业农村绿色生态发展机制。完善农业农村绿色发展保护制度，建立健全生态效益补偿机制，加强农村污染治理和生态环境保护。大力推行农业清洁生产方式，严格控制工业污染，稳定并逐步减少化肥、农药使用量，提高资源利用效率；开展农村人居环境综合整治，全面推进厕所、垃圾、污水“三大革命”，把农村建成山清水秀、天蓝地美的美丽宜居之地。

（四）乡村振兴提高农村经济

农村经济问题作为乡村振兴的核心问题，直接影响国计民生，也是当前全党的工作重心。想要保证“三农”问题的有效解决，就必须解决农业农村发展不平衡、不充分、不协调的短板问题。如何缩小城乡差距，使农民与城镇居民共同享受经济发展所带来的成果已经成为当前国家发展经济、使农民获得幸福感和满足感的关键性问题，而乡村振兴战略就是为从根本上解决这一问题而提出的。根据《中共中央国务院关于实施乡村振兴战略的意见》，乡村振兴将通过三次产业融合发展实现农业的转型升级、提质增效；通过践行“两山”理论、推进产业绿色化和绿色产业化，加快发展生态农业；通过“互联网+现代农业”，实现电子商务进农村、为乡村振兴插上信息化翅膀；通过产业扶贫与乡村振兴相结合，持续改善社会民生；通过壮大乡村集体经济，实现乡村产业可持续发展，这些实践已经取得了良好的社会效益和经济效益。

（五）乡村振兴弘扬乡风文明

乡风文明是乡村振兴的“灵魂”。在乡村振兴战略五个方面的总体要求中，乡风文明蕴含最为丰富的文化内涵，弘扬乡风文明就是要求坚持建设中国特色社会主义核心价值观，以优秀文化引领乡村文化的前进方向，从根本上解决农民群众的思想问题，将社会主义核心价值观与老百姓的生活结合起来，真正落到实处；大力弘扬中华民族的传统农耕文明，增加优秀乡村文化产品和服务供给，活跃繁荣农村文化市场，为广大农民提供高质量的精神营养。将扫黑除恶、移风易俗与乡风文明相结合，结合乡村实际，因地制宜，通过乡风评议、乡贤文化、文化队伍、乡风文明理事会等方式大力推进乡风文明建设，提振了村民的精神面貌，塑造了良好的乡村社会风尚。

三、乡村振兴是新时期我国推动内需增长的重要抓手

（一）乡村振兴助力供给侧结构性改革

1. 乡村振兴是农业供给侧结构性改革的方向。

首先，“去库存”是农业供给侧结构性改革的主要目标。此前我国一直施行国家收购政策，政策性粮食库存积压比较严重，又因为外国粮食质量好价格低，生产过剩、进口过剩，最终导致“仓满为患”。根据数据统计，大概有10%的库存达到或超过正常储存年限，造成严重的资源浪费、财政浪费。究其原因：一方面，由于我国农产品生产成本高、质量差、国际竞争力不强，造成进口过剩；另一方面，农户过分依赖国家的补贴政策，缺乏依据市场供求信息调节自身生产行为，造成生产过剩。面对“内忧外患”，农业发展的问题已经积累到不改不行的地步。因此，农业供给侧结构性改革具有极强的实践价值。

其次，“调结构”是农业供给侧结构性改革的核心内容。想要满足人类日益增长的美好生活需要，供给思维就不能只停留在“保数量”上，要根据市场需求，调整生产结构，向“保数量、保质量”以及“买得到、买得起”的高阶美好需求努力。在此过程中，要坚持“以我为主、立足国内、确保产能、适度进口、科技支撑”的原则，保证粮食等农产品的自给率，粮食生产不可能完全交给市场、交予他国；要按照新时期人民美好生活要求的标准，着力优化产业产品结构；要协同发挥政府和市场“两只手”的作用，更好地引导农业生产、优化供给结构，如从消费主导、区位优势、品种用途（稳粮、优经、扩饲）等角度调整结构、深化改革。

最后，“强科技”是农业供给侧结构性改革的重要手段。我国农产品成本降不下来，国际竞争力就提不上去，农产品价格就不会有优势，农民收入就成问题。这一恶性循环成为制约我国农业发展的一大短板。因此，“给农业插上科技的翅膀”，让科技创新成为农业发展的新引擎，既是补齐农业短板的生产力基础，也是深化农业结构性改革的必然要求，更是建设数字乡村、助力乡村振兴的重要手段。在实践中，应按照增产增效并重、良种良法配套、农机农艺结合、生产生态协调的原则，促进农业技术集成化、劳动过程机械化、生产经营信息化、安全环保法治化，加快构建适应高产、优质、高效、生态、安全农业发展要求的技术体系。

总体而言，应抓住改革要领，不断在去库存、调结构、强科技等多领域深化改革，顺应经济转型新时代，促进农业与农村发展。

2. 乡村振兴对农业供给侧结构性改革的三大作用。

农业供给侧结构性改革是以市场为主导的改革举措，因此，在满足市场需求、调节供需关系、纠正市场价格、树立新消费观等方面起到了重要作用。

第一，调节市场价格，恢复市场活力。价格，既是描述市场供求关系的重要信号，也是生产者和消费者之间的博弈纽带。具体而言，想要农民增收，价格就不能太低；想要市民得实惠，价格就不能太高，所以两者初衷存在一定的矛盾。当然，除供求关系以外，生产成本、中间商加价都是造成价格波动的主要原因。为了平抑这种波动对生产消费双方带来的影响，需要通过市场和政府两大主体，进行资源的优化配置。从我国政策来看，市场在资源配置中起决定性作用，而政府的“有为”体现在管好市场管不了或管不好的事情上。

第二，满足新时期市场需求，破解供需矛盾。当下，农业供给侧结构性改革的重要作用，就是用来解决人民日益增长的美好生活需要和不平衡不充分的发展之间的矛盾，就是满足大家“吃饱”“吃好”，还能“买得到、买得起”便宜、高质农产品的愿望。破解这一难题需要从四个方面着手：一要加大农业科技投入、支持农业创新、提高科技成果转化率，降低高质农产品生产成本；二要加大福利政策，设置专项补贴，鼓励优质农产品的种植生产；三要调整产业链，减少中间商层层加价的谋利行为；四要树立好品牌形象，减少消费者选择成本，辅助企业宣传和开拓市场，同时加强了消费者对于高质量农产品的认知，逐渐让价格实惠、质量又好的农产品进入百姓生活。

第三，重塑农产品品牌，中国农业“强起来”。近年来，随着我国经济社会的不断发展，“粮食安全”被赋予了更加丰富的含义，“食物安全”成为囊括其全部意义的更好表述，也更加贴合当前我国经济社会转型和人民美好生活的需要。就数量角度而言，我国农产品生产数量基本自给且有余，但仅单讲食品安全还有很大的提升空间。近年来，如三聚氰胺毒奶粉、瘦肉精、苏丹红等食品安全危机的案例屡见不鲜，让民众对于食品安全产生了信任危机。而农业供给侧结构性改革的作用，就是通过“强科技”等一系列手段重塑消费者对于国内农产品市场的信任，有助于打破一味认为“进口农产品好”的消费观。我国农产品“强起来”，就要以农业供给侧结构性改革为契机和抓手，通过优质、健康、可信赖的质量口碑，打造好我国自己的农业品牌，不断蓄积自身力量在国际市场中争取一席之位。

（二）乡村振兴释放消费新动能

随着区块链、大数据、人工智能以及物联网等新兴信息技术的跨界融合优势，正迅速瓦解城乡二元壁垒，乡村发展正快速步入移动互联网时代，将来会进入互链网时代，链上乡村，值得期待。乡村电子商务的不断下沉渗透，“新农人”与职业农民的基数逐渐增大，注意力经济时代下的“网红”乡村不断催生，随之产生的趋势变化是传统农业经济已逐步拓展至工业经济和服务业经济。土地、劳动力、技术、数据、资本等要素的重新配置与优化，推动了乡村经济结构的转变。农村新基建的建设已成定局。新基建范围主要包括信息基础设施、融合基础设施、创新基础设施。具体而言：

第一，信息基础设施主要是指基于新一代信息技术演化生成的基础设施，例如，以5G、物联网、工业互联网、卫星互联网为代表的通信网络基础设施，以人工智能、云计算、区块链等为代表的新技术基础设施，以数据中心、智能计算中心为代表的算力基础设施等。

第二，融合基础设施主要是指深度应用互联网、大数据、人工智能等技术，支撑传统基础设施转型升级，进而形成的融合基础设施，如智能交通基础设施、智慧能源基础设施等。

第三，创新基础设施主要是指支撑科学研究、技术开发、产品研制的具有公益属性的基础设施，如重大科技基础设施、科教基础设施、产业技术创新基础设施等。

此外，随着农业供给侧结构性改革的不断深入，优质农产品和农村服务业供给日渐丰富，乡村绿水青山的生态优势正在转化为金山银山的经济优势。农村地区不再是养在深山人未识的闭塞之地，正逐步成为城市人群向往的消费目的地。与此同时，随着农村产业兴起，农民收入增加，脱贫进程加快，广大农民也正成为改变消费结构的重要增量。网购、汽车、楼房等城市消费元素已突破城乡界限，进入农村寻常百姓家。在扩大消费内需层面，农村既是优质产品和服务的输出地，也是消费品潜力巨大的流入地。故而农村健康产业的发展迫在眉睫。

最后，新冠肺炎疫情对中国经济社会发展的影响是十分巨大的，对乡村振兴也一样。其主要影响有三点：

第一，对乡村产业影响巨大。从短期来看，受影响最大的将是乡村旅游业。近几年，随着农村人居环境改善和乡村振兴战略实施，乡村旅游业发展迅猛。疫情的爆发，许多乡村旅游企业的运转将会受到严重影响，特别是一些资产负债率较高的企业、农家乐和民宿。反过来看，这也是促使企业转型升级、调整经营理念的大好机遇。例如，促使乡村民宿业返回本真，淘汰一批到乡村高价租用村民房产、合同期短、投资大、负债高的民宿业态。乡村第一产业和第三产业都将迎来调整期，国家的引导政策已陆续出台，对乡村产业投资商也是新机遇。

第二，重新审视并更加注重乡村治理。抗疫期间，全国各地乡村各自为战，发挥了积极的作用。但是，不同的村战果不同，村级组织战斗力强的、村规民约运行好的、村干部办法多的村庄抗疫作为大，效果明显，不仅发挥了不可替代的作用，还弥补了很多法律法规的空缺。这将会使我们的党委政府在疫后更加重视农村基层组织建设和乡村治理工作。其实，加强农村基层组织建设和乡村治理工作是乡村振兴的根本。

第三，农村人居环境改善的步伐将加快。受新冠肺炎疫情的影响，国内经济发展格局调整为以国内循环为主体，国际国内双循环的发展态势。经济发展的“三驾马车”当中，出口贸易面临着不确定性因素，因此，基于乡村振兴和全面小康的政治需求，乡村将是拉动内需增长的投资重点地区，乡村人居环境特别是农村基础设施和公共服务设施的投入将是重中之重。

综上所述，乡村振兴战略作为促进城乡融合、国家经济发展的重要抓手，在疫情之后仍需要发挥其战略作用，积极拉动国家内需，催生国家发展内生动力。

四、《中共中央 国务院关于实施乡村振兴战略的意见》解读

2018年“中央一号文件”《中共中央 国务院关于实施乡村振兴战略的意见》（以下简称《意见》）聚焦乡村振兴战略，对我国未来的“三农”工作作出了系统部署，为乡村振兴战略描绘了宏伟的政策蓝图。文件按照“产业兴旺、生态宜居、乡风文明、治理有效、生活富裕”五位一体的总要求，搭建起乡村振兴的“四梁八柱”，全面阐述了乡村振兴的新理念、新目标、新举措、新要求，对统筹推进农村经济建设、政治建设、文化建设、社会建设、生态文明建设和党的建设作了全面部署。乡村振兴战略开启了“三农”发展的新时代，2018年“中央一号文件”为乡村振兴战略提供了行动纲领。

（一）《意见》的新特点

《意见》以“推进乡村现代化高质量发展”为核心，谋划新时代乡村振兴的顶层设计。全文16000多字，结构上共分为四大板块、12个部分。四大板块分别着眼新时代实施乡村振兴战略的重大意义和总体要求、乡村振兴的重点任务、乡村振兴的制度建设和保障措施、强调坚持和完善党对“三农”工作的领导。

一是新战略。中国特色社会主义进入新时代，是我国发展新的历史方位。进入新时代，我国社会主要矛盾发生转化。党的十九大报告首次提出“实施乡村振兴战略”，《意见》为实施乡村振兴战略定方向、定思路、定任务、定政策。这是继统筹城乡发展、建设社会主义新农村之后，我们党在农业农村发展理论和实践上的又一重大飞跃，是对“三农”工作作出的一个新的重大战略决策。

二是新目标。以往“中央一号文件”多是聚焦某一项具体工作来拟订具体目标，而《意见》内容更全面，目标更高远。按照党的十九大提出的决胜全面

建成小康社会、分两个阶段实现第二个百年奋斗目标的战略安排，《意见》对实施乡村振兴战略提出了三个阶段性目标。这三个阶段性目标“远粗近细”，到2020年的目标任务列举了10项，到2035年的目标任务列了四个方面，到2050年的目标任务仅用一句话概括。

三是新要求。相较于2006年“中央一号文件”提出的“生产发展、生活宽裕、乡风文明、村容整洁、管理民主”的建设社会主义新农村的20字指导方针，《意见》除了沿用“乡风文明”外，其余四句都提出了新的更高要求——从“生产发展”到“产业兴旺”，从“生活宽裕”到“生活富裕”，从“村容整洁”到“生态宜居”，从“管理民主”到“治理有效”。在中国特色社会主义进入新时代、“三农”事业获得长足发展的新形势下，新要求更符合广大农民群众日益增长的美好生活需要。

（二）《意见》的重大意义

经过长期努力，中国特色社会主义进入新时代，我国社会主要矛盾已经转化为人民日益增长的美好生活需要和不平衡不充分的发展之间的矛盾。发展不平衡不充分问题在乡村最为突出，最大的不平衡是城乡发展的不平衡，最大的不充分是乡村发展的不充分。乡村又是一个可以大有作为的广阔天地，迎来了难得的发展机遇，《意见》指出，新时代立足国情农情，顺势而为，谱写新时代乡村全面振兴新篇章。

首先，“五个问题”：剖析不足，明确方向。《意见》明确指出，这种不平衡不充分表现在五个方面：一是农产品阶段性供过于求和供给不足并存，农业供给质量亟待提高；二是农民适应生产力发展和市场竞争的能力不足，新型职业农民队伍建设亟待加强；三是农村基础设施和民生领域欠账较多，农村环境和生态问题比较突出，乡村发展整体水平亟待提升；四是国家支农体系相对薄弱，农村金融改革任务繁重，城乡之间要素合理流动机制亟待健全；五是农村基层党建存在薄弱环节，乡村治理体系和治理能力亟待强化。

其次，“六个有”：奠定基础，坚定信心。新时代乡村振兴面临的五大问题既是我们要解决的问题，也指明了我们努力的方向。《意见》中提到了“六个有”，奠定了新时代振兴乡村的深厚基础，坚定了信心：一是有党的领导的政治优势；二是有社会主义的制度优势；三是有亿万农民的创造精神；四是有强大的经济实力支撑；五是有历史悠久的农耕文明；六是有旺盛的市场需求。因此，我们完全有条件、有能力实施乡村振兴战略[①]。

（三）《意见》的总体要求

《意见》关于实施乡村振兴战略的总体要求，可以从指导思想、目标任务、基本原则三个方面加以阐述。

首先是指导思想——“五位一体”。“产业兴旺、生态宜居、乡风文明、治理有效、生活富裕”，这五句话作为乡村振兴战略的总要求，五位一体全面推进，统筹推进农村经济建设、政治建设、文化建设、社会建设、生态文明建设和党的建设，加快推进乡村治理体系和治理能力现代化，加快推进农业农村现代化，走中国特色社会主义乡村振兴道路。

其次是目标任务——“三步走”。奋斗目标明确，一张蓝图干到底。《意见》明确了乡村振兴战略时间表：到2020年，乡村振兴取得重要进展，制度框架和政策体系基本形成；到2035年，乡村振兴取得决定性进展，农业农村现代化基本实现；到2050年，乡村全面振兴，农业强、农村美、农民富全面实现。

最后是基本原则——“七个坚持”。从七个方面明确了实施乡村振兴战略的基本原则，特别是将党管农村工作作为首要原则提出，将农业农村优先发展作了原则要求。“七个坚持”具体指：坚持党管农村工作；坚持农业农村优先发展；坚持农民主体地位；坚持乡村全面振兴；坚持城乡融合发展；坚持人与自然和谐共生；坚持因地制宜、循序渐进。优先发展农业农村是对农业农村工作的新定位，这是前所未有的新提法。《意见》还要求，体现农业农村优先发展就是要在干部配备上优先考虑、在要素配置上优先满足、在资金投入上优先保障、在公共服务上优先安排。

（四）《意见》强调坚持和完善党对“三农”工作的领导

加强和完善党对“三农”工作的领导，是实施乡村振兴战略的政治保证。为此，《意见》将坚持和完善党对“三农”工作的领导单独列为一个部分予以强

① 赵阳等. 乡村振兴举什么旗走什么路［N］. 人民日报，2018-02-06.

调并提出具体任务，明确要求各级党委和政府要提高对实施乡村振兴战略重大意义的认识，真正把实施乡村振兴战略摆在优先位置，把党管农村工作的要求落到实处。

关于完善党的农村工作领导体制机制，《意见》明确了谁来领导、谁来负责、谁来落实等问题。特别提出党政一把手是第一责任人，五级书记抓乡村振兴，让“一把手”重视并亲自抓，这就抓住了关键少数，体现了狠抓落实乡村振兴的坚定决心。领导体制机制确定后，干部是决定因素，《意见》把“懂农业、爱农村、爱农民”作为“三农”工作干部队伍的建设方向，并就如何培养、配备、管理和使用“三农”工作干部提出了具体措施。

21世纪以来，我国“三农”政策体系基本成熟稳定，有必要把这些重大政策法治化，强化党内法规和国家法治保障，充分发挥法治在乡村振兴中的保障和推动作用。《意见》特别提出根据坚持党对一切工作的领导要求和新时代“三农”工作新形势新任务新要求，研究制定中国共产党农村工作条例，把党领导农村工作的传统、要求、政策等以党内法规形式确定下来。与此同时，还要抓紧制订乡村振兴法，将行之有效的乡村振兴政策法定化，关于乡村振兴规划引领，明确要求制订国家乡村振兴战略规划①。

五、《国家乡村振兴战略规划（2018~2022年）》解读

（一）《国家乡村振兴战略规划（2018~2022年）》构建乡村振兴崭新格局

《国家乡村振兴战略规划（2018~2022年）》（以下简称《规划》）坚持乡村振兴和新型城镇化双轮驱动，从城乡融合发展和优化乡村内部生产生活生态空间两个方面，明确了国家经济社会发展过程中乡村的新定位，提出了重塑城乡关系、促进农村全面进步的新路径和新要求。

一是统筹城乡发展空间，加快形成城乡融合发展的空间格局；二是优化乡村发展布局，坚持人口资源环境相均衡、经济社会生态效益相统一，延续人与自然有机融合的乡村空间关系；三是完善城乡融合发展政策体系，推动城乡要

① 刘晓雪.新时代乡村振兴战略的新要求——2018年中央一号文件解读［J］.毛泽东邓小平理论研究，2018（3）：13-20，107.

素自由流动、平等交换，为乡村振兴注入新动能；四是把打好精准脱贫攻坚战作为优先任务，基于高质量发展理念，把提高脱贫质量放在首位，推动脱贫攻坚与乡村振兴有机结合相互促进。

（二）《规划》谋划乡村振兴重点任务

《规划》按照产业兴旺、生态宜居、乡风文明、治理有效、生活富裕的总要求，明确了阶段性重点任务。一是以农业供给侧结构性改革为主线，促进乡村产业兴旺。坚持质量兴农、品牌强农，构建现代农业产业体系、生产体系、经营体系，推动乡村产业振兴。二是以践行“绿水青山就是金山银山”的理念为遵循，促进乡村生态宜居。统筹山水林田湖草系统治理，加快转变生产生活方式，推动乡村生态振兴。三是以社会主义核心价值观为引领，促进乡村乡风文明。传承发展乡村优秀传统文化，培育文明乡风、良好家风、淳朴民风，建设邻里守望、诚信重礼、勤俭节约的文明乡村，推动乡村文化振兴。四是以构建农村基层党组织为核心、自治法治德治“三治结合”的现代乡村社会治理体系为重点，促进乡村治理有效。把夯实基层基础作为固本之策，建立健全党委领导、政府负责、社会协同、公众参与、法治保障的现代乡村社会治理体制，推动乡村组织振兴，打造充满活力、和谐有序的善治乡村。五是以确保实现全面小康为目标，促进乡村生活富裕。加快补齐农村民生短板，让农民群众有更多实实在在的获得感、幸福感、安全感。

（三）《规划》推进乡村振兴具体要求

《规划》围绕落实中央统筹、省负总责、市县抓落实的乡村振兴工作机制，从五个方面提出要求。一是坚持党的领导。落实党政一把手是第一责任人、五级书记抓乡村振兴的工作要求，让乡村振兴成为全党全社会的共同行动。二是尊重农民意愿。切实发挥农民主体作用，避免代替农民选择，形成全体人民群策群力、共建共享的乡村振兴局面。三是强化规划引领。抓紧编制地方规划和专项规划或方案，推动形成城乡融合、区域一体、多规合一的乡村振兴战略规划体系。四是注重分类施策。顺应村庄发展规律和演变趋势，按照集聚提升、融入城镇、特色保护、搬迁撤并的思路，分类推进，打造各具特色的现代版“富春山居图”。五是把握节奏力度。坚持稳中求进的工作总基调，谋定而后动，避免一哄而上、急于求成、层层加码，避免过度举债搞建设，避免搞强迫命令“一刀切”、搞形象工程堆盆景。

六、《关于建立健全城乡融合发展体制机制和政策体系的意见》解读

（一）《关于建立健全城乡融合发展体制机制和政策体系的意见》出台背景及目的

2019年5月5日，中共中央、国务院发布《关于建立健全城乡融合发展体制机制和政策体系的意见》（以下简称《意见》）。作为现阶段推进城乡融合发展顶层设计的文件，《意见》着眼当前城乡融合发展中诸如城乡要素流动不顺畅、公共资源配置不合理等突出矛盾和问题，着力破解影响城乡融合发展的体制机制障碍，明确提出了建立健全城乡融合发展体制机制和政策体系的“三步走”路线图。这是促进乡村振兴和农业农村现代化的政策利好，也是落实“两个一百年”奋斗目标战略部署的重要举措。

现阶段推进城乡融合发展，有着现实而深刻的时代背景，也有着重大而深远的历史意义，既是破解新时代社会主要矛盾的关键抓手，又是现代化的重要标志，也是拓展发展空间的强大动力。建立健全城乡融合发展的体制机制和政策体系，是乡村振兴和农业农村现代化的制度保障，是破解新时代社会主要矛盾的关键抓手，还是现代化的重要标志，更是拓展发展空间的强大动力。建立健全城乡融合发展的体制机制和政策体系，是乡村振兴和农业农村现代化的制度保障，能够缩小城乡发展差距和居民生活水平差距。

（二）《意见》明确分“三步走”

建立健全城乡融合发展的体制机制和政策体系是一项长期的历史任务，需要按照实现“两个一百年”奋斗目标的战略部署，并与乡村振兴战略规划进行紧密衔接，分为“三步走”。

第一步，到2022年，城乡融合发展体制机制初步建立。城乡要素自由流动的制度性通道要基本打通，除个别超大城市外的城市落户限制要放开放宽，城乡统一的建设用地市场要基本建成，农村产权保护交易制度框架要

基本形成，经济发达地区、都市圈和城市郊区在体制机制改革上要率先取得突破。

第二步，到2035年，城乡融合发展体制机制更加完善。城乡发展差距和居民生活水平差距要显著缩小，城乡有序流动的人口迁徙制度要基本建立，城乡统一建设用地市场要全面形成，城乡普惠金融服务体系要全面建成，基本公共服务均等化要基本实现，农业农村现代化要基本实现。

第三步，到21世纪中叶，城乡融合发展体制机制成熟定型。城乡全面融合，乡村全面振兴，全体人民共同富裕基本实现。

（三）《意见》聚焦破除城乡二元壁垒

建立健全有利于城乡要素合理配置的体制机制，既是提高经济效率、提升全员劳动生产率、降低交易成本的关键制度，又是提高社会运行效率、降低社会成本的重要制度。必须破除妨碍城乡要素自由流动和平等交换的体制机制壁垒，促进各类要素更多向乡村流动，在乡村形成人才、土地、资金、产业、信息汇聚的良性循环。

《意见》提出了9项改革举措，主要是健全农业转移人口市民化机制、建立城市人才入乡激励机制、改革完善农村承包地制度、稳慎改革农村宅基地制度、建立集体经营性建设用地入市制度、健全财政投入保障机制、完善乡村金融服务体系、建立工商资本入乡促进机制、建立科技成果入乡转化机制。

清华大学政治经济学研究中心主任蔡继明认为，《意见》提出的户籍制度改革举措，与以往改革一脉相承，旨在让为城市建设、发展和繁荣做出贡献的外来人口特别是农业转移人口住有所居、学有所教、病有所医、老有所养、心有所安，不断提高城市化水平和质量，增强城市竞争力和反哺农村的能力，为最终完成工业化和农业现代化创造条件。“既不能把改革误解为抢人大战，也不能理解为放松房地产调控。”[①] 他强调，一方面，只有使住房价格保持在合理水平，才能降低外来人口特别是农业转移人口进城落户的住房门槛；另一方面，户籍制度改革要惠及各个阶层，把已在城镇就业的农业转移人口作为

① 安蓓，王立彬.为拓展发展空间注入强大动力——《中共中央国务院关于建立健全城乡融合发展体制机制和政策体系的意见》四大看点［EB/OL］.新华网，2019-05-05.

重点落户群体。

（四）《意见》注重加快补齐乡村发展短板

针对城乡公共服务不均等、基础设施差距大、产业发展水平差异以及城乡居民收入差距等问题，《意见》提出建立健全有利于城乡基本公共服务普惠共享的体制机制、有利于城乡基础设施一体化发展的体制机制、有利于乡村经济多元化发展的体制机制、有利于农民收入持续增长的体制机制。

实现城乡融合发展必须加快补齐农村公共服务短板，推进城乡基本公共服务标准统一、制度并轨；必须把公共基础设施建设的重点放在乡村，坚持先建机制、后建工程，加快实现城乡基础设施统一规划、统一建设、统一管护；必须完善农企利益紧密联结机制，实现乡村经济多元化和农业全产业链发展；必须落实以人民为中心的发展思想，鼓励勤劳致富，统筹提高农民的工资性、经营性、财产性、转移性收入。

一边是大城市的先进制造业和现代服务业；另一边是乡村传统农业，针对不少地区存在的城乡产业发展差距，《意见》提出，搭建城乡产业协同发展平台。其包括特色小镇、各类农业园区、小城镇以及创建城乡融合典型项目等。国务院发展研究中心副研究员张晓欢说："用城市的科技特别是农业科技改造乡村传统农业，用城市的工业延长乡村农业产业链条，用城市互联网产业等服务业丰富农村产业业态。城乡产业协同发展平台是必需的载体支撑。"

（五）《意见》落实设立试验区先行先试

为了确保《意见》切实落地生效，《意见》提出注重试点引路，选择有一定基础的市县两级设立国家城乡融合发展试验区，支持制度改革和政策安排率先落地，先行先试、观照全局。抓好试点对改革全局意义重大。中国社会科学院人口与劳动经济研究所所长张车伟认为，当前在人口、土地、财政、金融、农村产权和工商资本入乡等方面，还有不少体制机制障碍。设立试验区着眼于破除现行体制机制束缚，明确改革重点、为改革"探路"、为基层探索搭建有效平台。设立城乡融合发展试验区，要遵循少而精、质量第一的原则，避免区域平衡，防止部分地区只做表面功夫。

七、《数字乡村发展战略纲要》解读

《数字乡村发展战略纲要》（以下简称《纲要》）是为贯彻落实《中共中央、国务院关于实施乡村振兴战略的意见》《乡村振兴战略规划（2018~2022年）》和《国家信息化发展战略纲要》制定。由中共中央办公厅、国务院办公厅于2019年5月发布。《纲要》明确指出："数字乡村是伴随网络化、信息化和数字化在农业农村经济社会发展中的应用，以及农民现代信息技能的提高而内生的农业农村现代化发展和转型进程，既是乡村振兴的战略方向，也是建设数字中国的重要内容。"

（一）《纲要》的背景和特点

《中共中央、国务院关于实施乡村振兴战略的意见》明确提出，要实施数字乡村战略，做好整体规划设计，加快农村地区宽带网络和第四代移动通信网络覆盖步伐，开发适应"三农"特点的信息技术、产品、应用和服务，推动远程医疗、远程教育等应用普及，弥合城乡数字鸿沟。

党的十九大作出建设网络强国、数字中国、智慧社会的战略决策。数字乡村是乡村振兴的战略方向，也是建设数字中国的重要内容。为贯彻落实党中央决策部署，中央网信办会同国家发展改革委、工业和信息化部、农业农村部开展调查研究，听取各方面意见建议，研究起草《纲要》，加强顶层设计和整体规划，加快弥合城乡"数字鸿沟"，推动数字乡村建设发展，形成乡村振兴新动能。

《纲要》主要有三个特点：一是贯彻落实新发展理念和高质量发展要求。《纲要》把创新、协调、绿色、开放、共享的发展理念，作为数字乡村发展目标、任务和措施的基本遵循。围绕贯彻落实高质量发展要求，提出了进一步解放和发展数字化生产力，加快以信息化培育新动能、用新动能推动新发展，大力推进农业数字化转型，积极发展乡村新业态，以信息流带动资金流、技术流、人才流、物资流，激活农村各种要素，为加快农业农村现代化提供数字动力。二是全面落实重大战略部署。《纲要》全面贯彻党中央关于乡村振兴和信息化发展的重大决策部署，全面落实产业振兴、人才振兴、文化振兴、生态振兴、组织振兴"五个振兴"的战略部署，切实体现网络强国、数字中国、智慧社会等战略要求，注重加强与“互联网+现代农业”、农业装备和信息化、网络扶贫行动等的政策结合，充分发挥信息化在乡村振兴中的先导力量作用。三是坚持农业农村优先发展。《纲要》树立改革思维、战略思维和系统思维，针对“三农”信息化发展存在的共性问题、难点问题，加强统筹谋划，完善政策支持，在资源要素配置上优先满足，在项目资金投入上优先保障，在公共服务上优先安排，充分发挥财政资金的引导作用，撬动金融和社会资本投资数字乡村建设，加大投入力度，着力补齐短板。

（二）《纲要》对数字乡村建设的部署

当前，我国正处在“两个一百年”奋斗目标的历史交汇期，同时也是信息化与农业农村现代化的历史交汇期。实施乡村振兴战略要紧紧抓住信息化带来的重大历史机遇，立足新时代国情农情，要将数字乡村作为数字中国建设的重要方面，加快信息化发展，整体带动和提升农业农村现代化发展。《纲要》提出，要以习近平新时代中国特色社会主义思想为指导，全面贯彻党的十九大和十九届二中、三中全会精神，紧紧围绕统筹推进“五位一体”总体布局和协调推进“四个全面”战略布局，坚持稳中求进工作总基调，按照产业兴旺、生态宜居、乡风文明、治理有效、生活富裕的总要求，加快推进农业农村现代化，繁荣发展乡村网络文化，构建乡村数字治理新体系，培育信息时代新农民，走中国特色社会主义乡村振兴道路。

《纲要》将数字乡村建设分成三个阶段：

第一个阶段，到2020年，数字乡村建设取得初步进展。农村互联网普及率明显提升，农村数字经济快速发展，“互联网+政务服务”加快向乡村延伸，网络扶贫行动向纵深发展，信息化在美丽宜居乡村建设中的作用更加显著。

第二个阶段，到2025年，数字乡村建设取得重要进展，城乡“数字鸿沟”明显缩小。4G在乡村进一步深化普及，5G创新应用逐步推广。农村流通服务更加便捷，乡村网络文化繁荣发展，乡村数字治理体系日趋完善。

第三个阶段，到2035年，数字乡村建设取得长足进展。城乡“数字鸿沟”大幅缩小，农民数字化素养显著提升。农业农村现代化基本实现，城乡基本公共服务均等化基本实现，乡村治理体系和治理能力现代化基本实现，生态宜居的美丽乡村基本实现。

第四个阶段，到21世纪中叶，全面建成数字乡村，助力乡村全面振兴，全面实现农业强、农村美、农民富。

（三）《纲要》的重点内容

《纲要》的重点内容包括加快乡村信息基础设施建设、发展农村数字经济、强化农业农村科技创新供给、建设智慧绿色乡村、繁荣发展乡村网络文化、推进乡村治理能力现代化、深化信息惠民服务、激发乡村振兴内生动力、推动网络扶贫向纵深发展、统筹推动城乡信息化融合发展等十项重点任务。在加快乡村信息基础设施建设方面，《纲要》提出，要大幅提升乡村网络设施水平，完善信息终端和服务供给，加快乡村基础设施数字化转型。在发展农村数字经济方面，《纲要》强调，要夯实数字农业基础，推进农业数字化转型，创新农村流通服务体系，积极发展乡村新业态。在强化农业农村科技创新供给方面，《纲要》提出了要推动农业装备智能化，优化农业科技信息服务。在建设智慧绿色乡村方面，《纲要》提出，要推广农业绿色生产方式，提升乡村生态保护信息化水平，倡导乡村绿色生活方式。在繁荣发展乡村网络文化方面，《纲要》强调，要加强农村网络文化阵地建设，加强乡村网络文化引导。在推进乡村治理能力现代化方面，《纲要》提出了要推动“互联网+党建”，提升乡村治理能力。在深化信息惠民服务方面，《纲要》提出，要深入推动乡村教育信息化，完善民生保障信息服务。在激发乡村振兴内生动力方面，《纲要》强调，要支持新型农业经营主体和服务主体发展，大力培育新型职业农民，激活农村要素资源。在推动网络扶贫向纵深发展方面，《纲要》提出了要助力打赢脱贫攻坚战，巩固和提升网络扶贫成效。在统筹推动城乡信息化融合发展方面，《纲要》提出，要统筹发展数字乡村与智慧城市，分类推进数字乡村建设，加强信息资源整合共享与利用。

第二篇

县（区）视角下的乡村振兴战略

基于对乡村振兴的理论基础和时代背景的理解，本书第二篇主要讨论县（区）的经济内涵、县（区）乡村振兴面临的挑战和机遇、县（区）乡村振兴战略的方向与任务等三个基本问题，分析中国县（区）视角下的乡村振兴战略。首先，对县（区）指明了中国经济最小的战略单元、战略导向下乡村振兴的最优抓手和开展乡村振兴战略系统规划的最佳主体三个经济定位和战略角色；其次，对我国县域经济和城郊型行政区的发展困境展开研究，并基于新经济发展机遇、现代农业发展机遇及新型城镇化发展机遇三个方面探讨了县（区）乡村振兴迎来的机遇；最后，基于乡村振兴战略的“二十字方针”，从产业振兴、人才振兴、文化振兴、生态振兴及组织振兴五个维度，思考并阐释了县（区）乡村振兴战略的方向与任务。

第四章　县（区）的经济定位

本章对中国县（区）一级的经济定位进行翔实的阐述。整体上，县（区）是中国经济的最小战略单元，既是中国经济战略的制定者，又是中国经济战略最小的承受者；乡村振兴战略的具体战略导向上，县（区）是战略导向下乡村振兴的最优抓手，也是开展乡村振兴战略系统规划的最佳主体。具体来看，本章针对乡村振兴战略面临的发展“瓶颈”展开探究，对“一国一方针，一省一策略，一县一模式”的发展路径进行说明，即基于2018年“中央一号文件”等一系列文件，建立实施乡村振兴战略领导责任制，实行中央统筹、省负总责、市县抓落实的工作机制，乡村振兴战略统筹规划的具体责任需要省、市、县等各级政府共同承担。

一、县（区）是中国经济最小的战略单元

（一）县（区）是中国经济战略最小的制定者

2020年11月中共中央《关于制定国民经济和社会发展第十四个五年规划和二〇三五年远景目标的建议》第八条第31点意见明确提出“推进以县城为重要载体的城镇化建设”。事实上县（区）域经济竞争，最重要的是战略竞争，是大家朝着不同方向的竞争。那么，什么样的发展战略才能让县（区）域谋取发展主动权？纵观昆山等先发县（区），尽管各自发展的条件、路径和模式存在差异化，但背后有一个共通之处，就是抓住紧邻大城市的地缘优势，制订清晰的发展战略，并聚集要素资源，聚力一两个主战略，持久地付诸实施，积小胜为大胜。基于此，县（区）是一级经济战略的最小制定者，陈文科研究员对县经济的定位有以下阐述：一是县经济的主要产业是农业，而农业又是我国国民经济的基础，因而县经济在我国经济中也居基础性地位；二是县经济拥有巨大的资源总量和市场容量，因而县经济在我国国民经济中享有足以影响国民经济总量

大小的规模性地位；三是县经济内含的工业充满创新和发展的活力，具有补充国家大工业的潜力，因而县经济也是我国工业化的生力军；四是县经济体制是国家宏观经济体制大系统中的子系统，是国家宏观经济体制的中观层次，县经济体制改革是整个国民经济体制改革的重要环节。

（二）县（区）域是中国经济战略最小的承载者

在我国，县（区）域一级是战略最小的承载者，县（区）域破题乡村振兴是最重要的力量，从县（区）域的角度思考如何去统筹、去创造出新的价值而非落实在单一的点上去推动，并非简单地依赖农村农民，进而催生县（区）域的内生动力，自主自发地利用全县（区）域的思维、系统的思维来进行顶层设计。虽然中央并没有明确提出要以县（区）域为基本单元实施乡村振兴战略，但是从乡村振兴的内容可以看出，乡村振兴的实质是县（区）域振兴，就是要通过县（区）域发展带动县（区）域内农民城镇化和农业农村现代化，实现乡村的全面振兴。

二、县（区）是战略导向下乡村振兴的最优抓手

（一）乡村振兴战略面临的发展“瓶颈”

实施乡村振兴战略是全面激活农村发展新活力的重大行动，是决胜全面建成小康社会、全面建设社会主义现代化强国的一项重大战略任务。我国在实施乡村振兴战略时应积极应对农业农村出现的新情况、新问题，对症下药认真破解发展“瓶颈”，补修发展短板，推动农业全面升级、农村全面进步、农民全面发展。当前，乡村振兴战略存在一系列发展“瓶颈”，包括：

第一，农业科技支撑能力建设明显落后于新型农业生产经营主体建设。近年来，乡村农业在转型升级中逐渐形成农民专业合作社、家庭农场、省级农业标准化基地、市级农业产业化龙头企业等发展模式与组织形式，为农村产业兴旺发展打下了良好的基础。但这些新型经营主体缺少经验交流平台和有效组织引领，多数各自为政、自主经营，生产规模简单扩大，靠数量求效益，导致无论是在技术保障上还是发展质量上，都没有实现质的高效提升。与此同时，因机制体制等原因，政府在生产区域规划以及科技指导等方面主动服务较少，专

业技术人员实地参与的技术扶持供给不足。例如，生产过程中遇到水药肥、病虫害等方面的问题，多数新型经营主体无法按照质量管理体系、技术标准要求、生产操作规范进行管理和解决，只能继续沿用传统生产方式维持暂时性的经济利益，致使前期为发展生态、高效农业而做出的规划、投入的准备和付出的努力皆功亏一篑。

第二，生态环境保护建设尚不能满足现代农村农业建设的要求。当前，人们对生活品质的追求有了新的变化，米、面、植物油等有机食品和绿色蔬菜已进入寻常百姓家庭，优质农产品有了日趋广阔的市场需求和发展前景。值得关注的是，基于高质量发展理念，优质农产品生产需要严格的环境质量要求、科学的控肥施药和严谨的检验检疫，而各乡村无论在除污、治水、增绿等生态保护和修复、控制农业污染面源、合理布设土壤污染监测点位、构建耕地质量监测网络等方面，还是在实施秸秆还田、沼气建设、控肥减药、轮作休耕等方面，往往还不能满足绿色农业、有机农业、生态农业发展的需要。

第三，农业产业发展远没有达到产业兴旺的建设要求。农业产业是乡村振兴的基础，也是农村发展的第一要务。近年来，农村发展不平衡问题凸出，一些农村地区劳动力和人才大量外流，水利、电力、机械等农业基础设施建设进展缓慢，四五十岁以上人群日出而作、日落而息的传统生产方式和春播秋收的传统经营模式普遍存在。实施农业农村三次产业融合发展，把农业的增值收益更多留在农村，留给农民的农业产业兴旺发展战略还任重道远。

（二）一国一方针，一省一策略，一县一模式

2018年“中央一号文件”提出，要建立实施乡村振兴战略领导责任制，实行中央统筹、省负总责、市县抓落实的工作机制，其中，中央统筹是乡村振兴战略在全国意义上的总体统筹。我国地域辽阔，各地政治、经济、文化等各方面情况具有显著差异，因此乡村振兴战略统筹规划的具体责任需要省、市、县等各级政府共同承担。

具体而言，中共中央、国务院《关于实施乡村振兴战略的意见》从国家层面统筹确立了乡村振兴战略的“产业兴旺、生态宜居、乡风文明、治理有效、生活富裕”20字方针。各省区市应以此方针为总指导，制订具有各省区市特色

的乡村振兴策略，总体来说大致包含以下几个方面：

第一，生态优先、产业融合。生态文化是生态文明建设的灵魂，村庄规划应坚定树立生态优先的观念，积极落实生态红线和永久基本农田的相关内容，统筹考虑和规划各产业发展，大胆探索农村模式的“三线三区”体系。

第二，项目引领、资金统筹。项目计划是实施乡村振兴战略的抓手，项目库+村庄指标体系是村庄规划建设实施评估的依据。规划思路可以从项目角度出发，保证规划的每一个环节部分都具备项目库，实现项目库的设计与规划理念的一一对应。

第三，环境整治、文化挖掘。环境整治是村庄规划中最为矛盾的一环，根据各省区市最新农村人居环境整治的相关要求，明确村庄环境整治的目标是实现村庄融入所在自然环境中，不追求、不提倡、不鼓励将城市环境营造、空间整治的方式“硬植入”农村。

在确定了各省区市的乡村振兴具体策略后，省域内各县应开展具有本地特色的发展模式。

（1）产业发展型模式。主要集中于东部沿海等经济相对发达地区，其特点是产业优势和产业特色明显，农民专业合作社、龙头企业发展基础好，产业化水平高，初步形成“一村一品”“一乡一业”，实现了农业生产聚集、农业规模经营，农业产业链条不断延伸，产业带动效果明显。

（2）生态保护型模式。主要适用于生态优美、环境污染少的地区，其特点是自然条件优越，水资源和森林资源丰富，具有传统的田园风光和乡村特色，生态环境优势明显，把生态环境优势变为经济优势的潜力大，适宜发展生态旅游。

（3）城郊集约型模式。主要体现在大中城市郊区，其特点是经济条件较好，公共设施和基础设施较为完善，交通便捷，农业集约化、规模化经营水平高，土地产出率高，农民收入水平相对较高，是大中城市重要的“菜篮子”基地。

（4）社会综治型模式。主要应用于人数较多，规模较大，居住较集中的村镇，其特点是区位条件好，经济基础强，带动作用大，基础设施相对完善。

（5）文化传承型模式。主要运用在具有特殊人文景观，包括古村落、古建筑、古民居以及其他具有传统文化的地区，其特点是乡村文化资源丰富，具有优秀民俗文化以及非物质文化，文化展示和传承的潜力大。

除此之外，还包括以渔业为主导的渔业开发型模式、草原畜牧业占据主导地位的草原牧场型模式、本身环境堪忧的环境整治型模式、适宜发展乡村旅游业的休闲旅游型模式以及农业主产区的高效农业型模式等。

三、县（区）是开展乡村振兴战略系统规划的最佳主体

（一）问题导向最为清晰

县（区）作为乡村振兴战略最小的战略单位，能够最为直观且清晰地明确在乡村振兴战略中乡村经济发展所存在的问题。将县（区）作为乡村振兴的主要载体更有利于解决“三农”问题的根源。正如第二章所总结的城乡一体化发展过程，第一步是农村剩余劳动力异地流动进入现代工业化体系；第二步是收入回流和举家迁徙县城，并带动县城规模扩张和功能完善；第三步是以回流创业和承接转移的方式，依据本地比较优势发展本地制造业；第四步是进一步带动本地农村居民非农就业和向县城迁徙，为农业留下足够大的空间，在土地流转基础上现代规模经营农业格局形成，社会也就进入全面现代化的状态。由此，县城是县域非农产业聚集中心、县域内农村人口吸纳中心、公共基础设施和公共服务体系供给中心，是农村地区乃至整个县域经济的发动机、助推器和绕以旋转的轴心。只有通过非农产业聚集发展，县城不断扩大，功能不断提升，吸纳就业和农村转移人口的数量越来越多，农村人均资源量会增加，农业劳动效率会提升，农民收入也会提升，乡村振兴步伐也会越来越快。因此，绝不能把乡村振兴理解为村庄振兴。事实上，乡村振兴就是工业化和城镇化引领的县域经济社会发展过程。

（二）要素统筹最为有效

城乡要素的互动是城乡融合的关键，以县（区）为主要载体的乡村振兴可以实现区域要素有效统筹，尤其是城乡人员要素、空间要素、经济要素和自然要素的优化组合和双向流动。由于县（区）地理范围一般较小，城乡之间最容易达成空间、业态、资源系统相互渗透、密切联系和功能互补的格局。县（区）的资源和生态系统较为完备和独立，它无须与乡村进行深度互动也能自我运转

和循环，也就是说，在县（区）内城乡要素的统筹具有最佳效益。

具体而言，县（区）要素互动主要表现为以下几个方面：一是进城农民与在村农民之间的要素互动。由于村庄与县域城镇的通勤距离较短，进城农民与在村农民互动的机会成本较小，双方基于原有的亲属关系和熟人社会关系而有较密集且良性的互动。二是城镇资源与农村资源之间的要素互动。该资源包括社会关系资源、物质资源和文化资源等，其中，在物质资源方面，如进城的子代与在村的父代在物质上可以进行较好的互动，子代在城里务工的资源可以输入给父代养老，父代在农村务农的收入可以输入城市以减轻子代的生活压力。三是农民进城与返乡之间的互动。包括两个层面的内涵：其一，农民可以居住在城镇而耕种在农村；其二，进城后失败的农民还能够返乡务农。

第五章　县（区）乡村振兴面临的挑战与机遇

第四章对县（区）在我国的经济定位和县（区）在乡村振兴中的战略角色进行了讨论。本章对县（区）乡村振兴工作中所面临的挑战和机遇展开研究，分别从六个方面进行探讨：一是中国县域经济的基本特征和发展困境；二是城郊型行政区的基本特征和乡村振兴难点；三是县（区）乡村振兴的新经济发展机遇，包括重构现代农业流通体系和搭建现代化双创舞台；四是县（区）乡村振兴的现代农业发展机遇，分别从为“三农”发展输送战略机遇、为“三农”问题提供政策机遇、为“三农”工作带来组织机遇、为“三农”工作把握思路机遇四个角度展开讨论；五是县（区）乡村振兴的新型城镇化发展机遇；六是县（区）乡村振兴的体制创新机遇，包括建立健全城乡融合发展体制机制、建立健全城乡基本公共服务均等化的体制机制、合理调整城乡公共资源配置等。

一、县域经济的基本特征与发展困境

（一）中国县域经济的基本特征

县域经济被界定为县级行政区划的范围内，这一地域的限定就决定了县域经济发展具有独特性。与大中城市经济、更大范围的区域经济以及系统经济相比较，县域经济作为处于低层次的微观经济，除了具有一般中观经济的共性外，还有自己的特征[①]。

1.县域经济是综合型的地域经济。

县域经济是功能相对完备的综合经济体系，这也是县域经济的突出特征。城市经济基本以第二、第三产业为主体，而县域经济涉及生产、分配、消费、流通等各个环节，以及三次产业的各个部门。县域经济门类繁杂，相对具有完整性、多层次性、多要素性及综合性，县域经济的运行要求各部门相互协调、密切配合。

---

① 乔恒.县域经济科学发展机理及路径研究［D］.长春：东北师范大学，2007.

2. 县域经济是联结型的地域经济。

县域经济是城市经济与农村经济的复合体，这就是县域经济联结型的本质所在。从区域范围来看，县域的中心城镇联结着它所依附的中心城市和它所吸附的广大乡村地区，处于城市和农村的中间地带。这种联结地位使县域的中心城镇往往成为城市经济与农村经济的对接的场所。县域经济在国民经济中起着承上启下的桥梁作用，即通过县域经济层面完成宏观经济对微观经济的控制。国家的政策、法令、计划以及规定的经济发展方向，要通过县域经济逐步传达、分解、规划并加以落实，并负有对所属的经济实体进行组织、协调、指挥和监督的责任，县域经济的枢纽地位，决定了其运行必须有相应的自主权和灵活性，以便发挥“中转站”的作用。

3. 县域经济是自主型的地域经济。

县域经济的自主性是同县域市场经济发展紧密结合在一起的。根据国家经济发展战略方针和政策，结合本县域的实际情况，制订符合自身特点和需求的发展规划，制订一系列有利于县域经济发展的政策。县域经济有本级财政，可供县级政府自主安排一定数量的机动财力，有能力在一定条件下自主地安排地方建设结构，规定经济发展规模，调整生产力布局和产品生产方向与数量，如有必要，可在一定范围内通过集资等方式进一步发展地方经济。此外，根据县域自然资源的状况和市场需要状况，在一定范围内可以自主地、有计划地对地方资源开发利用。为了发展本地经济，可以在一定范围内搞集资。

4. 县域经济是特色型的地域经济。

中国各个县域的发展历史、区位特点、资源禀赋和文化习俗均具有差异化特征。在市场机制的引导下，大部分县域地区依据不同资源条件和比较优势，形成了各具特色的经济发展路径和模式。在市场经济条件下结合本地资源状况、交通区位、产业结构、科技水平等综合因素，在全国乃至全球经济发展新格局中，打造自身的特色，扩张自身的优势，建立适合自身经济发展的“坐标系”，大力培植“人无我有、人有我优、人优我特”的市场“亮点”。

5. 县域经济是非平衡的地域经济。

中国东部沿海地区和中西部资源富庶地区的大中型城市周边的县域与自然条件恶劣、资源匮乏、交通运输不便、区位相对封闭的县域相比，在经济发展的速度和水平上具有显著失衡。具体而言，不平衡体现在三个层面：一是横向比较的不平衡。中国县域之间生产力水平、自然条件、地理位置、资源状况、产业结构等许多方面均存在着明显不同，导致各县域在经济发展水平上、经济发展战略重点上以及在国民经济中所处的地位上都会有很大差异。二是纵向比较的不平衡。县域内部的各乡村之间的经济发展存在很大的纵向比较差别，如在经济发达的县域中仍然存在着经济落后村，在经济落后的县域中也存在着经济发展较快的乡村。三是特色比较的不平衡。尽管县域经济具有相对的稳定性，但是随着生产力水平的提高、科学技术的进步、地区经济中心的形成和演变，县域经济因其发展特色经济而引发较大差异性。

（二）中国县域经济的发展困境

1. 县域经济发展的不平衡表现比较明显。

中国县域经济发展的不平衡表现在各个层次，从县城到乡镇、从东部到西部等都存在着内部与外部发展的不均衡。一是从地域来看，发达的县域主要分布在东部沿海，例如，广东、江苏、浙江、山东等省的发达县域的数量明显高于其他省区市，而落后的县主要分布在中西部地区，尤其是西部地区。从大的区域来看，发达的县分布在东部地区，而落后的县主要分布在中西部地区。2003年，全国地方财政收入预算内收入超过2亿元的县共有295个，东、中、西部地区分别有201个、56个和38个。百强县的分布也表现出同样的特征，如2003年百强县东部是92个，中部是6个，西部是2个[①]。二是中国百强县集中了县域经济的很大比重。2003年，百强县土地面积仅占全部县域面积的1.3%，人口占全部县域的7%，但GDP占到23.5%，财政收入占到33.5%，城乡居民储蓄存款约占到24.5%，分别是中国县域平均数的5.0倍、5.5倍和6.3倍。三是县域经济在省际间甚至在省、市内部也存在明显的发展差距，如苏南、苏中、苏北县域人均GDP之比为4.4∶1.5∶1。

2. 县域经济的产业层次和农业效率较低。

中国大多数县域仍未摆脱传统的生产模式和经营模式。全国县域经济中

---

① 周扬，李宁，吴文祥，吴吉东.1982~2010年中国县域经济发展时空格局演变［J］.地理科学进展，2014，33（1）：102-113.

第一产业、第二产业、第三产业的比例分别是24%：43%：33%，而百强县（市）产业结构为11.8%：55.3%：32.9%，因此，经济较发达的县域主要是工业起主导作用。中国近21%的县域农业比重在50%以上，近45%的县域农业比重在30%~50%，而2004年全国GDP中第一产业的比重是14.2%。这些县域的经济结构比较单一，农业作为主导产业，存在生产方式落后、生产分散、国民效益低等问题。同时，工业发展也相对落后，呈现规模偏小、效益低下等发展“瓶颈”。因此，县域经济整体上表现出“农业大县、工业小县、财政穷县”的基本特征。

3. 县域中小企业尤其是龙头企业发展不足。

目前，中国大多数县域的民营经济尚处于初级阶段，缺乏国际一流的现代企业，缺乏国际知名的品牌。即使在经济百强县中，3万多家规模以上的企业年销售收入为2000亿美元，仅相当于沃尔玛的年收入；百强县全部工业利润为108亿美元，仅相当于排名世界第八的美国英特尔公司的年利润；即使最发达的10个县的7000多家规模以上的企业，年销售收入也只有660亿美元，只是相当于日本的索尼公司的年利润。据统计，全国约55%的县依靠国家的财政补贴，尤其是我国中西部地区的很多县域，工业化进程缓慢，工业比重较低，税收薄弱，对地区经济和社会发展产生了极为不利的影响。

4. 县域内教育水平与人力资源的素质较低。

据统计，目前县域单位6岁以上的人口，平均接受教育的年限是7年，而城市平均接受教育的年限是9年多，相差2年多。在县域全部人口中，小学文化程度的占43%，即使是最发达的10个百强县，人均受教育的年限仍然低于全国城市的平均水平。人才不足、教育落后市县域经济发展的一个突出问题，懂市场、掌握技术、懂法律的高层次人才更加缺乏。人力资源素质偏低导致县域经济基础不牢，县域发展后劲严重不足。

5. 县域农民收入增长乏力并面临较大困难。

国家统计局的数据显示，1997~2003年，中国农民人均纯收入年均增长4%，仅是城镇居民同期收入增长幅度的一半，也比20世纪80年代慢了一倍。2004年，农民人均纯收入是2936元，扣除物价上涨因素，实际增长6.8%，是1997年以来增长最快的一年。而1985年，城镇居民人均可支配收入是农民人均可支配收入的1.86倍，1995年是2.71倍，2002年、2003年及2004年均是3.2倍，而

2005年农民人均收入达到人民币3255元，但是这只是城市居民人均可支配收入的31%。另外，县域农业结构不合理和效率低下、农村剩余劳动力转移困难，均将制约着农民收入持续增长。

6.县域经济发展中的城镇化滞后于工业化。

据世界银行统计，1995年世界高收入国家城镇化率平均为75%，中等、低等收入国家分别为60%和28%，而中国城镇化率还不到30%。到2003年底，中国城镇化率40.53%，比世界平均水平低15个百分点以上，比世界发达国家平均水平低40个百分点。与此同时，区域发展不平衡现象严重，东部地区城镇化水平为44.6%，中西部地区分别为33.5%和27.7%。不难看出，中国城镇化尚处于较低发展水平。县域城镇化滞后的主要表现是城镇规模过小，城镇的极化效应难以发挥，城镇的建设步伐严重落后于工业化的发展速度。同时，县域盲目推进工业化和城镇化，简单粗暴地堆砌项目，造成资源的浪费、环境的污染以及有限财力的低效率投入。

二、城郊型行政区的基本特征与乡村振兴难点

（一）城郊型行政区的基本特征

1.紧密型的城乡关系。

城市对于郊区乡村的管控是全方位的，如人口控制、土地控制和发展机会控制这三个方面，其背后的核心制度基础分别是户籍制度、集体土地所有制和政府主导的经济发展体制①。

（1）郊区的人口控制。在计划经济时期，郊区的主要功能是为城市提供农副产品，这样的郊区应该用尽可能少的人口生产出尽可能多的农副产品，因此必须进行有力的人口控制。

（2）郊区的土地使用权控制。大城市的城郊区一般空间有限，难以扩展发展空间，政府通常高度重视对于郊区土地资源的精打细算，通过对农民建房行为的限制和对于承包地地权的上收，实现对集体地权的控制。

① 叶敏，张海晨.紧密型城乡关系与大都市郊区的乡村振兴形态——对上海城乡关系与乡村振兴经验的解读与思考［J］.南京农业大学学报（社会科学版），2019，19（5）：33-40，155.

（3）郊区的发展机会限制。郊区乡镇集体企业的发展离不开城市的带动，但乡镇集体企业的发展对于整个城市的发展是利弊掺半的。随着城乡关系越来越紧密，城市不仅限制郊区人口和住房的发展，在一定阶段之后，也会限制农村集体和农户的经济发展机会。

2. 人口流入型社会。

伴随着外来人口的大量流入，强化自身的组织是本地社会系统的条件反射式反应，希望借此管控人口流入对百姓生活和社会系统带来的风险。这种社会的再组织化可以体现在诸多层面，例如，推动农村耕地的规模化流转，将承包地地权从外来人口手中收回来；维持集体经济组织的福利功能；强化对于外来人口的管控；推进人口结构的调整；强化基层的治理体系和治理能力等。

（1）承包地地权的回收。郊区社会的政府既限制本地农户的地权，也限制外来务农人员的地权。前者是在紧密型城乡关系逻辑下的地权上收，后者是人口流入型社会中的地权回收。

（2）福利性的村集体经济组织。随着集体企业的改制，农村集体经济趋于衰落，但是，城市政府并没有放任集体经济组织的衰落，而是努力维持集体经济组织的运转。这样做的目的，一是因为集体经济的发展有助于乡村社区治理体系的完善；二是要维持既已存在的村级集体福利制度。

（二）城郊型行政区的乡村振兴难点

1. 发展能力的退失。

在通常的看法中，城市是经济发达地区，它对于周边的带动能力强，城市郊区必然也是一个富庶的地区，尤其是被征地拆迁的农民往往会一夜暴富。实际上，反而可能存在两种重要反差：一是越是城市化程度高的地区，城乡差距可能反而越大；二是特大城市郊区农民的收入甚至低于周边地区农民。

2. 用地的紧张。

大城市郊区乡村工业化一度对城郊乡村发展作出了巨大的贡献，在郊区工业化的推动下，郊区农民大量“洗脚上岸”成为产业工人，农民收入得到大幅度提高，同时郊区乡村工业发展对乡村财力和基础设施建设提供了大量资源，郊区乡村的硬件条件得到有效提升。但是郊区乡村工业发展对大都市的整体发展格局来说也带来了负面影响，用地紧张局面逐步凸显。

3.社会治理上的负外部性。

对大都市的城市治理而言，郊区乡村工业化是一种治理负外部性比较明显的经济形态。郊区乡村工业作为相对低端的劳动力密集型产业，这种产业结构一方面占用了较大面积的建设用地，另一方面会吸纳大量外来劳动力的集聚，并且会形成一种服务于低端制造业就业人口的非正规经济。所谓非正规经济，可以理解为政府不认可的以低端制造业、服务业为业态，以外来人口为主体的非正规经济体系，如流动摊贩、无照经营店面、违章搭建、非法生产，以及被政府冠以黑字头的低端服务业，如黑网吧、黑中介、黑学校（非法办学）、黑诊所（非法行医）等，对社会治理造成一系列困难。

三、县（区）乡村振兴的新经济发展机遇

（一）重构现代农业流通体系，助力农产品出村

随着电子商务进农村综合示范和电商扶贫等政策的实施，我国农业农村电子商务发展迅速。农业农村部在14个省市开展了农业电子商务试点，探索适合鲜活农产品、农业生产资料等产品的电商模式。农业电子商务的迅猛发展，有效带动了生产与市场需求的精准匹配、重塑了农产品流通渠道，同时突破了时空限制，带动偏远地区优质绿色农产品走出深山、走向市场。

农产品的高效流通离不开物流供应链的有效支撑。为适应新经济、新消费发展需求，加快农产品现代流通体系建设，对于保障国民经济的平稳高效运行具有重大现实意义。为此，应有效发挥政府在农产品种植、销售和物流集散的组织作用，建立以农产品预处理中心、保鲜库、自动化分拣中心、电商孵化中心为核心的区域农产品流通组织中心。利用我国世界级的电商快递物流网络，整合社会电商、快递、运输、新零售、商超等龙头企业优势资源，建立直达终端消费者的多渠道、全链条农产品流通网络。最终形成适应新经济、新需求、新业态的农产品现代流通体系。

（二）搭建现代化双创舞台激发内生动力

习近平总书记指出："创新是社会进步的灵魂，创业是推动经济社会发展、

改善民生的重要途径。”大众创业、万众创新是以习近平同志为核心的党中央针对我国经济进入新常态作出的重大战略部署，是推动经济结构调整、打造发展新引擎、走创新驱动发展道路的必然要求，是抓牢民生第一要务、千方百计稳就业的重大举措。截至2018年底，我国行政村通宽带比例达到96%，农村网民数量达2.09亿，农民借助信息化手段，实现了从传统的单一生产者向生产经营主体的转变，新型农民队伍正在壮大。“互联网+”逐渐成为激发农民创新创业热情的“兴奋剂”，为农民搭起创新创业的大舞台。

在相关部门推动下，各地积极构建农村双创平台，激发农业农村发展新动能。例如，益农信息社是发动、带动农民创新创业的一个重要创新平台，益农信息社的带头人和信息员结合互联网技术特点，组织各种培训、双创活动，带动一方百姓致富奔小康。我国将继续鼓励此类社会力量运用互联网发展各种亲农惠农的新模式，推动大众创业、万众创新在农村纵深发展，带动更多农民就近就业。

四、县（区）乡村振兴的现代农业发展机遇

（一）乡村振兴战略为“三农”发展输送战略机遇

2017年12月28~29日，中央乡村工作会议在北京举行。会议深入贯彻党的十九大精神、新时代中国特色社会主义思想，全面分析“三农”工作面临的形势和任务，研究实施乡村振兴战略的重要政策，部署今后一个时期的农业乡村工作。

会议坚持以目标为导向，提出乡村振兴战略“三步走”的时间表，将乡村发展目标和国家发展战略安排相对接，进一步明确了乡村发展的重要地位。提出全面建立职业农民制度，加强乡村专业人才队伍建设，发挥科研人才支撑作用，鼓励引导工商资本参与乡村振兴，鼓励社会各界人士投身乡村建设；完善承包地“三权分置”制度，完善农民闲置宅基地和闲置农房政策；加强“三农”工作干部队伍的培养、配备、管理、使用，把到乡村一线锻炼作为培养干部的重要途径，形成人才向乡村基层一线流动的用人导向，造就一支懂农业、爱乡村、爱农民的乡村工作队伍等，对如何落实乡村振兴战略进行了更全面、更详

细、更具体的部署。

（二）乡村振兴战略为“三农”问题提供政策机遇

2018年2月4日，国务院公布了2018年“中央一号文件”，即中共中央 国务院《关于实施乡村振兴战略的意见》。这是党中央21世纪以来连续15年发布“中央一号文件”都聚焦“三农”，彰显了“三农”问题在中国现代化进程当中“重中之重”的地位，彰显了党中央解决“三农”问题的坚强决心。

文件要求全面贯彻党的十九大精神，以新时代中国特色社会主义思想为指导，加强党对“三农”工作的领导，坚持把解决好“三农”问题作为全党工作重中之重，坚持农业乡村优先发展，按照“产业兴旺、生态宜居、乡风文明、治理有效、生活富裕”的总要求，加快推进农业乡村现代化，走中国特色社会主义乡村振兴道路，让农业成为有奔头的产业，让农民成为有吸引力的职业，让乡村成为安居乐业的美丽家园。文件围绕实施乡村振兴战略定方向、定思路、定任务、定政策，是谋划新时代乡村振兴的顶层设计，为亿万农民送来了政策春风，也为接下来实施乡村振兴战略描绘了清晰的路线图。

（三）乡村振兴战略为“三农”工作带来组织机遇

2018年3月13日，国务院机构改革方案提请十三届全国人大一次会议审议。方案提出，组建农业农村部，不再保留农业部。整合农业部、国家发展和改革委员会、财政部、国土资源部、水利部等部门的相关职责，组建农业农村部，作为国务院组成部门之一。

新组建的农业农村部主要职责为统筹研究和组织实施“三农”工作战略、规划和政策，是贯彻乡村振兴战略的一个具体措施。农业农村部，不仅有此前农业部的职能，也将此前国家发改委、财政部、国土资源部、水利部的农业相关项目、职责融合进来，有利于政策和资源的整合，统筹优化配置，集中力量强优势、补短板，为推进实施乡村振兴战略提供强大的组织保障和体制机制支撑。

（四）乡村振兴战略为“三农”工作把握思路机遇

认识和科学把握“三农”面临的新形势、新任务、新挑战，乡村振兴战略为“三农”工作制定了新思路。一是建立健全扶持政策和制度。明确农业乡村发展两优先的政策取向，制订资源配置、产业布局、人才流动、公共服务等向农业乡村倾斜的政策措施。二是推进农业供给侧结构性改革。始终把稳定和优化粮食生产放在首位，大力推进现代农林牧渔业和种业创新发展。基于高质量发展理念和“以国内大循环为主体、国内国际双循环相互促进”的新发展格局，加快科技进步和技术推广应用，实施质量兴农战略。三是促进乡村产业振兴。因地制宜地发展农业乡村特色优势产业，加快“互联网+农业”融合发展，延长乡村三次产业发展链条，打造农业产业集群。四是加快农业社会化服务业发展。大力培育新型农业经营主体，建立健全“一主多元”的农业社会化服务体系，鼓励和支持发展面向小农户的社会化服务业。五是全面深化乡村改革。落实第二轮土地承包到期后再延长30年的具体政策，制订完善承包地“三权分置”措施，探索宅基地“三权分置”改革，深化粮食收储、集体产权、农业支持保护等关键领域和关键环节改革，依托改革激发乡村发展活力。

五、县（区）乡村振兴的新型城镇化发展机遇

（一）乡村振兴中特色小镇建设的重要性

在经济新常态下，经济发展方式需要转型升级，在此过程中小城镇转型升级的重要表现形式就是特色小镇建设。乡村产业兴旺要在特色小镇的平台上通过创新经济发展要素显现出来。乡村振兴战略的总要求与特色小镇的主要特征相比，两者在“产业”的核心诉求方面有着相关性。

1.特色小镇有助于推动产业转型升级。

特色小镇是以特色产业为基础，坚持绿色发展理念，使农业、工业、旅游、康养、文创等业态融合发展的新型小镇，是一种优化产业布局、提高供给质量的经济发展模式。特色小镇通过农村产业的整体建设，能够助推农业供给侧高端发力，以绿色低碳型产业作为发展方向，促进传统产业的转型升级。

2.特色小镇有利于业态创新。

特色小镇需要聚焦和发展核心产业，以产业链延展为支撑，实现主导产业发展与新型城镇化建设的有机互动。特色小镇能够聚集产业发展所必需的软硬件要素，其产业具有一定的创新性，可以形成地方特色，产生新的业态模式，

以较高的生产效率集聚新动能，并与周边的相关产业实现产业链延伸、整合与协同。

3.特色小镇能够将地域文化融入产业发展。

特色小镇建设基于发掘当地文化，重视地域文化与特色产业的结合，主题形式更加多样。依托主要产业，融入当地特色文化资源，构建产业特色小镇。在现代产业与传统乡村文化相融合的过程中，实现乡村多重功能的叠加，为社会经济发展创造新的需求，最终实现农村城市共同繁荣①。

（二）特色小镇对推进乡村振兴的作用

1.特色小镇建设搭建起城乡一体化发展的平台。

特色小镇建设是实现城乡发展一体化的重要载体和平台。特色小镇通常位于城市边缘地带或城乡接合部，其建设发展可以带动周围农村实现突破，加强基础设施建设，提高社会服务水平，有利于平衡就业比例，促进三次产业融合发展，从而推动城市文明向农村快速扩张，实现城乡一体化协调发展。

2.特色小镇建设对乡村经济发展具有带动效应。

特色小镇能够迅速传递乡村及城市间的发展要素，是城乡经济发展的纽带和桥梁，是农村向城镇化过渡的推动载体，也是促进乡村振兴的重要路径。建设特色小镇的过程中可以促进卫生保健、文化、教育以及科技等产业规模发展，并且在新经济增长点的培育、聚集效应的发挥以及资源优势的集中等方面的发展过程中，通过建设空间重点镇、特色镇和镇域辐射乡村，进一步发掘乡村价值开发空间。同时，城镇化正逐步引导要素下沉，从原先的特色小镇到如今的乡村振兴，形成新旧动能转换新格局，以此推动乡村经济的进步，缩小城乡之间的差距。

3.特色小镇建设加速了乡村功能的完善。

在特色小镇建设过程中，以产城融合为发展目标，运用PPP模式整合资源，补齐基础设施、公共服务短板，不断提升小镇的城镇功能，使特色小镇逐渐发展成为农业现代化、工业化、城镇化三方协同推进的重要节点和融合点。特色

① 刘国斌，高英杰，王福林.中国特色小镇发展现状及未来发展路径研究［J］.哈尔滨商业大学学报（社会科学版），2017（6）：98-107.

小镇的建设和发展需要对整体生产、生活、生态进行科学布局，不断完善基础设施建设，提高小镇交通效率，促进与城市交通网络的联通，提高与大中小城市和小城镇的对接效率，形成多层次的轨道交通网络，从而打破约束落后地区的发展“瓶颈”，大幅度加强乡村地区的互联互通能力。

六、县（区）乡村振兴的体制创新机遇

中国特色社会主义进入新时代，针对当前我国经济社会发展存在的城乡发展不平衡不协调这一突出矛盾，习近平总书记强调：“要坚持农业农村优先发展，按照产业兴旺、生态宜居、乡风文明、治理有效、生活富裕的总要求，建立健全城乡融合发展体制机制和政策体系，加快推进农业农村现代化。”要把乡村振兴战略这篇大文章做好，必须走城乡融合发展之路。

（一）建立健全城乡融合发展体制机制

现阶段最关键的是要破除体制机制弊端，明确必须充分发挥市场在资源配置中的决定性作用，更好地发挥政府作用，推动城乡人才、土地、资本等要素自由流动、平等交换，推动新型工业化、信息化、城镇化、农业现代化同步发展，加快形成工农互促、城乡互补、全面融合、共同繁荣的新型工农城乡关系，推进农业农村现代化。必须加强健全农业转移人口市民化机制，有力有序有效深化户籍制度改革，放开放宽除个别超大城市外的城市落户限制，加快实现城镇基本公共服务常住人口全覆盖。以城市群为主体形态促进大中小城市和小城镇协调发展，增强中小城市人口承载力和吸引力。加速建立城市人才入乡激励机制，制订财政、金融、社会保障等激励政策，吸引各类人才返乡入乡创业。鼓励原籍普通高校和职业院校毕业生、外出农民工及经商人员回乡创业兴业。推进大学生村官与选调生工作衔接，鼓励引导高校毕业生到村任职、扎根基层、发挥作用，建立选派第一书记工作长效机制。

（二）建立健全城乡基本公共服务均等化的体制机制

由于公共服务在城乡范围内覆盖的不均衡，导致城乡贫富差距进一步扩大，因此应大力推动公共服务向农村延伸、社会事业向农村覆盖，逐步建立健全全

民覆盖、普惠共享、城乡一体的基本公共服务体系。一是健全乡村医疗卫生服务体系。建立和完善相关政策制度，增加基层医务人员岗位吸引力，加强乡村医疗卫生人才队伍建设。改善乡镇卫生院和村卫生室条件，因地制宜地建立完善医疗废物收集转运体系，提高慢性病、职业病、地方病和重大传染病防治能力，加强精神卫生工作，倡导优生优育。二是健全城乡公共文化服务体系。统筹城乡公共文化设施布局、服务提供、队伍建设，推动文化资源重点向乡村倾斜，提高服务的覆盖面和适用性。推行公共文化服务参与式管理模式，建立城乡居民评价与反馈机制，引导居民参与公共文化服务项目规划、建设、管理和监督，推动服务项目与居民需求有效对接。

（三）合理调整城乡公共资源配置

形成财政优先保障、金融重点支持、社会积极参与乡村振兴的多元投入格局是合理配置城乡公共资源的坚实基础。习近平总书记明确要求："在资金投入、要素配置、公共服务、干部配备等方面采取有力举措，加快补齐农业农村发展短板，不断缩小城乡差距，让农业成为有奔头的产业，让农民成为有吸引力的职业，让农村成为安居乐业的家园。"也就是说，进一步提高财政对农业农村的支出，建立县域银行业金融机构服务"三农"的激励约束机制，引导工商资本等社会资金助力乡村振兴。此外，扎实开展新增耕地指标和城乡建设用地增减挂钩节余指标跨省域调剂使用，调剂收益可用于巩固脱贫攻坚成果和支持乡村振兴。

（四）推进城乡一体化的柔性融合

我国城乡的割裂是历史原因造成的，新时期，城乡一体化发展需要采取柔性的融合策略，即中医中常用的"活""连""通"疗法，城乡融合的"活"归根结底是人口、土地、生态、产业、资本、文化、科技、数据等城乡发展要素的日益自由转换，城乡融合的"连"是一系列民族命运共同体、经济利益共同体、文化认同共同体、社会宗脉共同体、生态文明共同体的高效链接。城乡融合的"通"是日渐发达的城乡传统基础设施和现代智慧设施的支撑下的人流、物流、信息流和资金流的无缝融通和高效耦合。

第六章　县（区）乡村振兴战略的方向与任务

第五章对县（区）乡村振兴工作中所面临的挑战和机遇展开研究。本章将基于乡村振兴战略提出的“二十字方针”，即“产业兴旺、生态宜居、乡风文明、治理有效、生活富裕”，对乡村振兴涉及的经济问题、生态问题、文化问题、政治问题以及社会面貌的问题展开讨论，分别从“二十字方针”所衍生的产业振兴、人才振兴、文化振兴、生态振兴和组织振兴五个维度，提出我国县（区）乡村振兴战略的方向和任务。

一、乡村振兴战略的“二十字方针”

党的十八大以来，生态建设被提到了一个史无前例的高度，生态文明最广大的腹地是在乡村，所以乡村振兴的战略意义是可以化解当下的各种矛盾，是实现两个百年目标的必然要求，更是实现农村人民对美好生活向往和全体人民共同富裕的重要使命。

乡村振兴战略提出的“二十字方针”主要是指“产业兴旺、生态宜居、乡风文明、治理有效、生活富裕”。产业兴旺是经济问题，生态宜居是生态问题，乡风文明是文化问题，治理有效是政治问题，生活富裕是社会面貌的问题。

实现产业兴旺是乡村振兴战略的核心，也是我国经济建设的核心。现阶段乡村发展落后，收入低直接导致农民背井离乡，外出打工，村里只留下空巢老人和留守儿童，村子演变成“空心村”。因此，唯有产业兴旺，才能从根本上解决乡村的社会问题，促进村子走上可持续发展的道路。

实现乡村“生态宜居”是我国生态建设的重点，是农民的梦想，也是每个中国人的梦想。生态环境是宜居性的基础，只有改善生态环境，才能保证人民的生活质量。如今，许多肺部疾病是由空气直接引起的，而饮用受污染的水也会影响人的身体健康。因此，可基于乡村得天独厚的自然条件和地形地势，打造城市没有的绿水青山，实现人们安居乐业的理想。

实现乡村“乡风文明”，要做到硬件软件一手抓。例如，但凡村里坚持戒烟的，村委会核实后，会给予成功戒烟者以物质奖励。再如，只要有老人向村委会投诉其子女不赡养他们，经村委会核实，会取消其子女的分红机会。

实现乡村“治理有效”，通过制订政策，调动村民积极性，每一个村民都是为自己工作，这与他的收入息息相关，进而提升乡村产业发展效率。村委会只要将制度规则设计好，就能将整个村子运营得井井有条。

实现乡村“生活富裕”，乡村振兴应以村民为中心，美丽乡村建设最终目的是让村民过上稳定美好的日子，判定人们生活是否富裕、村里是否有活力，关键看村民的生活状态，如果能让外出打工的年轻人都回到了村里去发展，那么“空心村”的问题将会得到根本性解决。

二、产业振兴

乡村振兴，产业兴旺是基础，乡村产业兴旺靠得是地区特色品牌培育，通过品牌塑造，嫁接绿色生态和文化旅游、体验博览、健康养生，打通认证、赋牌、溯源、质检、经纪、订单、会员、消费体系；引入互联网+科技创新和模式创新、场景创新，结合绿色金融、普惠金融和供应链金融、消费金融创新，充分发挥订单经济、共享经济、体验经济的优势，实现育种基地、传承基地、种植基地、体验基地、加工基地、仓储基地、商贸物流基地、交易结算基地等战略聚焦、特色聚集、联动发展。

国务院《关于促进乡村产业振兴的指导意见》为进一步推动我国乡村产业振兴指明了方向，主要包含以下几个方面：

一是培育发展乡村产业。第一，做大农村种养殖业，进一步创新农村产业的组织形式，促进当地种养殖业朝规模化与品牌化方向发展；第二，打造乡土特色产业品牌，开发多元化特色种养殖产业，推动各地农产品品种资源的保护及开发；第三，提升农村休闲旅游产业，落实好现代休闲农业旅游体系建设，建设一批设施设备先进、功能全面的现代休闲园区和康养疗养基地，打造一大批美丽乡村示范村、休闲旅游特色村；第四，建设新型服务产业，全力支持供销、邮政及合作社等机构建设，加速提升农资管理、代耕代种及烘干收储等形式的现代农业服务产业；第五，推动农村信息化产业发展，进一步发展优化“互联网+”农业体系[①]。

二是规范农村产业空间结构。第一，落实县域统筹机制，全面考虑城乡之间产业协同发展，科学规划乡村的产业布局，建立“县城—中心镇—中心村”等层级分工显著、功能有机统一的格局，落实城镇各类基础设施与公共服务向乡村延伸工作。第二，实现镇域产业的合理归集，发挥乡镇上接县、下连村的重要价值，推动有条件的地方创建以乡镇所在地为支撑点的现代农业产业集群。第三，推动欠发达地区农业产业发展，增加资金、技术及人才等方面的投入，切实巩固与拓展产业扶贫工作成果。

三是形成农村产业合力。第一，形成多元化融合型主体，积极推动我国农业产业化发展，大力支持龙头企业加速成长，指导其朝粮食主产区及特色化农产品优势区加以集聚，继而形成多元化融合型业态。第二，通过跨界配置乡村产业发展要素，实现相关产业的深度化融合，进而产生“农业+”多种业态的发展新趋势。第三，创建乡村产业结合新载体。以县域资源为基础，强化主导型产业创建，打造一大批乡村产业园区，建设一大批农村产业强镇，建设多个主体参与其中、多个要素共同聚集、多种业态协同发展的新局面，逐步形成利益共享体系。第四，加强指导农业类企业和小农户之间创建契约型与股权型等紧密协作模式，将利益分配的重点朝产业链的上游加以倾斜，推动农民群众实现持续增收。

四是保障绿色兴农高质量建设。第一，基于高质量发展理念，形成绿色农产品质量标准化机制，落实国家质量兴农发展规划，出台农业投入品、加工业以及农村新业态等相关国家与行业标准建设，形成更加协调统一的现代绿色农产品市场化准入标准体系；第二，全力完善农产品标准化生产体系，指导我国农业产业经营主体强化硬件建设，打造标准化生产流通基地，积极创建农产品质量安全县；第三，打造与提升现代农产品品牌，创建我国农产品品牌目录体系，落实好农产品地理标志以及农产品品牌保护工作；第四，推动乡村资源的保护与利用，积极发展节地、节能与节水等资源节约类产业。

① 王振.《关于促进乡村产业振兴的指导意见》解读［J］.山西农经，2019（15）：9-10.

三、人才振兴

人才振兴是乡村振兴的关键因素，如果没有人才的支撑，乡村振兴只能是一句空话。乡村人才振兴的关键，就是要让更多人才愿意来、留得住、干得好、能出彩，人才数量、结构和质量能够满足乡村振兴的需要。

在“产业兴旺、生态宜居、乡风文明、治理有效、生活富裕”的每一个方面，都离不开人才的重要作用。实现产业兴旺，重要的人才岗位包括启动、协调、推动农业组织创新是农业经营管理人才（农业职业经理人），总书记定义的“爱农业、懂技术、善经营”的是新型职业农民、生产一线的技术应用人才和提供科技支撑的农业科技人才，既要懂电商更要懂农业和农产品、懂得农产品市场经营的农村电商人才。实现生态宜居，关键是两个方面：一是让环境更干净，需要处理治理好粪污、污水和垃圾；二是让环境更美丽，需要在生态景观、建筑景观、人文景观方面，有更好的设计和建设。因此，重要的人才岗位包括环境治理人才和景观设计人才。在乡风文明方面，重要的人才岗位是文化传播人才。实现乡风文明的关键，是弘扬社会主义核心价值观，使之深入人心，落实到每个人的行动上。这需要用有效的文化传播方式，进行熏陶培养。实现生活富裕，重要的人才岗位是教育方面和医疗方面的人才。随着收入提升，基础设施条件的持续改善，农民在物质生活方面的水平不断提高，无论对教育和医疗服务方面的要求，还是对农村教师和农村医生服务水平的要求，均日益增多。

四、文化振兴

文化振兴是乡村振兴的精神基础，乡村振兴作为一项系统性、整体性、综合性的大工程，不仅要推动乡村物质文明的深化发展，更要推动乡村精神文明的高度繁荣，促进乡村用精神与物质“两条腿走路”。习近平总书记曾强调：“乡村振兴既要塑形，也要铸魂”，乡村振兴，离不开乡村文化振兴。

首先，要通过弘扬中华优秀传统文化强基固本。我国传统文化博大精深、源远流长，是中华民族的“根”和“魂”，为中华民族的不断前进提供了强大的精神动力与信念支撑。乡村文化振兴必须牢牢把握传统文化的精髓，对其进行创造性转化和创新性发展，将传统文化与时代发展相结合，用仁者爱人、仁民爱物的人文精神，用刚健有为、自强不息的进取精神，用厚德载物、兼收并蓄的宽容精神，用贵和尚中、天人合一的和谐精神引领乡风文明，为乡村振兴凝聚精神力量。

其次，要通过倡导社会主义先进文化强化修养。社会主义先进文化内涵丰富、寓意深远，对于弘扬民族精神、凝聚民族力量具有极大的激励和促进作用。乡村振兴的一个重要举措就是加强乡村文化基础设施建设，例如，根据乡村实际情况举办读书会、建设村民图书馆、举办乡村文体比赛等，强化村民对于先进知识和先进文明的可获得性，保障人民的基本文化权益，提升乡村文体活动的质量，让广大村民在先进文化的熏陶浸染中形成正确的世界观、人生观和价值观。

最后，要传播革命文化凝聚力量。革命文化是共产党人在艰苦卓绝的革命实践中积淀、总结出来的宝贵精神财富，具有丰富而深刻的内涵价值。革命文化中强调对党忠诚、自我牺牲、艰苦奋斗、自我批评、顽强拼搏，在乡村振兴过程中，也应倡导村民弘扬革命精神，通过对党忠诚提升修养、通过自我牺牲贡献力量、通过艰苦奋斗克服困难、通过自我批评完善言行、通过顽强拼搏创造幸福，把党和国家的殷切期盼转化为文明礼貌的实际行动。

总之，不管是文化振兴乡村，还是乡村文化振兴，都是一件特别有意义的事情，需要有文化情怀还要有系统创新；既要有事业心也要有产业经；既要历史自信更要未来眼光；既要挖掘传承还要创新开发；既要乡土气息还要国际品位；既要梳理文脉更要打通商脉……要把文化作为乡村振兴战略的催化剂，通过文化创新发现乡村新价值；要把文化作为乡村经济的添加剂，通过文化植入发展乡村复合经济；要把文化作为乡村治理的润滑剂，通过文化再造引领乡风文明；要把文化作为乡村生态价值的粘合剂，通过文化激活乡村生态发展，把乡村文化记忆力，变成乡村品牌影响力，变成区域发展软实力。

五、生态振兴

生态振兴是乡村振兴的重要支撑，生态宜居是乡村振兴的关键所在，良好生态环境是农村最大优势和宝贵财富。要坚持人与自然和谐共生，走乡村绿色发展之路，让良好生态成为乡村振兴支撑点。当前，我国正大力实施乡村振兴战略，生态振兴是乡村“五个振兴”的重要内容。习近平总书记指出，良好生态环境是农村最大优势和宝贵财富，要让良好生态成为乡村振兴的支撑点。

近年来，各地认真学习贯彻习近平生态文明思想，增强政治自觉、思想自觉、行动自觉，坚持绿色引领，转变发展方式，创新体制机制，强化科技支撑，坚决打好污染防治攻坚战，坚定走生产、生活、生态“三生共赢”的发展道路，推动乡村生态振兴不断取得新进展。

一是构建农业农村生态环境保护制度体系。推动出台农业绿色发展意见、畜禽养殖废弃物资源化利用意见、农村人居环境整治三年行动方案，印发深入推进生态环境保护工作意见、落实“土十条”意见，制订农业环境突出问题治理规划、农业资源与生态环境保护工程规划，农业农村生态环境保护的制度性“四梁八柱”已初步构建并不断完善。

二是实施农业绿色发展重大行动。在2015年打响农业面源污染治理攻坚战、提出“一控两减三基本”目标任务的基础上，2017年起进一步聚焦重点领域和关键环节，启动实施畜禽粪污资源化利用、果菜茶有机肥替代化肥、东北地区秸秆处理、农膜回收和以长江为重点的水生生物保护行动等农业绿色发展五大行动，全国化肥农药使用量提前三年实现零增长，规模化养殖污染防治有序推进，农业废弃物资源化利用产业日益壮大。

三是强化科技攻关和成果转化。组建畜禽养殖废弃物资源化处理、化肥减量增效、土壤重金属污染防治等国家农业科技创新联盟，整合技术、资金、人才等资源要素，开展产学研联合攻关，合力解决农业农村污染防治技术“瓶颈”问题。加强产业技术体系建设，强化基础研究、技术集成、成果转化，集成推广典型技术模式，促进产业与环境科技问题一体化解决方案，农业绿色发展的科技水平不断提升。

同时，也应清醒看到，尽管我国农业农村生态环境总体上呈现稳中向好趋势，但成效并不稳固，形势仍然十分严峻。农业面源污染尚未根本遏制，化肥农药使用量还处于高位，畜禽粪污、秸秆、农膜问题仍然突出，耕地土壤污染不容乐观。而且，农村生态环境基础设施欠账较多，鼓励引导社会资本参与环境治理和生态建设的制度机制也不健全。为此，需要以实施乡村振兴战略为总抓手，坚持问题导向，推进质量兴农、绿色兴农，大力发展绿色、优质、高效的现代生态农业，加强制度创新、科技创新、模式创新，强化基础建设、市场建设、体系建设，着力推进投入减量、绿色替代、种养循环、综合治理，促进乡村生态振兴。

六、组织振兴

组织振兴是乡村振兴的保障条件，就是要培养造就一批坚强的农村基层党组织和优秀的农村基层党组织书记，建立更加有效、充满活力的乡村治理新机制。

习近平总书记指出“要推动乡村组织振兴，打造千千万万个坚强的农村基层党组织，培养千千万万名优秀的农村基层党组织书记，深化村民自治实践，发展农民合作经济组织，建立健全党委领导、政府负责、社会协同、公众参与、法治保障的现代乡村社会治理体制，确保乡村社会充满活力、安定有序”。党的力量来自组织，组织能使力量倍增。实施乡村振兴战略，实现“农业强、农村美、农民富”，必须着力推进组织振兴，建强农村基层战斗堡垒。

突出政治引领，在加强党的领导中实现组织振兴。基层党组织的组织凝聚力，最突出的体现就是政治功能强。要把党的政治建设摆在首位，把讲政治的要求贯穿基层党建工作全过程、各方面。强化思想教育，抓住“关键少数”，紧盯基层支部，精心策划，深入开展“不忘初心、牢记使命”主题教育，推动各级党组织和广大党员干部深入理解和把握习近平新时代中国特色社会主义思想的科学体系、精神实质、实践要求，不断强化“四个意识”、增强“四个自信”。围绕发挥领导核心、政治核心作用，进一步完善领导体制和运行机制，不断增强创造力凝聚力战斗力，引领各类党组织聚焦中心任务、聚力全局工作，引导基层党组织和广大党员成为乡村振兴的主心骨。强化责任落实，严格督查考核述职评议，推动各级党组织书记切实履行好“第一责任人”责任，构建良好政治生态。

突出主体作用，在建强基层堡垒中实现组织振兴。党支部是党最基本的“细胞”，是党全部工作和战斗力的基础。要积极创新思路加强基层支部建设，发挥支部主体作用，使组织体系更加健全、活动更加经常、支部更有活力。着力激发组织活力，大力开展“星级支部”创评活动，坚持“量化目标、严格考核、科学评价、动态管理”，建立规范严密的“星级化”管理体系，促进村级党组织管理制度化、科学化，引导党组织创先争优、比学赶超，切实提升基层组织力，建强基层战斗堡垒。创新组织设置形式，创新流动党员管理方式，围绕脱贫攻坚，加大产业型党组织组建力度，实现覆盖最大化、设置最优化、功能最强化。提升组织生活质量，严肃党的组织生活，严格执行“三会一课”、组织生活会和民主评议党员等组织生活基本制度。创新组织生活的形式，探索体验式、开放式组织生活，积极推行创意组织生活，切实增强组织生活的吸引力和感染力。

突出队伍建设，在锻造骨干力量中实现组织振兴。高素质基层带头人队伍是实现组织振兴的关键支撑。大力实施农村“火车头”计划，建立健全导向鲜明的村居党组织书记考核奖惩机制，拓宽选人渠道、拓展发展空间、明确退出机制、提升履职能力，不断壮大“项目书记”队伍，着力培养乡村振兴主力军。加强党员队伍建设，严把党员入口、严把发展程序、严格责任追究，着力提升党员发展质量，引导广大党员投身改革发展主战场、民生保障最基层、脱贫攻坚第一线，带动全社会形成万众一心聚焦全面建成小康社会的生动局面。深化青年骨干农民、“双带”党员和“双强”村干部“三向培养”，实施村居干部储备人才“双百”计划，打通青年骨干农民尽快成长、早日成才的快速通道，为全面深化农村改革、加快农业现代化进程提供坚强的人才保障。

突出服务能力，在厚植群众基础中实现组织振兴。基层党组织只有坚持党的根本宗旨不动摇，深深根植于广大人民群众之中，才能获得强大的凝聚力和组织力。健全联系服务机制，深化“大走访大落实”活动，大力推行“1+X”党员志愿服务，引导党员发挥先锋模范作用，为群众解决难事、急事、愁事。创新服务群众载体，全面推广“村帮办”、网格化管理等服务群众新模式，推行“一站式”服务等做法，打通政策落实和联系群众的“最后一公里”。建强服务群众阵地，抓住政策机遇，推动党群服务中心升级改造，拓展服务功能。建立健全以定职责、定规范、定督查、定奖惩为主要内容的“四定工作法”，推进村干部坐班值班制度化，打造凝聚党员、服务群众的党建服务驿站。

第三篇

乡村振兴系统创新

在明确县（区）乡村振兴战略的方向与任务后，第三篇主要从战略思维、发展模式、顶层设计三个方面分析县（区）乡村振兴如何实现系统创新。首先，思维创新是撬动乡村发展的有力抓手，梳理了当前乡村振兴战略中应当具备的十六重思维；其次，从要素整合、新动能建设、产业运营三方面解读了乡村振兴战略如何促进发展模式创新；最后，通过系统规划到孵化项目等十个方面，全面阐述了乡村振兴顶层设计应如何落实。

第七章　县（区）乡村振兴的十六重思维融合

2020年“两会”政府工作报告提出，接续推进脱贫与乡村振兴有效衔接，全力让脱贫群众迈向富裕。2020年作为全面建成小康社会收官之年，如何促使脱贫攻坚有效衔接乡村振兴成为国之重任，“做好易地扶贫搬迁后半篇文章”“引领绿色健康发展”等新提法为持续推进县区乡村振兴提出了更高的要求。面对国家提出的“新要求”“新提法”，县区要着力于思维创新，以乡村振兴战略顶层设计与系统创新的内涵思维、全生命周期、系统思维、全要素思维、全景思维、集群思维、逻辑思维、战略思维、全域思维、创新思维、平台思维、金融思维、项目思维、全过程思维、多元主体思维及示范思维等十六重思维为抓手，力求探索县区乡村振兴新路径（见图7–1）。

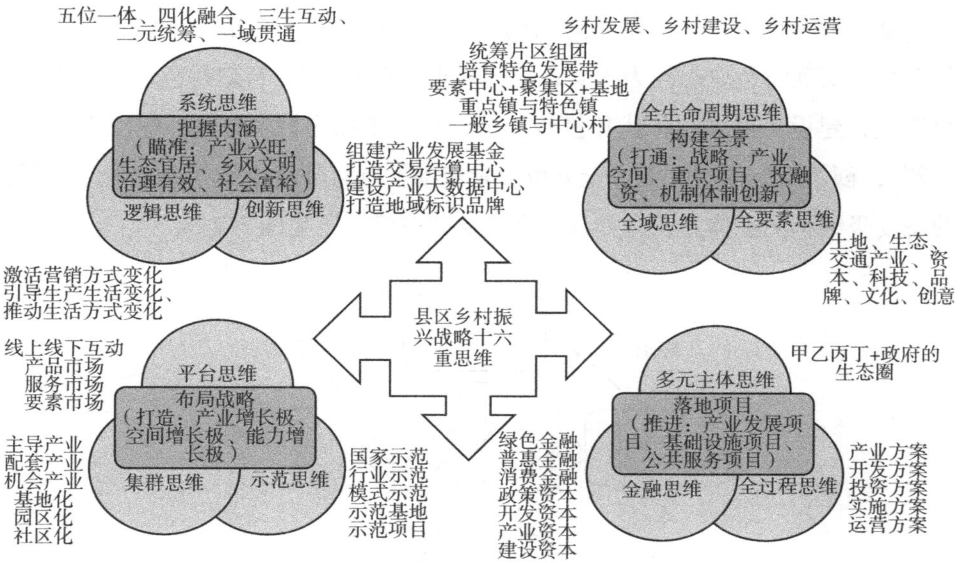

图7–1　乡村振兴战略十六重思维导图

为更好地将乡村振兴战略同当地实际情况结合，应当从创新、协调、绿色、开放、共享的理念视角出发，聚焦战略命题，例如，问题导向与战略导向、四层结构的城镇化体系动力组合、城镇化与逆城镇化、城镇化的供给侧结构性改革与新旧动能转换、“五位一体”战略下的生态文明建设等。这是解决人民日益增长的美好生活需要和不平衡不充分的发展之间矛盾、实现“两个一百年”奋斗目标、实现全体人民共同富裕的必然要求。

目前，乡村所存在的问题多为阶段性发展的短板，多为影响未来可持续发展的问题，因而，目前不可从问题层面看待问题，需要从思维角度转换农民观念，改变生产方式，创造农业价值，亟须以创新为抓手，从思维层面撬动乡村发展。

一、内涵思维

内涵思维需要以政治、经济、文化、社会、生态“五位一体”思想为导向，从产业、功能、形态、制度等方面发力，遵从创新、协调、绿色、开放、共享的发展理念，全方面发展。

产业聚焦“特而强”，以创新思维为驱动内核，各方面链接发展，着力于绿色低碳产业，特色产业集群化，建设共享产业生态圈；功能讲求“聚而合”，确保创新产业功能参与，保证产业结构完整，创建生态安全格局，聚焦产业形态复合化，实现特色业态互为配套；形态要求“精而美”，营造特色景观，协调城镇风貌，建设美丽城镇，优化投资环境，致力于缩小城乡差距；制度着力“活而新”，创新机制体制，促进全方位要素流动，制订环境治理相关制度，以开放的态度吸纳不同主体进入，并且创立收益共享机制（见图7-2）。

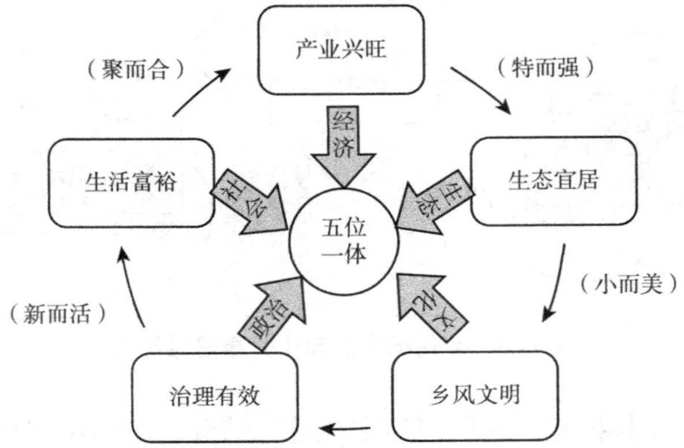

图7-2 内涵思维示意图

二、全生命周期思维

全生命周期思维需要从城乡建设、城乡运营和城乡发展三个方面进行考量，充分利用区县多战略协同，并且以发展为最终考量的方面。通过挖掘并重构地方产业要素、空间资源、人口资源和金融资源等特色要素，形成区域特有“记忆力”，继而打造城乡个性区域；通过经营、统筹和盘活全域资源，形成区域独有“影响力”，继而提升区域价值；通过发展地区特色产业，形成区域丰富“软实力”，继而促进区域内生动力。同时，不断创新机制体制，搭建战略平台，结合党中央、国务院最新指导意见，实现县区资源变资产、资产变资本、资本撬项目、项目托产业的创新路径（见图7–3）。

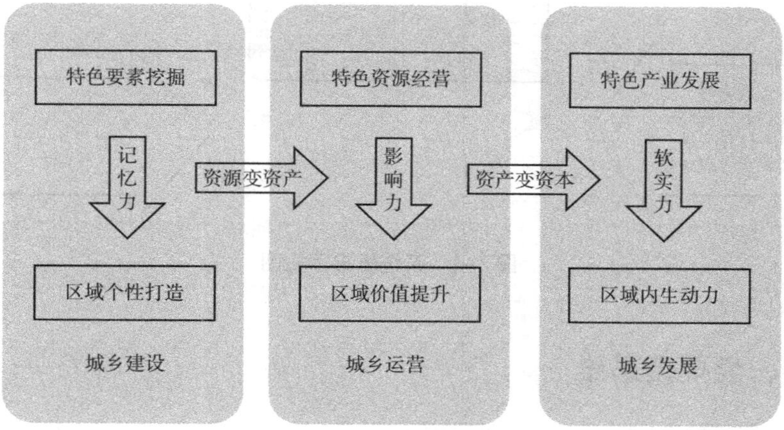

图7–3　全生命周期思维示意图

三、系统思维

系统思维应通过各方面全方位的角度和理念进行规划发展引导，将强县与富民统一起来，将城镇与乡村贯通起来，将改革与发展结合起来，系统性地解决问题，开展顶层设计。

系统思维以经济、政治、社会、文化、生态“五位一体”理念为指导，遵循“四化”融合理念，以城镇化为载体，工业化为动力，农业现代化为基础，信息化为手段，进行二元统筹；确保城乡统筹发展，公共服务均等化，促进城乡一体化发展，促进发展要素合理流动，保证生产、生活、生态三生互动（见图7–4）。

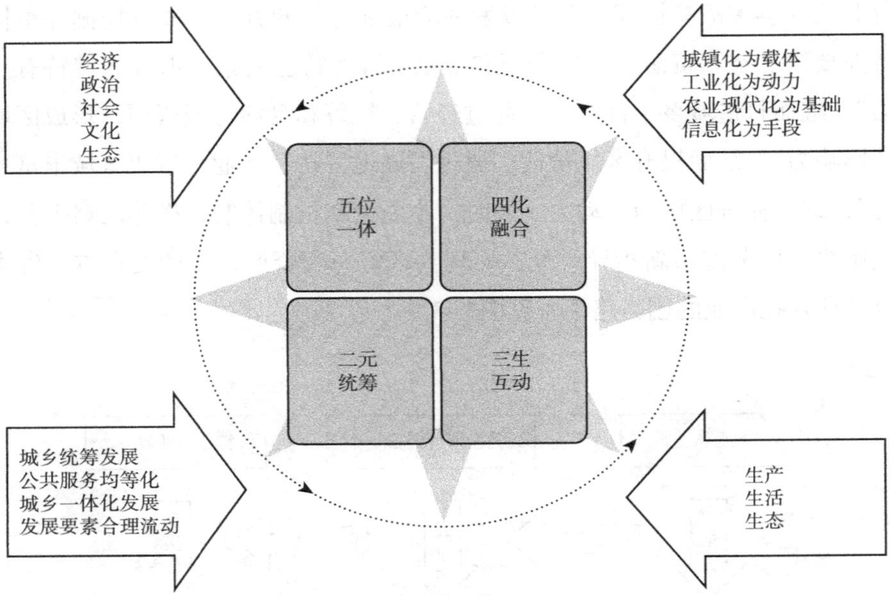

图7–4　系统思维示意图

四、全要素思维

乡村是一个复杂的体系，乡村的打造是一个智慧发展、智慧建设、智慧营运的持续过程，乡村的打造应该是投资运营商驱动的城镇化发展引领过程，需要坚持“五大理念”“五位一体”的顶层设计，需要统筹“四化融合”“三生互动”体系构建，需要创新“三圈带动”“三融转化”结构化撬动，以“全要素聚集”和“多规合一”保障，实现“要素融合”“跨界整合”“产业叠+”“业态复合”“线上线下互动”，从而重构“村民+甲乙丙丁+政府”的相关利益协同共赢的生态圈，实现乡村精明增长和内涵式发展。

以转型升级、创新驱动、可持续发展理念为指导，面向社会、经济、人文、生态等方面，进行制度、机制创新与设计，促进智慧、低碳、区域发展；以互联互通、“四化”融合、产业发展为体系，从空间载体、产业发展、路径方案入手，进行系统性规划，促进人流、物流、信息流、资金流流动；在信息化、网络化、智能化的大背景下，从结构性金融入手，运用商业模式，采用金融方案，通过项目池和资金池进行招商引资和运营管理，进行智慧运营。以整合“土地、生态、交通、产业、资本、科技、品牌、文化、创意”的全要素思维，绘制县区乡村振兴战略的作战地图（见图7–5）。

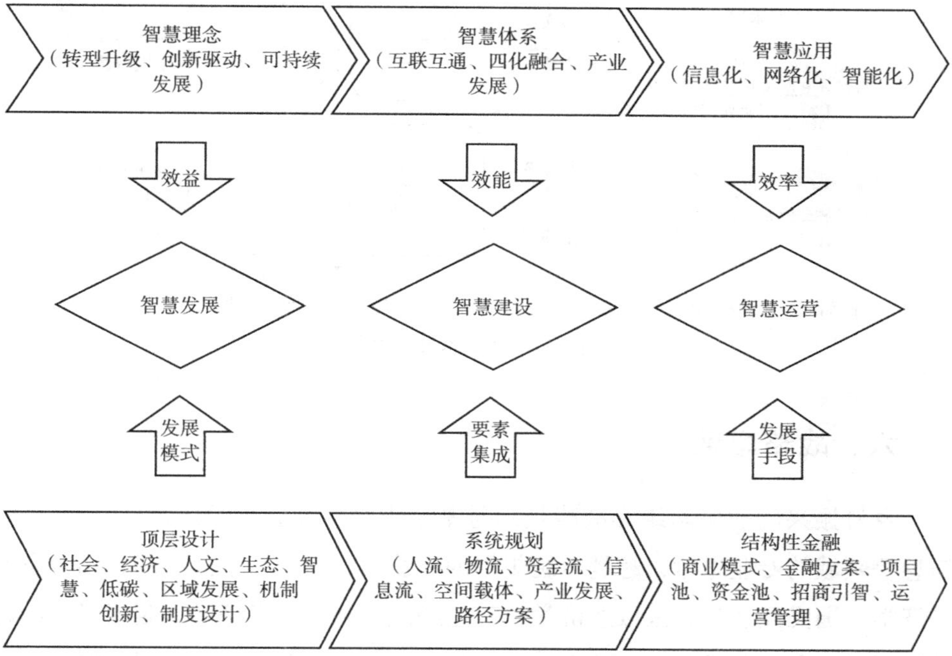

图7–5 全要素思维示意图

五、全域思维

全域思维需要从全域产业进行发展，全域空间进行开发，从而形成产业增长极和空间增长极。在此基础上，最终实现产业集群化、集群基地化、基地园区化、园区社区化、社区带动新型城镇化。

产业增长极要求以城区为要素中心，将特色产业聚集至重点特色镇，以乡村为特色基地整合辐射区。

空间增长极要求构建城市轨道交通、快速路连接线、区内城市道路、基地连接道路四层结构交通体系；再造水电气、教育医疗设施、智慧公共管廊等全区域公共服务一体化，进行实现全域智慧城市；打造海绵城市、湿地公园、园林城市、循环园区全流域生态文明体系；提升整体城乡战略质量，促进城市双修、特色小镇、全域旅游、美丽乡村等理念的发展（见图7–6）。

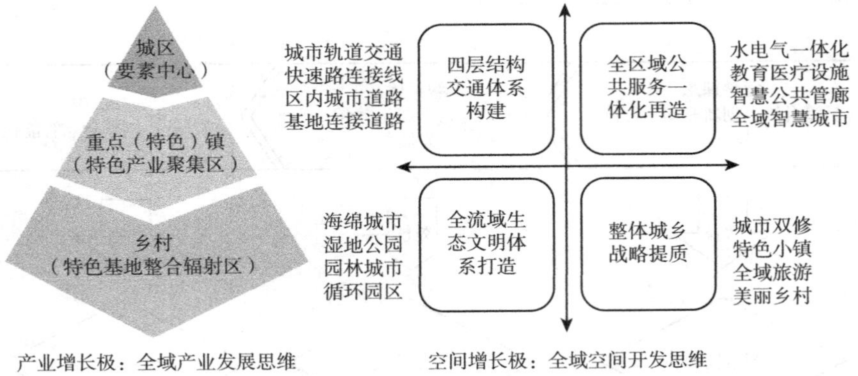

图7–6　全域思维示意图

六、战略思维

乡村振兴的战略思维和战略规划是基于人文、社会、经济、机制、生态、信息等领域的专业思考，超越传统规划的建筑学、美学和空间布局，结合发展经济学、国民经济学、区域经济学、产业经济学和空间经济学、制度经济的跨学科创新，在五大理念、四层结构、四化融合、四生互动、三圈布局的框架下，以创新驱动、要素集聚、产业链构建、服务链完善、空间重构、项目群孵化、资金链打通为目标的系统思考，形成一个长期有效的系统行动纲领和科学作战地图。

战略思维要求以孵化打造区域空间增长极和产业增长极为出发点；以破题示范承载为战略导向，以导入投资品为战略突破，以搭建发展平台为战略手段；以打通政策、土地、生态、交通、产业、品牌、金融、科技、人才、互联网等十大要素为创新点；以发展生态经济+庄园经济、康美经济、贡品经济、商贸经济、创意经济、旅游经济等特色经济为导向构建新产业集群、新经济生态；并以城乡统筹、产城融合、三生互动为目标，撬动生态文明、特色小镇、智慧城市、海绵城市、环境整治、市政道路、园林绿化、智慧能源、公共服务等重大项目实施（见图7–7）。

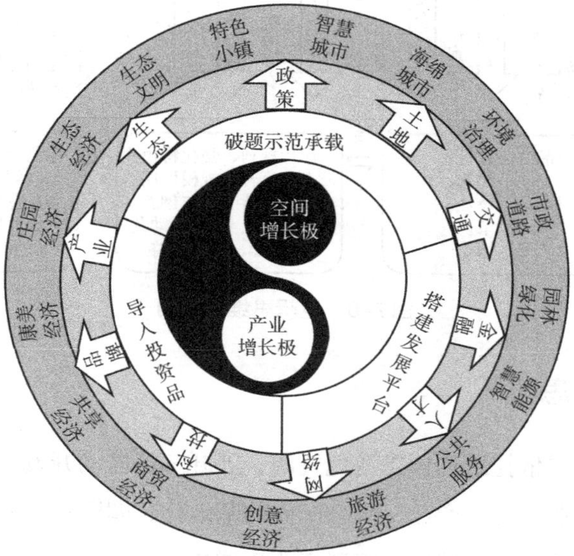

图7–7 战略思维示意图

七、逻辑思维

逻辑思维的目标与任务是通过改变营销方式，从而改变生产方式，进而改变生活与治理方式。按照订单、体验、复合经济的途径，创立当地品牌，进行品牌认证，进行交易结算，促进商贸物流发展，以文化节庆为切入点，注重来客体验，开展相关博览会；在形成平台经济（品牌+机构+农户）的基础上促进规模和庄园经济，规划过程中需要注意连片规划和规模发展，强调当地特色，注意土地流转，保证集中经营的同时也要确保各专业分工明确，以科技创新为抓手，联动相关产业共享配套设施，从而实现多元效益；进一步推进农民职业化、村民股东化、家庭创业化。聚焦特色产业促进产业振兴，鼓励平台创新促进人才振兴，重构利益机构促进组织振兴，发展文旅产业促进文化振兴，倡导绿色消费促进生态振兴（见图7–8）。

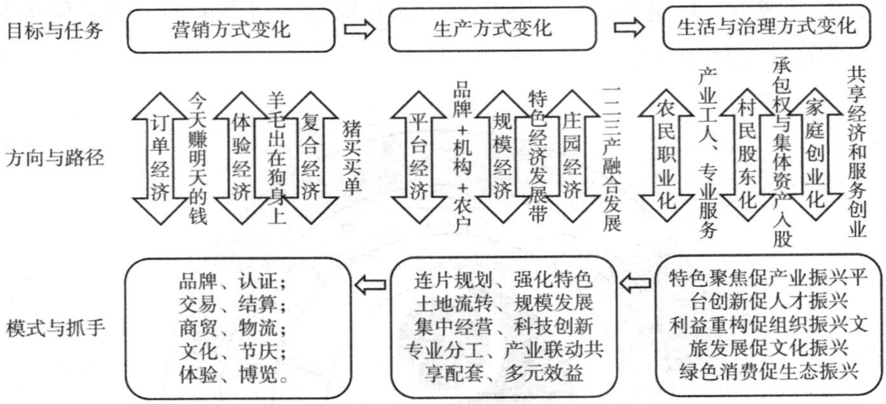

图7-8 逻辑思维示意图

八、集群思维

集群思维需要依托地理标志特色资源，展开三产联动开发，以构建乡村特色经济的“主导产业、配套产业、机会产业的基地化、园区化、社区化”的集群发展思维，建设一镇一园多基地，实现产业集群化、集群基地化、基地园区化、园区社区化、社区带动乡村振兴发展，形成“特色经济+大健康、大文化、大旅游”的特色复合产业集群，打造生命、生活、生产、生态互动的特色小镇（园区）。

特色复合产业集群主要是以健康食品、中医药材、康养体验为代表的大健康产业为主导产业；以文化遗产、贡品经济、养心健体为代表的大文化产业为配套产业；以生态体验、美丽消费、康乐度假为代表的大旅游产业为机会产业（见图7–9）。

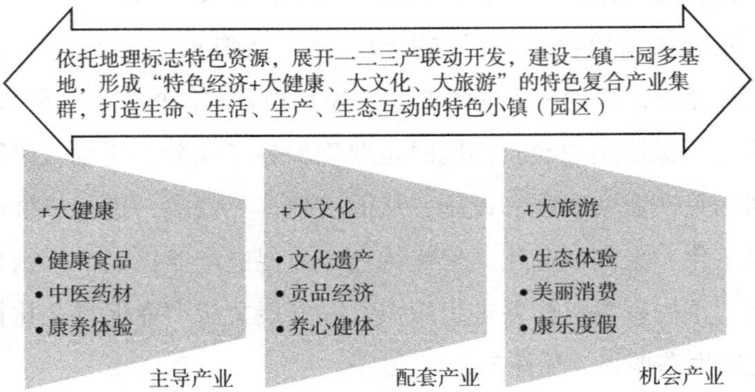

图7–9 集群思维示意图

九、全景思维

全景思维要求国家战略同当地创新模式共同发力，提升地区聚集力，在不同地区部署差异化战略；以主导产业、配套产业、机会产业为发展动力，促进产业集群化、集群基地化、基地园区化、园区社区化、社区带动新型城镇化；要求整合全要素，利用互联网+平台（空间增长极、产业增长极、平台孵化器）和政府+平台（投资商、咨询商、建设商、运营商、经营者）发展建设；通过五位一体、四化融合、三生互动、二元统筹的系统思维在全域进行规划，按流域打造，从中心辐射，并保证其中的节点支撑；要求着力于大项目孵化，例如，综合示范项目、综合开发项目、特色产业基地，利用新经济、新动能，搭建创新平台，并整合相关平台，着力于一般基础设施和一般公共服务，确保城乡统筹发展；要求从结构性金融入手，注重政策性资本、开发性资本、产业资本、建设资本、金融资本、供应量资本，将资源变资本化、资产变资本化、资本投股权化、股权证券化；要求绘制作战地图，如全域要素禀赋分析图、全域问题诊断与发展破题图、区域一体化发展图、全域功能规划布局图、全域交通优化图、全域公共服务布局图、全域产业布局图、全域重点项目布局图和全域投资运营统筹图（见图7-10）。

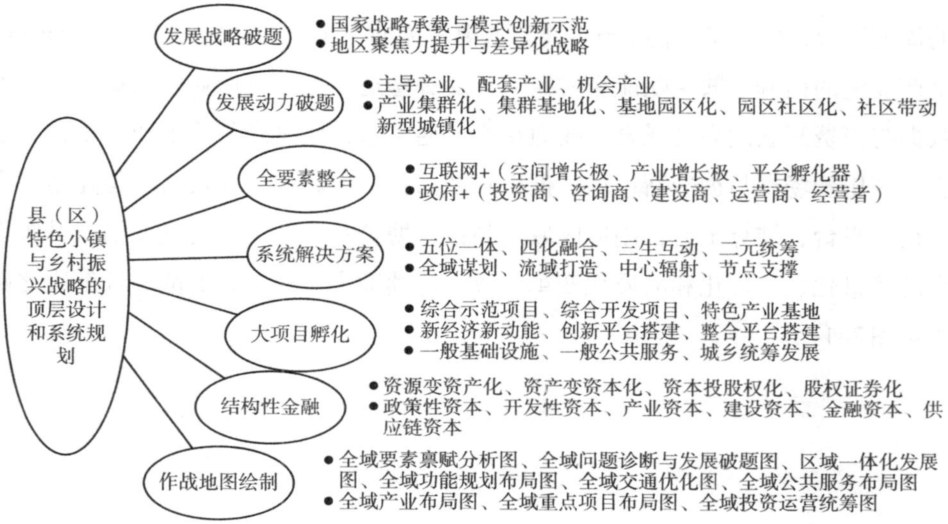

图7-10　全景思维示意图

十、创新思维

创新思维是实现乡村振兴的抓手。可以通过产业基金推动产业集群重构，通过交易中心促进市场重构，通过大数据中心促进供应链重构，通过地域品牌促进经济价值重构。

组建产业发展基金，需要对龙头企业进行股权投资，助力龙头企业产业集群化发展战略；龙头企业引领特色产业园区化集聚，形成特色产业生态圈；园区带动特色产业多基地配套发展，龙头企业上市，资产增值。

设立交易结算中心，需要确定产业标准，形成认证中心，实施基地赋牌；指定供应基地，检测体系和物流体系；形成规模预期、价格指数和订单经济。

构建产业大数据中心，需要聚焦特色消费大数据、渠道市场大数据、需求意向大数据；特色种植用地大数据、特色产品溯源大数据、特色产品供应数据；从而改变营销方式、生产和生活方式。

建立地方标识大品牌，需要通过构建地理标志品牌，梳理地域文化，树立贡品经济；通过品牌孵化器计划，做大产品经济，做宽体验经济；通过打造生态文明示范，形成康养目的地和文旅目的地。

数字经济驱动乡村振兴创新发展，AI、5G、互联网等信息技术与传统产业的深度融合，以人工智能+新零售打通要素流通、生产和销售全方位、全角度、全产业链的提升。数字赋能乡村振兴与品牌塑造，把地方产业大数据、行业大数据与消费互联网高度融合，畅通特产流通渠道，培育产品线上线下销售新业态、应用新场景与创造新市场，催生新产品新产业新业态新模式，构建地方产品销售平台、结算平台，创造区域产品销售博览总部经济，为城乡消费升级带来的场景化、个性化和品质化变革，成为持续助力乡村振兴的战略性解决之路（见图7-11）。

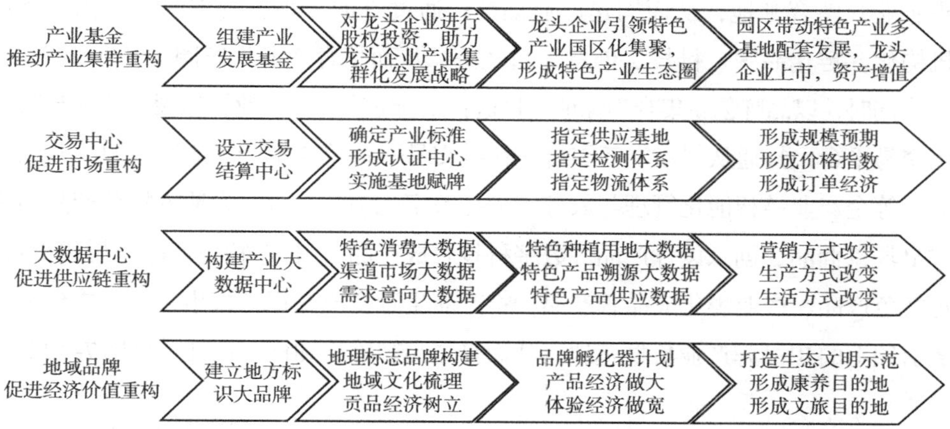

图7–11　创新思维示意图

十一、平台思维

平台思维的核心是打造线上线下互动的三个市场和要素整合平台，形成特色产业影响全国乃至全世界的价值高地。

释放数字活力，整合结算经济、商贸经济、整合经济等线上经济和平台经济、实体经济、集群经济等线下经济，促进线上线下互动，聚焦要素市场、产品市场、服务市场，形成聚集力、辐射力和影响力，最终成为当地软实力和发展的内生动力。抢抓国家“两新一重”建设，以城乡新基建为支撑，打通地方经济数字智慧化供销体系，通过数字化交易结算平台，汇聚数据流、产品流、人才流、资金流等流量体系，做强产业互联网，深度对接消费互联网，重塑“产品卖全球、结算在当地”的平台经济、结算经济模式，推动价值链、产业链、供应链深度融合。

要素平台整合需要以综合要素中心为出发点，通过电商中心引导消费，集中营销，快速供给，着力消费者金融，控制口碑，利用会员经济发力，发展跨境电商，从而保证供需平衡；通过认证中心制定标准，赋牌企业、基地、传承，溯源产品，从而提升附加值；通过交易中心实现标准化、规模化、虚拟化，利用供应链金融发展订单经济和结算经济，绑定并增信配套机构，从而控制产业链；利用产业基金投资要素中心，扶持创业型企业，培育成长型企业，做强龙头企业，整合基地，从而构建产业集群；通过双创中心进行创业组织化、经营机构化，孵化品牌、科技、创意、新经济，从而培育产业生态圈。

同时，以品牌创新集合为保证，打造智慧新零售、全产业链追溯、认证与数字化交易平台，打通从“数字新零售—在线交易—订单式生产—流通溯源—基地认证”等全产业链智能化管理与服务。依托数字化销售平台，为地方特色产品利用“AI场景商品、创意设计产品、数字科技育成产品”，打造特色产品牌孵化平台，将特色产品、产业孵化成品牌产品，将产品生意变成知识产权生意，形成数字经济引领下的IP品牌产业集群基地，从而打造品牌输出和标准认证（见图7-12）。

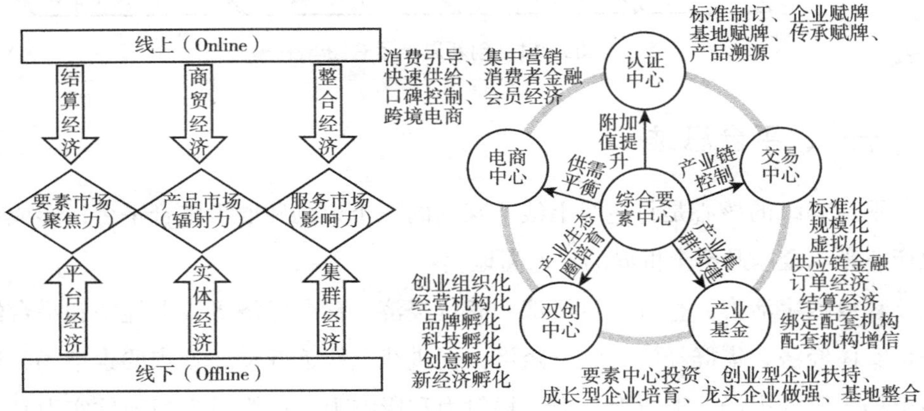

图7-12 平台思维示意图

十二、金融思维

金融思维需要从特色产品出发聚焦消费金融，从电商平台出发聚焦互联网金融，从交易中心出发聚焦供应链金融，从产业基地出发聚焦产镇融合PPP，从特色发展带出发聚焦区域表内表外信用。金融思维旨在通过聚集效应、规模效应、杠杆效应、叠加效应、乘数效应、累积循环效应，实现预期规划化、资源资产化、主体平台化、抓手项目化、示范红利化。

金融思维要求绿色金融创新：购买生态产品、赎回商品林、注意森林碳汇；区域开发融资：带动龙头企业、产业融合PPP、流域治理PPP；普惠金融创新：农民土地承包权益入股、扶贫信用贷款资产化、集体经营建设用地入市、集体

经营建设用地入市、集体经营资产股份合作；三方整合运转：涉农资金统筹、政府融资担保基金、政府专项债（见图7–13）。

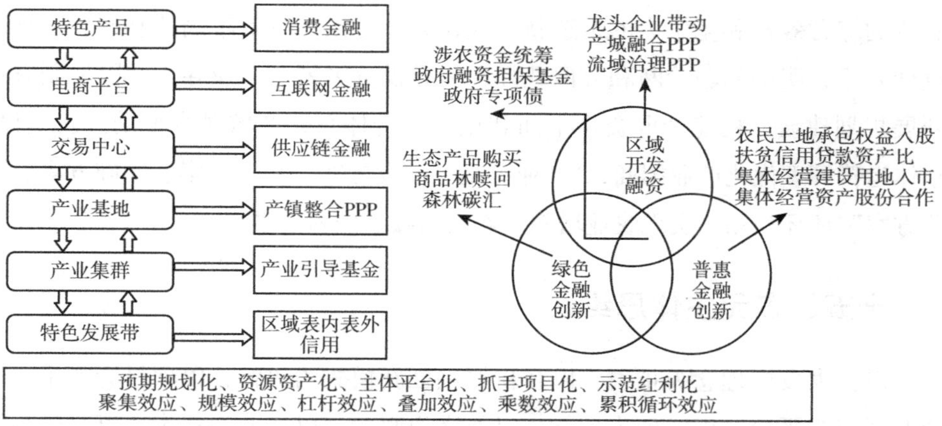

图7–13 金融思维示意图

十三、项目思维

项目思维是实现乡村振兴的最终抓手。要求以项目为中心，深化系统规划，测算投入产出，清晰投融资边界，设计开发模式，完善落地方案。按照产业、开发、投资、实施、运营等方面制订方案，在产业、金融、城镇三个方面发力，最终实现“补短板、促融合、做长板”的项目思维（见图7–14）。

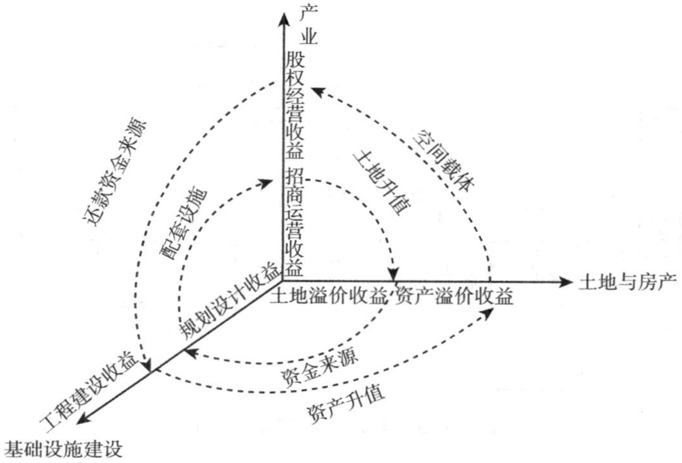

图7–14 项目思维示意图

十四、全过程思维

坚持全过程思维是促进三产互动融合发展，推动农业产业转型升级，提升农业的综合效益和竞争力的再造新模式，为乡村振兴打下牢固的基础。从顶层设计入手，明确问题诊断和方向选择，引导投资策划与产业导入，因地制宜地开展规划建设，构建产业资本空间和创新结合体系，产城融合推动开发建设，整体运营管理优化产业招商，“产业方案、开发方案、投资方案、实施方案、运营方案”环环相扣，实现农业增效、农民增收、农村发展。

十五、多元主体思维

以五大发展理念为指引，以乡村振兴创新模式为旗帜，以项目为抓手，以产业联盟为平台，以科创为动能，以数字为驱动，以产业为根本，以金融为翅膀，以人才与创意为支点，资源整合，专业分工，业务合作，产业联动，重构产业价值链和产业生态，引领县区乡村经济高质量发展。

通过丙方角色进入，甲方身份推动，联合丁方机构，带动乙方业务，服务乡村经济发展，以组建“甲、乙、丙、丁+政府的生态圈”参与乡村振兴项目的多元主体思维，吹响县区乡村振兴工作的冲锋号（见图7–15）。

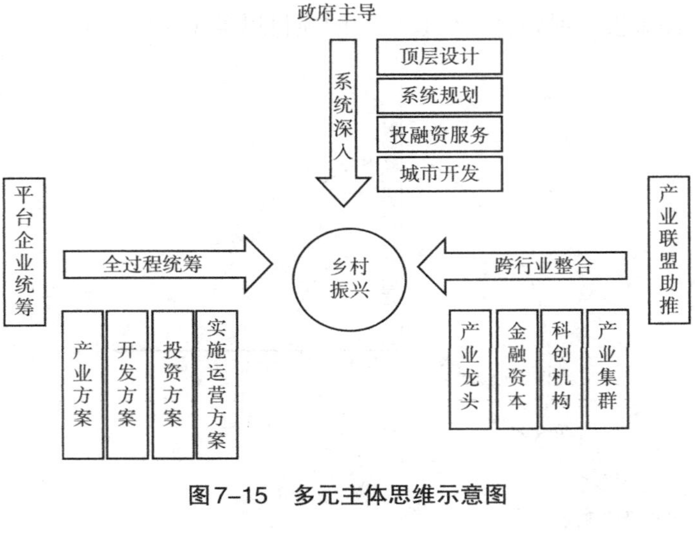

图7–15 多元主体思维示意图

十六、示范思维

示范思维便是基于当地的特色传承和印象，将它们转变为特色资源，形成独有影响力和产业发展动力，从而增值产业附加值，成为招商引资的抓手。

示范思维要求通过特色小镇、农业综合体、乡村振兴、精准扶贫开展区域综合开发示范区；通过生态文明建设示范区、山水林田湖草工程、海绵城市建设示范、矿山修复与土壤治理进行生态环境治理示范；通过新旧动能转换示范区、飞地经济开发合作、双创中心、全域旅游进行新能培育示范；通过名优特产保护基地、普惠金融试点、生态扶贫试点、厕所革命进行专项创新试点示范（见图7–16）。

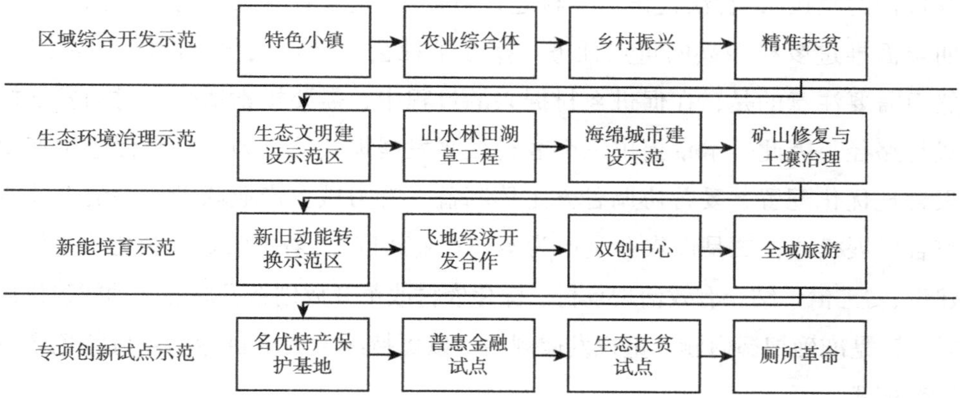

图7–16　多元主体思维示意图

第八章　县（区）乡村振兴发展模式创新

第七章聚焦乡村发展的十六重思维，分别从内涵、全生命周期、系统、全要素、全域、战略、逻辑、集群、全景、创新、平台、金融、项目、全过程、多元主体、示范十六重思维方面深入分析了促进农民观念转变、改变生产方式、撬动乡村发展的思维创新抓手。党的十九届五中全会审议通过的《中共中央关于制定国民经济和社会发展第十四个五年规划和二〇三五年远景目标的建议》，首次提出“乡村建设行动”，把乡村建设作为“十四五”时期全面推进乡村振兴的重点任务，摆在了社会主义现代化建设的重要位置。然而需要注意的是，在促进乡村振兴的过程中，需要探索适合乡村的发展模式与路径。因此，本章提出三个乡村振兴发展模式的创新：一是促进生产要素合理优化配置、妥善协调各方主体利益、着力城乡产业联动发展的全要素整合发展模式；二是以农业生产为本“产业兴旺”、着力农业社会化服务体系建设、“三治”结合有效治理乡村、深化农村改革开放创新发展的新动能建设模式；三是准确把握内涵、重视发展规律、以可持续发展为目标的乡村特色产业运营模式。

一、乡村全要素整合发展模式

乡村生产发展的基本要素既包括水、土资源等物质性要素，又包括人力资本、领导管理智慧等非物质性要素。生产要素的合理优化配置是乡村社会经济可持续发展的根本。围绕乡村生产要素，进行乡村地域系统的空间整合、组织整合和产业整合，是实现乡村可持续发展的重要环节。

（一）乡村空间整合

“三生空间”是对生产、生活、生态三类空间的总称，这三类空间构成了不同空间尺度的主体要素。党的十八大报告针对“三生空间”的优化提出“促进生产空间集约高效、生活空间宜居适度、生态空间山清水秀”的要求。党的十九大提出的“乡村建设行动”进一步强调了乡村建设的重要性，并指出了乡村“三生空间”优化整合的具体内容。然而，我国乡村“三生空间”当前的发展布局尚处于无序状态，具体表现为：生产上，城乡生产发展的相互冲突与重复，如产业链条衔接差、产品类型雷同；生活上，乡村居住聚落布局分散化，生活消费浪费严重；生态上，乡村生态环境系统内部要素与结构布局不协调，生态功能退化。优化整合乡村“三生空间”，重构新时期乡村发展的有序结构形态，是引领乡村可持续发展的重要举措。

1. 乡村生产空间整合。

乡村生产空间的优化是实现乡村振兴，形成城乡大市场互进互促的国内大循环，加快构建新发展格局的重要基础。乡村生产空间整合主要包括三个方面：一是加强乡村传统与数字基础设施建设，加快补齐目前存在的突出短板，重点抓好农村交通运输、农田水利、乡村物流、宽带网络等传统基础设施建设，同时推进新型基础设施建设，为高质量农业生产、乡村经济数字化转型发展提供有力支撑。二是在产业选择上对接城市生产空间，承接城市产业转移，结合当地特色主动融入城乡产业链，在乡村地区布局原料导向型、劳动力导向型等产业，实现城乡有序分工协作。三是在空间布局上整合乡村内部生产空间，针对乡村经济中三次产业的不同发展导向，引导三次产业在乡村合理布局，以农业基地为载体，实现农业产业规模化、集中化；以园区为载体，推动工业发展集约化；以商贸区为载体，积极吸引服务业集聚化。实施乡村产业布局发展规划，协调处理农业基地、产业园区和商贸区三者之间的发展关系。

2. 乡村生活空间整合。

乡村生活空间整合是实现乡村振兴、改善农村人居环境、满足农村居民对高品质美好生活需求的重要手段。从空间分布上，乡村生活空间整合主要存在三种模式：一是城镇近郊区采取整拆整建的方式，重视建设新型农民社区，实行社区物业化管理，引导农民生活方式转向城市化；二是偏远山区、分布散落的小型乡村聚落，采取搬迁安置方式，引导其向规模较大的行政村集中，减少乡村基础设施建设的投资成本，原有村落推行“退宅还田”，主要用于农业生产或生态环境保护；三是绝大部分村落采取村庄整治的模式，加强乡村道路、水、电、通信等基础设施建设，改善农民生活环境。同时，在生活空间整合过程中，应按照美丽乡村建设规划合理布局，因地制宜地提升村容村貌，让广大农村地区的绿水青山更好地造福百姓。例如，江苏省和浙江省的“旧村改造”工程为典型代表，通过实施乡村居民点拆迁改造、合并，引导农民向社区集中、向行政村集中，解决乡村聚落分散化布局问题。

3. 乡村生态空间整合。

乡村生态系统的稳定与平衡，是整个区域生态系统良好运行的前提和基础。随着乡村工业化快速发展，各种工业“三废”污染排放，乡村生态系统结构与格局受到强烈的冲击。一些地区由于过度追求农业生产的高效化，化肥、农药等的过量施用，引发了严重的乡村面源污染。农民生活方式的高能耗化，大量生活污水、固体垃圾的大量排放，成为乡村生态环境整治的重点问题。基于乡村生态系统的自身特点，遵循乡村景观规划学原理，乡村生态空间整合首要的是强化乡村生态斑块的建设与保护。农田生态系统是整个乡村生态系统的核心，大规模的农业生产基地是乡村地区的“绿肺”。严格控制农业生产化肥、农药施用量，走无公害、绿色和有机农业的生产道路，保持农作物种植生产的多样性；要建立生态（沟、渠、河、塘、库等）拦截系统，吸纳净化面源污染物，结合强化污染物综合治理工程，确保乡村生态环境质量安全，即形成减源、截流、治理体系；要完善乡村生态系统廊道，保护物种生息环境，保持生物资源的多样性。

（二）乡村组织整合

1. 领导组织整合是当前新乡村建设工作的基本保障。

2021年2月25日，国家乡村振兴局正式挂牌，由此开启了乡村振兴的机构整合。国家乡村振兴局是在我国取得脱贫攻坚战之后，为进一步巩固拓展脱贫攻坚成果，统筹推进实施乡村振兴战略有关具体工作做出的重大部署。在省级层面，原扶贫工作机构设置也参照中央层面做法做了相应调整。在市县级层面，乡村振兴的相关机构的调整也在有序推进。因此，抓住国家乡村振兴机构改革的红利，整合现有多层次的领导组织机构，建立自上而下、上下结合的管理与协调机制，显得十分必要和重要。

2. 乡村经济合作组织是乡村发展过程中动态创新与发展的新生事物。

乡村经济合作组织包括社区股份合作社、土地股份合作社、乡村合作社、劳务合作社、富民合作社等诸多形态，应该有效整合尚存在的运行机制不健全甚至不能惠及农民利益的一些经济组织。不同合作组织具有各自的针对性，重点应围绕土地资源、劳动力资源、资金等乡村发展的基本生产要素，通过创新不同的生产要素优化配置模式，引领农民广泛参与社会分工和产业协作。政府应重视乡村经济合作组织，发挥协调与引导的重要作用。

3. 组织主体间的分工协同是乡村要素整合的重要支撑。

目前，乡村要素整合面临的关键问题在于缺乏组织主体间的有力协同机制[①]。当前，乡村发展建设的组织主体主要包括政府性领导组织与乡村经济合作组织。前者包括乡村工作办公室、新乡村建设领导小组、农业局、环保局等职能部门；后者包括花卉、园艺、养殖等各种农业合作组织。政府性领导组织具有宏观性和引领性，体现了政府服务功能；乡村经济合作组织，则具有专业性和民间性，体现了分工与协作功能。为促进组织主体间的分工协同，需要建设有力的协同机制，加强政府性领导组织与乡村经济合作组织的双向沟通与交流。政府性领导组织要为乡村经济合作组织的自我调节做好外部环境建设，提供合理的规范、财政和政策支持。乡村经济合作组织未来建设的导向，应遵循由信誉联结推向契约合同联结，进而发展为产权联结的路径从而实现联结关系升级。

（三）乡村产业整合

长期以来，受限于城乡二元结构，我国乡村经济一直发展游离于城市产业发展链条。起初，农业生产主要为城市产业发展提供初级的原材料。自20世纪80年代初期以来，乡村出现一批乡镇企业开始初步参与城市产业链的分工协作，主要为其提供初级工业产品。随着城市产业的扩张，农用地大规模转换为城市建设用地，成为城市产业发展的基本载体，而且大量乡村居民不断流入城市务工就业，直接参与城市产业生产。总体来看，乡村地区的原材料、土地、

① 唐伟成，彭震伟，陈浩. 制度变迁视角下村庄要素整合机制研究——以宜兴市都山村为例［J］. 城市规划学刊，2014（4）：38–45.

劳动力等资源均处于被动参与城市产业发展的状态，乡村在城乡产业体系中处于不平等的地位。在新时期产业发展层面上，构建城乡产业互动、联动模式，成为落实统筹城乡协调发展战略的核心内容①。

区域产业体系的运行与发展过程，需要重点围绕生产、生态和生活三个基本目标，即高效的企业生产能力、良好的生活环境和优美的生态环境。生产上，应遵循土地资源节约集约利用政策引导，产业发展向园区集中，积极参与城乡产业链，在企业生产链内部，承担企业生产的原材料供给、初级加工、包装和销售等多重环节，通过构建并实施城乡产业的联动发展模式，既可有效降低产业的生产成本，又可引领乡村工业化的快速转型与升级（见图8–1）；生态上，严格管理企业污染排放，以产业发展收入反哺生态保护，建设美丽乡村，让城乡居民共享绿水青山生态保护成果；生活上，将“旧村改造”与园区规划相结合，以集体经济组织为基本载体，通过构建公寓式住宅，实行对外出租，或者建造工人餐厅、商店等多种方式，广泛参与社会分工和产业协作，创新发展乡村集体经济，提高乡村收入水平。

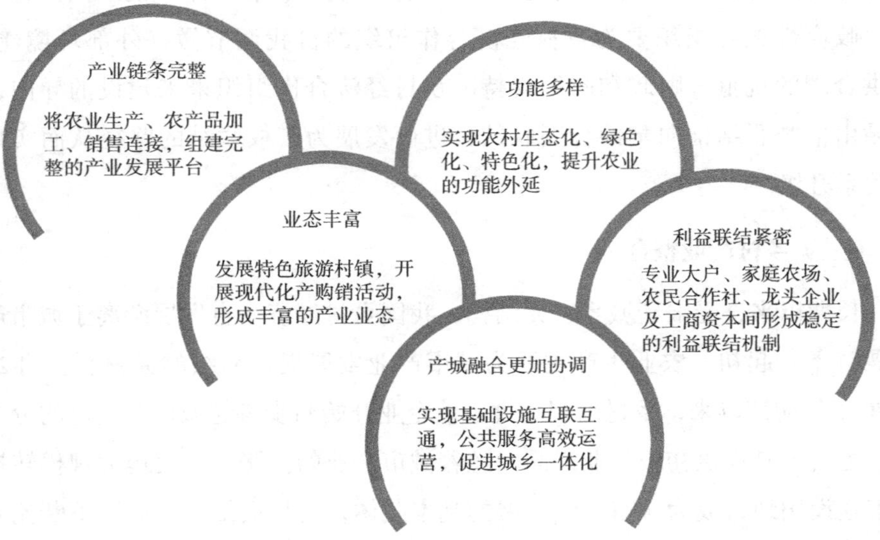

图8–1 城乡产业联动发展模式

① 张峰，宋晓娜．乡村产业振兴中生产要素双向流动机制解析［J］．世界农业，2019（10）：80–89.

二、乡村振兴新动能建设模式

（一）产业兴旺

党的十九大报告决定实施乡村振兴战略并写入党章，提出了“产业兴旺、生态宜居、乡风文明、治理有效、生活富裕”的总要求。乡村振兴战略对“产业兴旺”的要求着眼于农业发展方式的转变，并充分挖掘农业多功能性，扩大农业的外延，在新时期推动农业在新内涵、新高度和新领域上的发展。具体来说，产业兴旺应该包括三个层次的内涵①。

1. 提高农业产业竞争力。

中国是农业大国，但远非农业强国。2004年以来，得益于中国的丰富资源，我国农产品国际贸易逆差呈净增加态势。但由于农业竞争力低下，农产品依旧无法满足人民对美好生活的需求。为提升农业竞争力，首先，要坚持质量兴农、绿色兴农，系统性地规划构建现代农业产业体系、生产体系、经营体系；其次，基于“以国内大循环为主体、国内国际双循环相互促进”的新发展格局，要充分利用国际国内两个市场、两种资源，在确保“谷物基本自给、口粮绝对安全”的前提下，利用国际市场调剂余缺，多进口土地密集型农产品，出口劳动密集型农产品；最后，要合理进行农业产业空间规划，按照2018年“中央一号文件”精神，加快划定和建设粮食生产功能区、重要农产品生产保护区，完善支持政策，提高竞争力。

2. 充分挖掘农业多功能性。

农业多功能性指乡村农业生产活动中，除粮食农产品供给以外产生的其他功能，具体包括国土保全、水源涵养、自然环境保护、良好景观形成和文化传承等。重视并发展农业的多种功能，深挖农业深度与广度，促进农业结构持续升级优化是建设现代农业的重要抓手。自2007年“中央一号文件”发布以来，我国农业多功能性相关政策体系初步建立并逐渐完善，文件指出农业在具有食品保障功能的基础上，还具有原料供给、就业增收、生态保护、观光休闲、文化传承等功能；2015年“中央一号文件”提出推进乡村三次产业融合发展的政

① 促三产大融合育乡村新动能《农村一二三产业融合发展年度报告（2017年）》发布［J］. 中国合作经济，2018（4）：35.

策导向，指出农业多功能的落脚点在于开发乡村休闲旅游业等第三产业；2018年“中央一号文件”将农业多功能性的内涵拓展至第二产业，具体是通过延长产业链、提高价值链、完善利益链等手段，使农民收益最大化。在实践中，各地出现的田园综合体、特色小镇等，都是通过农业多功能性促进乡村产业兴旺的典型案例。

3.大力发展农产品加工业，延长农业产业链条。

提升农产品加工业产能对城乡生产、生态、生活发展具有积极影响，党的十九大提出要实现小农户和现代农业发展有机衔接。小农户对社会化服务需求具有一定的指向作用，为实现这一目标，需要重视延长农业产业链。当前生产中的各环节服务已能基本满足需求，但产前、产后各环节服务供给不足，尤以产后最为严重。产后服务主要包括烘干、储藏及加工等。产后环节供应不足存在明显的负外部性，主要体现在：生产上，由于产地初加工技术落后、农产品加工设施简陋，致使我国农产品产后损失严重，有效供给减少，产品质量下降，安全隐患突出；生态上，由于缺少及时产后加工，大量农产品因此腐烂变质，废水、废气、垃圾排放，导致蚊蝇滋生，污染地下水源和河流，损害城乡生态环境；生活上，由于产后环节服务供应不足导致的生产、生态问题逐渐积累，最终危害城乡居民身体健康。因此，亟须提升产地初加工能力。由于产地初加工产业与第一产业联系紧密，利润较低，产业规模较小，国家相关政策的支持尤为必要，需要将新型急需、性价比高的初加工机械纳入农业经营主体农机购置补贴范围；同时引进金融机构和各类社会资本的资金投入，以促进初加工服务发展，最终实现农业初加工的多元化资金投入格局。

4.大力发展农业社会化服务业。

乡村振兴战略背景下的农业社会化服务体系建设有两个特点：一是以公益性服务为基础；二是大力发展经营性服务主体。前者符合引导作用，必要时以政府购买服务的方式引导服务企业发挥作用；后者以优质服务获取利润，或者以合作社形式为成员提供服务。2018年“中央一号文件”指出：“培育各类专业化市场化服务组织，推进农业生产全程社会化服务，帮助小农户节本增效。”因此，新时期农业社会化服务体系建设的两个重要目标：其一，把小农户纳入现代农业经营体系；其二，节本增效，降低农业生产成本，提高农业竞争力。部分专家甚至认为，中国农业的根本出路在于农业生产性服务业的发育水平。因此，农业社会化服务体系建设是实施乡村振兴战略的重要动能，也是产业兴旺的基础。为了发展农业社会化服务业促进乡村振兴的实现：首先，要消除城市人才、资金回乡的制度壁垒；其次，要提高小农户的组织化程度和对接现代农业的能力；最后，要加快创新农村产业发展的体制机制。

（二）"自治、法治、德治"相结合

党的十九大报告指出："加强乡村基层基础工作，健全自治、法治、德治相结合的乡村治理体系。"自治是由中国乡村的特殊性所决定的，由于我国幅员辽阔，不同民族、不同区域之间，风俗习惯等软性规范约束差异较大，决定了我国乡村治理以自治为基本特征；法治是乡村治理的底线，任何机构、任何人的行为都要在法律规定的范围内进行，不能逾越法律这个"矩"；由于乡村是典型的"熟人社会"，村民之间受道德、习俗等软性规范约束的程度较大，德治在新时期乡村治理中仍然具有重要地位，因此需要重新重视德治这一"新动能"。"三治"的提出，是中国乡村治理理念、治理方式的重大转变，是实现"治理有效"的基础。有了"三治"相结合，才能实现"治理有效"的要求，乡村振兴才能真正落到实处。

（三）推进改革开放与创新发展新动能

动能是发展的引擎，培育新动能是推进乡村特色产业发展的重要力量[①]。乡村特色产业发展的动能主要来自两个方面：一是培育新型经营主体，二是激发经营主体发展活力。为培育这两个方面的动能，可以从改革、开发与创新三个方面着手。

1.推进重点改革。

现代乡村特色产业的发展需要通过改革调整利益关系，政府可以通过政策创新，为现代乡村特色产业的新型经营主体及其活动创造良好的环境，实现乡村特色产业的高质量发展。推进乡村特色产业改革可以从以下三个方面着手。

（1）孵化新动能主体。围绕培育新型多元经营主体，推动制度创新。结合

① 张军.深化改革，释放乡村振兴内生动能［J］.东岳论丛，2018，39（6）：133-139，192.

特色产业发展，推动“三变”（资源变股权、资金变股金、农民变股东）实践。鼓励农户以土地经营权、宅基地资格权、闲置房产、资金、劳动等要素入股合作社参与农业企业经营。培育引进有实力的龙头企业发展乡村特色产业，同时，推进合作社企业化发展，创建合作社、家庭农场、农业企业等产业利益共同体。

（2）构建小农户利益链接机制。机制的建立难在结合，重在利益分享。机制建设有三个重点：第一，发展多样化的联合与合作，提升小农户组织化程度，构建“农户+园区”“农户+公司”“农户+合作社”等多种形式的利益联结机制；第二，注重扶持带动小农户发展，建立创新政策支持小农发展；第三，建立让农户合理分享全产业链增值收益的新模式，推动建立农户可持续增收的长效机制。

（3）推动金融支撑特色产业发展机制创新。金融支持有三个要点：第一，盘活存量资产，依据资产的不同性质，制订现有乡村资产抵制、租赁、出售、转让的有关政策，明确资产权限，推动“僵尸”“沉睡”“闲置”等资产变现、让权、生利；第二，鼓励资金互助合作，做好乡村资金互助合作社试点，以有效管理、良性运行、风险可控为目标，积极参与乡村产业创新发展，构建生产、供销、信用合作“三位一体”多元发展合作共赢模式；第三，加快融通社会资本，降低准入限制，构建项目公平招标与项目成果质量监管的项目市场准入机制，推进乡村承包土地经营权、农民住房财产权、集体经营性建设用地使用权抵押贷款试点。

2.加快乡村开放促进发展。

（1）要实现四大开放。第一，市场开发，促进地方市场与全国市场的融合，促进国内与全球市场相连接，推动特色农产品进出口，支持本土企业开展跨境合作；第二，产业开放，处理好政府行为与市场功能关系，发挥政府的服务作用，让市场真正成为产业资源配置的主导力量；第三，区域开放，打造区域特色，推动区域一体；第四，城乡开放，推动“人、财、物、商”等要素在城乡之间自由活动，共同发展。

（2）要做好三个“跳出”。“跳出”就是要打破传统的发展路径，在全新的路径上开辟发展的新领域，实现发展新愿景。第一，“跳出”传统农业发展路径，发展乡村新型特色产业，重点是构建面向市场需求的市场导向性的新型产业；第二，“跳出”传统乡村风貌，重建未来乡村，特色产业是未来乡村的支撑，建设镇村一体、村村一体、城乡互动、特色鲜明、环境优美、和谐宜居的新乡村；第三，“跳出”传统农民形象，重塑现代产业新农民，通过纵向与横向的产业创新，使“新农民”成为新产业的推动者与实践者，成为传统“三农”向“新三农”发展转型的动力。通过产业载体、股权参与、资产融合等多种方式，发展现代“业主型产业农民”，使新型农民成为发展乡村特色产业的产业大军。

3.创新发展新动能。

我国乡村变革的动力一般来源于农民对生活资料尤其是土地的再分配要求。目前，我国农业基本的经营制度已经确立，推动乡村发展的新动能取决于三方创新：第一，发展机制的创新，必须紧紧依靠市场需求，创建市场决定产业发展的机制，推动乡村产业发展；第二，发展手段的创新，必须推动多元与多业融合，通过实现融合创新来实现乡村发展；第三，转型升级的创新，必须紧跟市场变化，紧紧依靠资源创新、科技创新、运营创新来实现乡村发展。

三、乡村特色产业运营模式

（一）准确把握乡村特色产业的内涵

乡村特色产业的本质属性可以从区域、产业、社会需求三个维度进行解读。第一，区域维度，一个地区乡村的自然与人文资源、乡村地域性特征等因素决定着乡村产业的特色，区域特色是乡村特色产业的基础；第二，产业维度，乡村特色资源形成的乡村特色产业，特定乡村产业发展的经营方式、产业业态、产品特点及服务方式，形成特色产业发展的重要元素，都表现了产业发展的特点；第三，社会需求维度，乡村特色产业依据特色市场需求发展而成，旨在满足特殊人群或者社会大众的功能化的需求，如文化体验、休闲养生，医疗健康等，从而具有区别于其他产业的鲜明特征。

乡村特色产业具有以下四个方面的基本特点：第一，特色鲜明，乡村产业特色具有独特资源（发展基础）、支撑区域特征、特殊产品品质和相对明确的目标市场；第二，乡村独有，与一般产业相比，乡村产业的空间属性是乡村，利用乡村资源优势创建，特色产业一般以乡村资源禀赋和独特的历史文化资源为基础，根植于农业乡村、由当地农民主办、彰显地域特色和乡村价值的乡土经济活动；第三，农民主体，乡村特色产业发展的目的是为社会提供乡村特色产品供给，同时为农民创造就业渠道，乡村特色产业是农民创业的产业，也是农民致富的产业；第四，比较优势，特色产业发展需要有其他产业发展不可替代的区位与资源条件，乡村特色产业生产特色农产品符合区域分工的要求，有利于发挥比较优势，形成优势互补的区域发展格局。

（二）乡村特色产业发展的阶段特征

随着乡村振兴的深入推进，乡村特色产业呈现高速发展的态势。产业布局不断优化，区域特色基本形成；产业化、市场化水平不断提升；品牌化趋势明显；经营主体多元化；合作模式多样化。乡村特色产业已经成为乡村振兴的重要产业支撑，但乡村特色产业发展仍存在许多问题：各地区、产业发展不平衡，利益分享不平衡；产业发展种类繁多，但尚未形成主导产业；产业要素活力不足；缺乏科技与创新支持等。

（三）注重乡村特色产业的发展规律

1.根植乡村。

根植乡村就是要发挥乡村优势，实现乡村特色产业发展与乡村资源创新相结合；同乡村农民利益及其全面发展相结合；同乡村社区发展相结合；同壮大乡村优势特色主导产业相结合。将要素下沉，以特色小镇为抓手，以最小的地级单位县域作为最重要的发展单位，这是乡村振兴的重要战略，也是由我国“中央一号文件”的重要指导思想所决定的事实。

2.引领市场。

引领市场需要面向市场需求，分清不同市场的不同特点，确定服务对象，分析对象需求，把握需求发展态势，由此来组织产品的供给；创新市场策略，在不同的发展阶段，分析不同性质的需求市场，研究每个市场的一般需求、现实需求及潜在需求的发展状况，由此制订适应市场、满足市场、引导市场发展的策略；引导供给，通过制造供求矛盾，创造需求大于供给，需求引领供给的发展态势。

3.构筑乡村新型产业资源基础。

首先，全面认识资源范围。与传统农业相比，乡村特色产业发展的产业形态是传统农业的转型升级，是多产融合的产业创新，是综合性产业集群。在发展过程中，既要依托当地的资源要素禀赋，也要符合人们对当地的认知和期待。

其次，推进资源创新。通过多功能化创新、转型和融合，在保持原有产业属性的基础上，通过发展传统产业的多功能性，改变原有资源的部分性质来创新新型资源形态，以及让乡村特色产业发展的资源融合在微观宏观两个层面上展开。

最后，做好资源配置。立足某个主导性的产业资源，通过配置新型的资源，为主导产业的创新提供资源支撑；在乡村特色产业发展中，为了丰富与拓展新型产业功能，需要重新植入新的产业资源，从而为新型产业创新创造条件；为提高产业经营效率与产品市场收益，推动产业可持续发展，需要加大对公共资源的高端配置，形成公共资源、产业资源、产品资源有机结合可持续发展的机制。

4.实现产业化经营。

首先，孵化经营主体。多元并进，培育壮大一批乡村特色产业龙头企业，发展特色产业合作社及家庭农场等新型经营组织。鼓励工商参与乡村特色产业发展，推进多元主体的合作创新。加强乡村特色产业人才培养，建设一支掌握产业情况、充满乡村情怀、具备现代管理素质的专业技术和经营管理复合型人才队伍。

其次，构建产业生态体系。构建面向市场需求的产业创新机制；以转型升级，推动产业可持续发展；构建不断升级的产业集群结构。

最后，做好支撑体系建设。着眼于全产业链，建立全产业链的支撑，促进乡村特色产业的发展。从建设内容来看，突出强调产业需求，力争政策支撑、金融支撑、科技创新支撑、生产经营性的服务体系支撑。

（四）打造可持续发展的乡村特色产业

乡村特色产业是生态友好型产业，其发展与乡村资源环境处于友好状态；乡村特色产业是资源节约型产业，其发展既能满足当代人的需求，又不对后人满足其需求的能力构成危害；乡村特色产业的发展机制、发展能力与市场发展始终处于良好关系状态[①]。

1.创新发展路径。

（1）传统农业转型升级。适应大众需求的新变化，坚持高质量发展，以供给侧结构性改革为主线，运用多种方式创建特色农业产业（见图8–2）。

图8–2 传统农业转型升级路径

（2）小产品大产业。乡村特色产品，是根植于乡村，依托特有资源和传统工艺，地域特色鲜明、乡村气息浓厚、功能属性独特、开发潜力巨大的产品，包括特色种植、特色养殖、特色食品和特色手工产品等。

（3）发展现代康养产业。立足乡村特色资源创建的新型产业，通过融合和集群，人们多样化养生养老的需求，创新多样化产业。

2.构建三大关系。

（1）特色产业发展与乡村社区发展的关系。明确可持续发展的目标是乡村社区与乡村产业的可持续发展。要建立良好的发展关系，必须将乡村特色产业创办成生态友好型产业，走绿色生态循环发展之路，减少因乡村特色产业发展而造成的乡村环境污染。

---

① 李燕飞，徐宁，武君臣，何陈程.乡村振兴背景下的乡村特色发展区构建——基于宝应县乡村建设规划的思考［J］.江苏城市规划，2018（5）：23–28.

（2）特色产业发展与小农发展的关系。发展乡村特色产业应该成为乡村农户就业致富的渠道、创新创业的平台。通过多种形式，推进小农户与现代农业的有机衔接。

（3）特色产业发展与乡村整体产业发展的关系。乡村产业创新应该成为乡村振兴产业振兴的重要支撑。同时，乡村特色产业的主导产业化，带动新型产业发展，形成主导产业、新型产业、周延产业相互促进的乡村产业集群。

3.发挥三大作用。

（1）政府的主导作用。第一，做好规划，强化县域统筹，优化特色产业空间布局与主导产业的布局；第二，创新政策，特别是创新融合创建新型产业的政策、乡村经济多功能化发展的政策、推动现有资产高效配置创建新产业的政策、推动产业转型升级的政策、科技支撑乡村经济发展的政策；第三，充分利用数字化引领驱动农业农村现代化，采用《关于构建更加完善的要素市场化配置体制机制的意见》，将数据纳入生产要素，充分发挥“互联网+”的重要作用，加快弥合城乡数字鸿沟，推动农业高质量发展和乡村全面振兴；第四，依据不同产业的发展性质做好基础设施建设，着力于两大工程“村村通”和“电信普遍服务试点”，稳定基本盘，筑牢粮食安全“压舱石”，夯实乡村特色产业发展的设施基础；第五，做好示范推广，以特色小镇为抓手是乡村振兴的重要战略，利用示范项目有规划地提升资源品质，挖掘价值，塑造品牌，推动战略发展。

（2）市场的决定性作用。第一，确保合作社、农业企业及集体经济组织、家庭农场作为市场主体性地位；第二，创建乡村特色产业新型市场，以各方平台为基础，针对不同市场进行推广经营；第三，创建乡村特色产业协会，创新协会服务功能；第四，推进经营性服务产业化，最大限度地发挥乡村产业的优势。

（3）发挥社会传播的引导作用。推广传播的成功在于推广传播手段、内容、方式的创新。第一，创建传播平台，打造“乡村特色产业传播”平台，创建“传统媒体+电子商务平台+微媒体+多元新媒体”的传播体系；第二，推动传播创新，构建活动传播，注重内容传播创新，传播乡村特色产业的“新、奇、特、美”；第三，研究系列节庆活动，发挥活动、节日组织市场的功能，以节庆活动传播促进乡村特色产业加快发展。

4.构建特色产业发展的产业体系。

（1）构建与夯实乡村特色产业发展基础。产业基地、信息支撑、产业市场共同构成乡村特色产业发展的基础。第一，推进产业基地化，创建生态化、园区化、科技化或者智能化乡村特色产业基地；第二，实施数字乡村特色产业发展战略，推进全产业链大数据建设；第三，推进区域性现代产地市场建设，创建“微商+电商+交易”的产地市场。

（2）做好科技创新支撑。要将乡村特色产业发展建立在科技创新支撑的基础上，第一，创新结合方式，推进科技创新，着力数字化发展，依托国家农业科技创新联盟、全国现代农业产业技术体系和国家农产品加工技术研发体系，建立健全特色产业技术研发体系。第二，实现全产业链支撑，强化工艺流程、新产品、新业态的研发。第三，加快特色产业绿色生产、特色产品加工技术、设施装备、专用材料、特色手工业工艺流程等技术研发。

（3）发展壮大新型经营主体，提升龙头企业运营能力。第一，推动经营主体多元化创新；第二，构建发展机制；第三，鼓励工商资本到乡村发展农民参与度高、受益面广的乡村产业；第四，建设一批农业产业强镇，创建一批乡村产业融合发展示范园，形成多主体参与、多要素聚集、多业态发展、多模式推进的融合格局。

（4）创新引领乡村特色产业发展。第一，通过创意与融合引领产业集群创新推动新业态创新；第二，大力发展现代新型农业，新型康养产业与乡村现代综合性服务业，推动新产业创新；第三，细分区域市场、季节性的时间市场、不同的人群市场，以市场的需求确定产品的供给进而推动产品创新；第四，在智能化背景下，推动面向市场需求的综合性的产地市场创新；第五，通过要素化、功能化、资源化、资本化等市场化措施推动存量资产利用创新。

5.实行品牌化发展战略。

（1）创新“三位一体”品牌体系。打造一批叫得响、卖得好的乡村特色产品牌，建设“区域+产业+企业+产品”的品牌体系支撑①。

① 杨娟.乡村振兴战略下特色产业振兴研究［J］.农家参谋，2018（15）：29.

（2）发挥品牌体系价值。做好品牌定位，创新经营理念、优化包装设计、丰富文化内涵、提高产品档次，推进大宗产业特色化、特色产业品牌化；做好品牌体系的建设，注重公共品牌塑造、产业品牌培育、产品品牌的创新，通过区域公共品牌的引领作用，服务与推进产业的发展与区域市场的形成；创新品牌传播，建立公共品牌与产业品牌、产品品牌相互融合的品牌体系。提升用户传播价值，通过现代移动信息平台，实现服务与传播一体化；做好品牌的管理与运营，做好公共品牌使用的监管，使品牌成为产业开发、市场拓展、可持续发展的有力支撑。

（3）唱响乡村特色产业品牌。加快产品认证、加强营销推介，培育壮大一批区域特色突出、产品特色鲜明、市场知名度高、发展潜力大、带动能力强的区域公用品牌。推进乡村特色手工业、乡土文化资源与现代消费融合发展，利用国际、国家和地方等专业节庆展会平台，全面推介和展示乡村特色手工业和民族传统文化。开发具有可观性、可娱性、可参与性的民俗表演、民间艺术等活动项目，宣传具有民族和地域特色的传统工艺产品，促进乡村文化提高品质、形成品牌。

第九章　县（区）乡村振兴顶层设计创新

第八章围绕乡村振兴发展模式创新进行详细的介绍。本章进一步分析如何通过顶层设计创新地将发展模式落地实施，通过系统规划、价值塑造、战略重构、要素重构、平台再造、产业升级、空间优化、规划集成、机制创新、项目孵化十个方面，将适合乡村的发展模式细化，与当地人民群众共享乡村振兴发展成果。

一、乡村振兴系统规划

党中央和国务院高度重视乡村振兴，把乡村振兴战略作为新时期七大发展战略之一，县域作为最小的战略单元，开展乡村振兴战略的顶层设计和系统规划，具有重大战略价值和现实意义。

（一）系统规划概述

县域乡村振兴战略顶层设计与系统规划，旨在贯彻国家、国家级功能区、省市的重大发展战略。乡村振兴的系统规划需要：紧扣乡村振兴的“产业兴旺、生态宜居、乡风文明、治理有效、社会富裕”二十字方针；深入分析县域乡村基础条件、发展现状、发展亮点、发展难点；把握乡村振兴战略“产业振兴、人才振兴、文化振兴、生态振兴、组织振兴”五位一体的内涵；以面向未来、发现新价值、创造新需求的理念明确发展定位与目标远景；因势利导、因地制宜地找准发力点和突破点；以乡村发展、乡村建设、乡村运营的全生命周期理念，以系统思维全域统筹和聚集乡村振兴的全要素，重构乡村发展的战略、产业、空间、基础设施和公共服务体系，打通重大项目、投融资和机制体制创新的战略路径，形成全县域分片区、分层级、分类型、分阶段的乡村振兴实施方案；探索乡村振兴的新动力、新机制、新模式、新抓手、新示范；绘制县域乡村振兴战略伟大蓝图，统一乡村振兴战略的行动纲领，完善乡村振兴战略的作战地图。

（二）突出规划引领

正确认识乡村振兴战略的长期性、系统性、复杂性，突出规划引领，以乡村振兴战略顶层设计与系统规划为统领，通过县级建立“多规合一”管控体系、乡镇建立“规划拼图”执行体系、村级建立“项目落地”操作体系，清晰行动纲领和作战地图，确保全县“同唱一首歌、一张蓝图画到地”（见图9-1）。

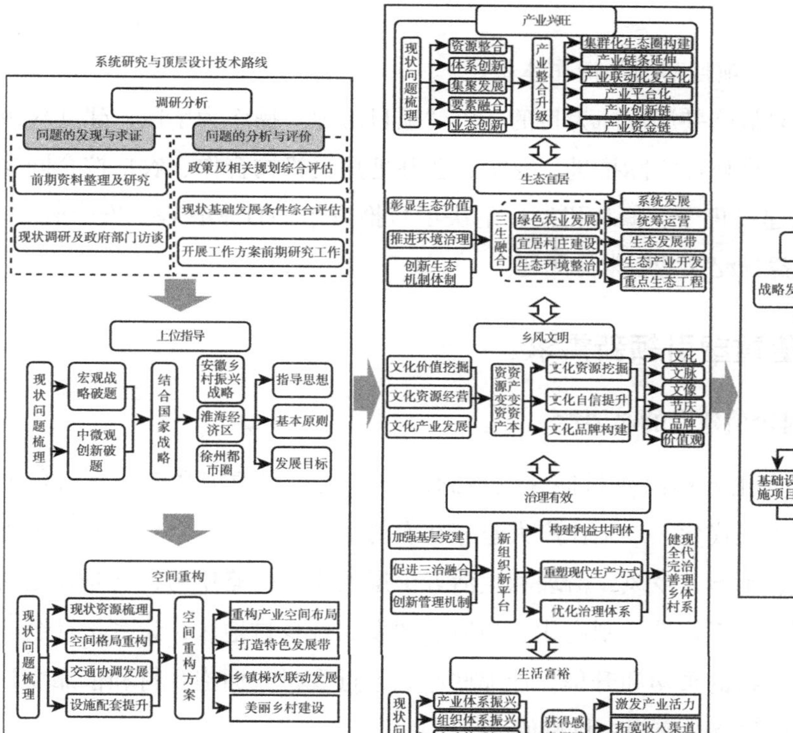

图9-1　系统研究与顶层设计技术路线

1.县级建立“多规合一”管控体系。

以乡村振兴战略通盘实施为目的，以“多规合一”管控为手段，搭建以县委书记为“一线总指挥”，县长为“执行总负责人”，以农业乡村、自然资源、发展改革等部门和各乡镇为主体，生态环境、文化旅游、交通、水利、科技教育、金融服务、人力资源与社会保障、宣传、组织等部门分工负责的战略推进管控班子、问责机制，解决战略实施中的机构权责协调、乡镇利益协调的问题。

2. 乡镇建立“规划拼图”执行体系。

以乡村振兴战略任务落实为目的，以“规划拼图”执行为手段，构建以乡镇党委书记主抓、乡镇长执行、乡镇部门具体分工落实、村级两委实地操作的战略任务执行班子、奖惩机制，解决基层承担园区和社区管理、企业和社会服务方面的管理人才、技术人才、服务人才的保障问题、工程项目推进中的利益纠纷协调问题。

3. 村级建立“项目落地”操作体系。

以乡村振兴战略基层保障为目的，以“项目落地”操作为手段，建立村级两委负责、乡村合作社实际推进、龙头企业驻地项目机构合作、农户按合同参与的落地项目建设班子、操作机制，解决项目推进中的日常管理、安全管护、纠纷处置、利益分配等基层常见问题。

二、价值重塑引领新需求

（一）乡村价值建设的必要性

党的十九大正式提出乡村振兴的理念，一是让承载中华文明传统价值的乡村治理模式更现代化，二是让广大坚守在农村地区的人民群众生活质量更现代化。在产业、生态、乡风、治理和生活五个层面实施战略用力，就是在之后二三十年的时间，系统性、制度化、高质量地发展好乡村地区，让乡土社会的价值体系进行有机的重塑和升华，让那些愿意亲近乡村、拥抱乡村和依靠乡村的群众通过自己的奋斗实现乡村价值。

（二）多方面价值重塑激发农民新需求

与传统乡村功能相比，当下的乡村价值有了更为丰富的内涵，涉及生态、文化、科技、人才等方方面面。这些新的乡村价值则使当下农民的需求不再仅限于温饱的满足，而是激发了他们在各方面的新需求。

当前，我国农村已经步入均衡发展周期。着力提高农民收入；通过多种途径为农民提供丰富多样的精神文化产品；积极改善农民的饮食结构、生活方式是当前和未来一段时间内，我国农民全面均衡发展必须重点解决的关键问题。

例如，对于乡村来说，则应在生态价值与文化价值两个方面重点发力。发展绿色有机认证和基地赋牌、产品溯源体系，打造一批彰显生态价值的高端现代农业基地；挖掘本地特色文化，引领文脉传承发展，激活文像新价值新活力，进而创新节庆经济发展，重塑文化品牌的战略价值，带动当地人民群众形成新时代的新价值观，升华乡村文化。

三、战略重构创造新势能

乡村振兴战略的意义主要在于：第一，农业发展进入转型关键时期，农业乡村农民问题是关系国计民生的根本性问题，我国农业的主要矛盾已由总量不足转变为结构性矛盾，以致我国乡村发展日益困难，乡村凋敝的现象逐步显现，农业滞后于整个国民经济转型升级进程；第二，城乡融合发展进入快速推进期，我国经济社会发展进入加速转型阶段，城乡二元结构问题依然比较突出，"城乡二元结构是制约城乡发展一体化的主要障碍"；第三，乡村治理亟待加强，乡村社会治理体系转型滞后于乡村社会结构的变化，乡村的经济社会发展经常被忽视，乡村青年大规模流向城镇，老龄化、"空心村"、"空心屋"等问题，大量乡村家庭长期处于不完整状态，留守老人和儿童问题也日趋严重，乡村社会秩序正在经历剧烈变革，一些农民道德水平不断下降，乡村社会风险因素增多。乡村治理难以回应时代新挑战，应对新问题新矛盾，乡村振兴战略的提出实施对缓解我国社会发展主要矛盾有重大作用。

四、要素重组构建新动能

长期以来，我国都在提倡"城市反哺乡村，工业反哺农业"的战略口号，但是根深蒂固的城乡二元结构阻碍了城市产业与乡村产业良性互动发展。在城市产业中，国家出台的各种优先发展城市的政策，使城市的产业发展迅速，不断壮大。加之，城市有良好的资源条件，必然使城市成为第二、第三产业的集聚地，集聚效应和规模效应不断凸显。相反，乡村由于缺乏政策、资金、技术、人才等要素，产业主要以单一的第一产业为主，第二、第三产业发展缓慢，进一步造成乡村产业化、规模化、结构层次低。城乡产业发展不平衡的局面，严重阻碍了乡村产业要素集聚。乡村振兴的重要目标是对乡村发展要素进行重组，激发乡村发展新动能，可以从以下三个方面重组乡村发展要素：第一，要深化农业供给侧结构性改革，充分挖掘既有要素潜力，加强农业技术推广和农民培训，积极发展农民资金互助合作社，稳妥推进农村土地、森林和矿产等要素合理资产化和资本化；第二，推动城镇要素下乡，强化乡村振兴支撑，健全乡村人才、科技和产业项目的引进政策，鼓励和引导金融机构对乡村振兴的支持，着力改善农村基础设施、农村公共服务和乡村治理水平，营造良好的发展和人居环境；第三，拓宽要素供给渠道，凝聚乡村振兴合力，建立健全社会资本参与乡村振兴的激励机制，加大政府资金投入力度，发挥财政资金的引领和撬动作用，搭建城乡要素对接交流平台，创新要素交易方式。

五、平台再造提升新效能

乡村战略综合平台在振兴乡村的过程中发挥着核心作用。打造乡村振兴战略综合平台是政府开展乡村振兴工作的关键抓手。要将平台打造为乡村振兴的战略引擎，成为全县乡村振兴的资源转化器、产业助推器、资本放大器；打造为县镇村乡村振兴利益的连接器，成为统筹“三农”资金的蓄水池，外部要素参与县（区）乡村振兴的桥梁，土地、产业、资本、人才、科技、文化融合乡村振兴的纽带。

六、产业升级发展新经济

实施乡村振兴战略的总要求，首位就是产业兴旺。没有产业就没有发展，通过新产业、新业态的发展，为农民创业就业开拓更大的空间，让农民有更多增收渠道，同时大力发展乡村绿色产业，在各产业互相融合的基础之上，构建绿色乡村、美丽乡村。

（一）坚持三次产业相互融合

产业融合是指农业、工业、信息业等产业在同一产业、产业链或是产业网中相互渗透、相互包含、融合发展的产业形态与经济增长方式。通过对不同层次的产业进行重构，使低端产业成为高端产业的组成部分、实现产业升级的知识运营增长方式、发展模式与企业经营模式。农业产业融合是指以农业种植为根本，通过农业、工业、信息业等产业之间的联合与集聚，通过技术的普及和体制的创新，把资金技术进行跨产业配置，使农业生产和农产品的加工出售和销售、信息产业进行结合，使农村三次产业密切相连，进而促进农业产业链的扩大和产业范围的增加，实现农民收入持续增加的最终目标[①]（见图9–2）。

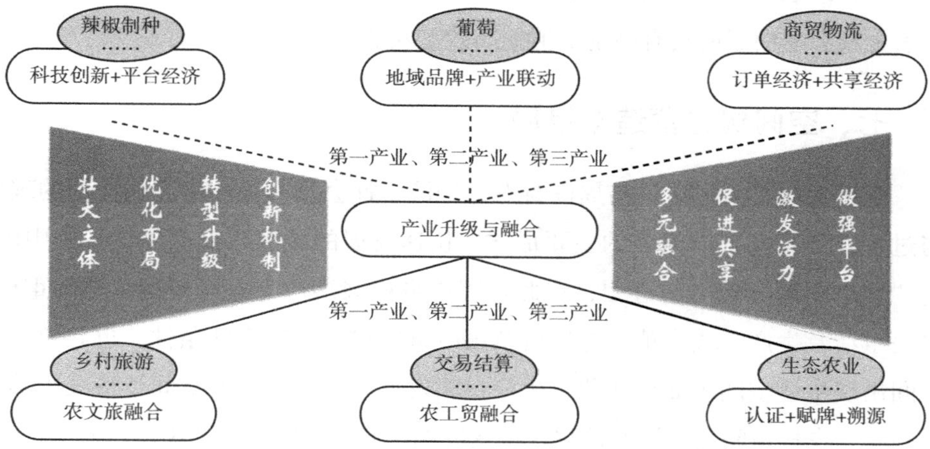

图9–2 三次产业升级与融合

（二）积极培育农业新产业、新业态

农业业态是指农业产业组织为适应市场需求变化，将生产经营所涉及的多元要素进行组合而形成的不同农产品（服务）、农业经营方式和农业经营组织形式所呈现的形态。伴随着乡村振兴战略的提出，农业新产业、新业态的表述也逐渐出现在大众的视野之中[②]。在经济步入新常态、新旧动能接续转换的关键期，积极培育新产业、新业态，使之成为乡村经济新的增长引擎，既顺应了时代变革，也是现阶段实现稳增长、调结构双赢的有效途径。并且，新产业、新业态的发展将改变村民对农业的传统认知，在村民心中树立起农业新形象。通

① 赵洋，黄万猛，刘水镜，等.农业产业化与农村产业融合发展关系探析［J］.湖北农机化，2019（16）.

② 陈慈，陈俊红，龚晶，等.农业新产业新业态的特征、类型与作用［J］.农业经济，2018，36，9（1）：5–7.

过产业功能拓展和产业形态创新，丰富多彩的农业新业态，提升了农业形象和效益。功能多元、形态高端的农业新业态改变了村民对传统农业“背朝天”的印象。新业态的产生使村民懂得农业不仅仅是物质生产，只是为了满足人们的生存需求，同时也是村民们赖以生存的生活方式，满足村民们对休闲、教育、文化传承等多种精神需求。农业也不再是农田、劳动力等传统要素投入后效益低下的传统农业，更是与现代信息产业、现代工业、现代经营管理理念等诸多要素集成渗透而成的具有高附加值的高效型农业。

七、空间优化营造新格局

乡村聚落是乡村居民与周围自然、经济、社会和文化环境互相作用的现象与过程，是我国人口聚居的主要形式。快速发展的城镇化推动了“乡土中国”向“城市中国”转变的进程，在此过程中乡村聚落产生发展转型、空间重构、农民生活及生产方式变革，这场变革虽改善了村民生产生活条件，也导致乡村空间出现生活空间表面现代化、生产空间发展不充分、生态空间亟待改善等诸多问题。乡村空间是我国城镇化“量变”到“质变”转变的“预留地”，乡村空间如何在乡村振兴战略实施过程中进一步优化，对于实现现代化具有重要的现实参考意义。

（一）乡村空间的内涵

空间是乡村存在的基本形式，是乡村社会经济活动的载体。在乡村经济结构、产业结构、社会结构、人口结构、劳动结构、空间结构中，乡村空间结构是最基础的结构，对乡村经济、社会的发展起着重要的作用。国内学者张小林提出对乡村的定义时需要注重乡村性，并从不同视角对乡村概念进行了界定，将乡村社会空间、经济空间纳入乡村地理学的研究领域，认为乡村空间系统是由经济、社会、聚落三大空间结构构成的。近年来，相关领域的学者陆续从不同视角丰富和完善了乡村空间的内涵[①]。

乡村地域系统所衍生出来的乡村空间系统是多维空间系统，以人地关系地

① 丁波．乡村振兴背景下农村空间变迁及乡村治理变革［J］．云南民族大学学报（哲学社会科学版），2019，36（6）：48-55.

域系统为基础，构建了“物质空间—社会空间—文化空间”这样一个层层递进、从现实空间到非现实空间、相互关联的乡村空间系统。具体来讲，乡村物质空间是指由土地利用、生态环境、建筑景观等物质要素承载的可感知的物理意义上的空间；乡村社会空间是指体现在乡村组织治理、生产实践等产生于人的广义社会行为的空间；乡村文化空间是指通过制度政策、价值观念、乡村意象反映的人的主观精神空间及各种乡村表征（见图9-3）。

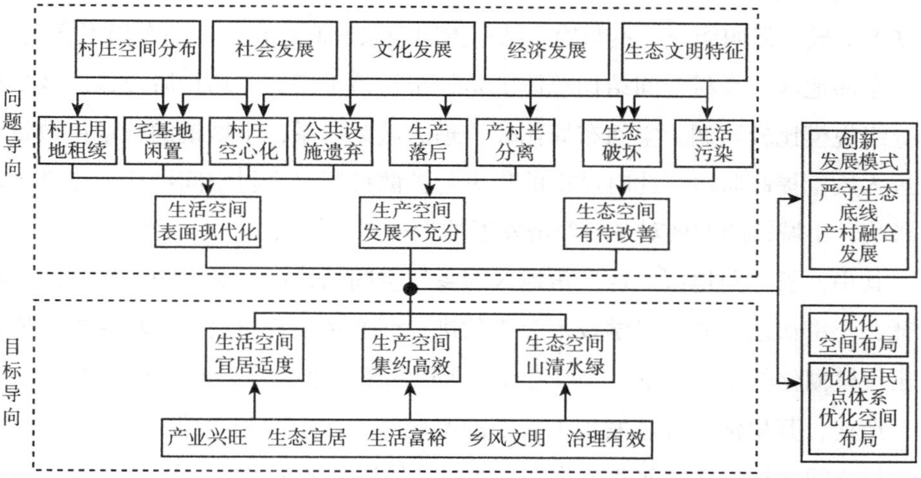

图9-3　乡村空间结构

（二）我国乡村空间结构的特征

乡村空间结构具有系统性、区域性和动态性的特征。乡村空间结构的系统性即乡村经济发展的各个要素之间和空间构成要素之间存在着稳定的联系；乡村空间结构的区域性即不同类型的地区如平原和山村、不同发展水平的地区，其乡村空间结构具有明显的个性特征；乡村空间结构的动态性即空间结构的组成要素在结构和功能方面都会随时间的推移发生一定的变化。我国地域辽阔，各乡村地区之间经济发展不平衡，即便是同一乡村地区的内部经济发展也不平衡。根据乡村空间结构演变的一般规律和特征对目前我国的乡村空间结构进行划分，可以得出以下结论：

西部地区的部分乡村，特别是处于边远山区、落后地区的乡村空间结构还处于低水平的均衡发展阶段。其主要特征是乡村生产力水平低下，小城镇规模小，小城镇和村庄布局分散、没有明确的分工，并且在发展水平上差距不大，小城镇对乡村经济发展几乎没有起到带动作用。这些乡村发展的最大障碍就是自然环境恶劣，教育和交通等基础设施十为落后。

中部地区和西部发展较好的地区的乡村空间结构则处于各生产要素向小城镇集聚的非均衡阶段。乡村基本上已经走出孤立、封闭的发展模式，开始与城市有着或多或少的经济联系，生产要素流向城市或小城镇，城镇的规模等级体系基本形成，但职能分工不明确、结构雷同现象普遍存在，空间布局不合理。

东部地区的乡村空间结构总体上是处于村镇重组的非均衡阶段，已经形成了等级规模比较协调、空间布局比较合理的城镇体系，小城镇的数量由数量增长进入质量提高阶段。此时城市的集聚与扩散机制对乡村空间结构的变动有较大影响，小城镇的发展对乡村经济发展的带动作用加强。

其中，长三角地区、珠三角地区的乡村空间结构已经具有第四阶段的一些特征，经济快速发展、科学技术突飞猛进、交通系统相对完善使城乡的界限已经出现模糊化的趋势，乡村人口已经不再以从事农业为主，而是开始从事第二、第三产业，其生活方式也发生了一定的改变等。而中部和西部的乡村地区还处于乡村空间结构演变的前两个阶段，即便是经济发展水平较好的东部乡村地区，也还处于乡村空间结构演变的第三个阶段，与乡村空间结构高水平阶段的差距还十分巨大。因此，优化乡村空间结构的任务还十分艰巨。

（三）我国乡村地区空间结构的优化思路

乡村空间结构的优化是人们利用乡村空间结构的特点、作用和演变规律，对乡村空间结构加以改善，以实现各种要素的最优化配置。不同的空间结构带来的乡村整体经济效益和社会、环境效益不同，乡村空间结构的优化可以使乡村各生产要素的价值最大化①。因此，乡村空间结构的优化，要按照不同的情况，采取相应的措施。

第一，西部地区的部分乡村，特别是处于边远山区、落后地区的乡村，这

---

① 杨俊，张鹏，李争.乡村“三生”空间综合评价与空间优化研究［J］.国土资源科技管理，2019，36（4）：117-130.

些乡村地区经济发展水平低，这些地区乡村空间结构的优化，要促进这些乡村与周边地区发展较好的小城镇的合作与联系，改善乡村与具有发展潜力的小城镇的交通、通信联系，以小城镇的发展带动周边村庄的发展，促进城镇体系的形成。

第二，中部和西部发展较好的乡村地区空间结构的优化，首先应明确各小城镇的职能分工，尽量排除结构雷同的现象在空间布局上，尽量做到小城镇均匀分布，并且每个乡村地区都有一定数量的中心镇，以中心镇带动小城镇和村庄、小城镇带动村庄及中心镇、小城镇和村庄之间的相互作用来促进该乡村地区的发展。

第三，东部乡村地区空间结构的优化，则应注重小城镇规模的扩大和质量的提高，同时形成分工明确的城镇体系，在城市向乡村扩展的过程中应顾及社会和环境问题，促使经济向均衡的方向发展。其中，长三角、珠三角地区乡村空间结构的优化，应在促进经济发展的基础上抓好村镇规划，加强乡村基础设施的建设推进科学技术在农业生产中的应用，提高农业生产率实现产业结构升级，大力发展第三产业，形成配套或完整的产业链，促进乡村经济更好的发展。

（四）创新发展重塑城乡空间发展格局

围绕破解城乡二元结构、重塑城乡发展关系，着力创新城乡空间融合发展理念，按照“空间联动、功能优化、城乡一体”的发展要求，对城乡空间进行统筹安排和优化布局，促进城乡融合发展。

第一，以全域规划指引城乡空间优化。统筹市、县（区）、乡（镇）、村规划，深入推进城乡规划一体化编制，着力构建城乡一体化空间规划新体系，进一步强化规划在重塑城乡空间结构和经济地理、适应城乡融合发展新要求、均衡城乡公用设施等方面的法定地位。坚持“多规合一”规划理念，推动乡村建设、产业发展、土地利用、基础设施、生态保护等规划相互协调、有机衔接，科学合理安排村落分布、土地资源、产业集聚、生态涵养等空间布局，逐步改变建设布局“重城不重乡、城乡分离”的传统发展模式，着力打造基础设施、生态廊道、产业经济、历史文脉等交互融合的空间结构，形成城乡规划一体、空间有机联动、资源配置优化、整体效能提升的城乡规划发展新格局。坚持集约高效利用城乡发展空间的理念，整体把握村庄现状，依据村庄资源条件、人口规模、产业基础等，优化村庄建设布局，统筹安排乡村居民点，科学规划建设村庄。

第二，以全域景观重塑新型城乡形态。坚持全域旅游发展理念，发挥山川河滩资源优势，按照“全域旅游、农旅联动”的发展理念，强化城市、旅游、乡村等要素有机结合，推进生态资源优势、城镇旅游服务、乡村旅游线路的全域提升，以全域景观塑造“城田相融、景田一体、城乡融合”的新型城乡空间形态，形成田园乡村与现代城镇各具特色、交相辉映的城乡发展格局，建成人居环境优美、人与自然和谐的美丽乡村。以全域景观打造为契机，加强乡村风貌整体管控，注重农房单体个性设计，探索建立乡村规划师制度，引导建筑、园林、景观、艺术设计、文化策划等设计大师、优秀团队下乡，建设立足乡土社会、富有地域特色、承载田园乡愁、体现现代文明的升级版乡村，避免千村一面。

第三，以三生共融优化城乡功能布局。全面落实国家和省主体功能区规划，强化城乡功能统筹，提升城乡基础设施互联互通水平，促进公共服务资源均衡配置，逐步打破城乡功能区域分割形态。按照不同区域主体功能定位，开展资源环境承载力和国土空间开发适宜性评价，科学划定县域“三区三线”空间格局，注重生态、农业、城镇三区空间和生态保护红线、永久基本农田、城镇开发边界三条主要控制线衔接协调。按照“生产空间集约高效、生活空间宜居适度、生态空间山清水秀”的发展思路，坚持人口资源环境相均衡、经济社会生态效益相统一，科学布局乡村生产生活生态空间，延续人和自然有机融合的乡村空间关系。

八、规划集成描绘新蓝图

（一）乡村规划集成思路及要素整合

乡村振兴按照“多规合一”的思路，以空间布局、土地利用为重点，明确划定村域生态空间、农业空间、建设空间。充分考虑农村第一、第二、第三产业融合发展；基本农田和标准化现代特色效益农业产业基地建设；休闲农业和乡村旅游发展等需求。合理安排农村各类用地，并提出乡村土地利用和村规划建设的管控要求，引导村域土地合理利用和有序建设。乡村规划集成是通过数据采集与分析、系统开发与维护、模型构建与运行等，辅助政府部门对乡村是否需要编制村规划、开展村规划编制的时序以及规划指引内容等进行科学决策的过程。在乡村规划决策过程中，需要充分考虑到乡村与城市的差异，如空间要素构成的差异、人地关系的差异、生活方式及文化的差异等。另外，在乡村规划决策中，还要注重对耕地的保护、对土地的集约利用、对乡村自然特色和文化特色的维护与传承等。考虑到影响乡村发展的各类因素，在乡村规划集成中，借鉴了道氏“人类聚居学”的理论，其理论核心是以解决人居环境建设中的复杂问题为导向、以科学共同体完成综合融贯研究的一个开放性研究系统，其目标指向为可持续发展的理想人居环境建设。

乡村规划集成提出了四大类别的要素，包括自然环境要素、社会经济要素、空间支撑要素与特殊要素。其中，自然环境要素包括地形地貌、灾害、资源信息；社会经济要素包含区位、人口、产业以及文化相关信息；空间支撑要素包含用地类型、建筑、市政及规划信息；在此基础上，增加了特殊要素，按照“以人民为中心”的要求，在规划决策中增加了对村民发展意愿、地理标志产品的调查。以各个村全域为研究范围，以现状地形、基础测绘和土地利用现状变更调查成果等为基础，全面调查、分析村域的资源环境、经济社会、土地利用、地质灾害、建设现状等。以此建立的以乡村规划决策为导向的区级综合数据库，避免了在规划决策上的主观性与随意性，增强了规划决策的合理性与科学性，同时对主城及远郊各区县开展村规划决策具有重要的参考价值。

（二）整合规划要素，共创乡村新蓝图

乡村振兴涉及许多方面的工作，需要统筹谋划、协同推进。乡村产业布局，耕地、基本农田和生态环境保护，房屋、街道学校、诊所、乡村大舞台等设施建设都需要通过乡村整体规划来统领实施。具体应结合土地利用综合改革工作，选择不同类型的村庄开展了规划编制试点。试点以土地利用规划为“底盘”，统筹考虑村庄建设、产业发展、生态保护等用地需求，实现“多规合一”，才能有力地促进乡村用地布局优化、人居环境改善和三次产业融合发展，保障国家农村土地制度改革试点的顺利推进。

立足部门职责定位，积极推动村庄规划编制工作，实现规划对耕地保护、生态保育、村庄建设、基础设施完善等内容的全域覆盖。并以实施村庄规划为抓手，以城乡建设用地增减挂钩、宅基地复垦券等为政策平台，推动全域国土综合整治，实现农村空间布局优化、生态环境宜居、基础设施完善，打造各具特色、不同风格的美丽村庄。促进城乡土地要素合理流转、公平交换，为乡村建设筹集资金，让乡村振兴战略的美好蓝图尽快成为现实。

九、机制创新营造新氛围

（一）土地制度

中国在东亚国家和地区的范畴，创造了一个中国样板、中国特色土地制度。从40年前的家庭联产承包责任制，到今天的所有权、承包权、经营权“三权”分置，在小规模、家家有一块土地的基础之上，规模农业依旧可行。目前，我国全国土地流转率为36.5%，具体有4.95亿亩。全国1/3农村土地已非由原承包者经营，上海市这一比例为60%~80%，其中松江区达到90%，吉林省松原市也超过了90%。由此可见，高土地流转率已经成为我国乡村发展的常态。

（二）经营制度

我国乡村经营制度遵循多元、融合、开放、共享的原则进行创新。多元是指我国农业经营主体之多独一无二，此外，所有制、表现形式、组织架构均与他国不同，我国乡村经济形式多样：家庭农场、合作社、农业企业以及包括台资、港资在内的外资力量；融合在于我国不同的主体融合发展，实现共赢；开放表明不同主体可自行选择工作职业；共享指我国农村土地的经营权可以实行半托管、全托管，共享所拥有土地的经营权。

（三）人才制度

人才是实现乡村振兴的关键之处。人才积累，尤其是具有先进技术的高新人才积累，是乡村振兴的难点。乡村振兴需要爱农业、爱农村、爱农民，懂技术、善经营的相关人才。具体要求有三个：有工匠技艺，工匠精神；追求卓越，精英意识；有企业家精神。

十、项目孵化夯实新抓手

（一）推进乡村振兴相关项目

推进乡村振兴相关重大产业发展项目、基础设施项目、公共服务项目落地，以“鼓励发展绿色金融、普惠金融、消费金融，集成政策资本、开发资本、产业资本、建设资本、消费金融”的金融思维，以组建“甲、乙、丙、丁+政府的生态圈”参与乡村振兴项目的多元主体思维，以“产业方案、开发方案、投资方案、实施方案、运营方案”环环相扣的全过程思维，吹响乡村振兴工作冲锋号（见图9–4）。

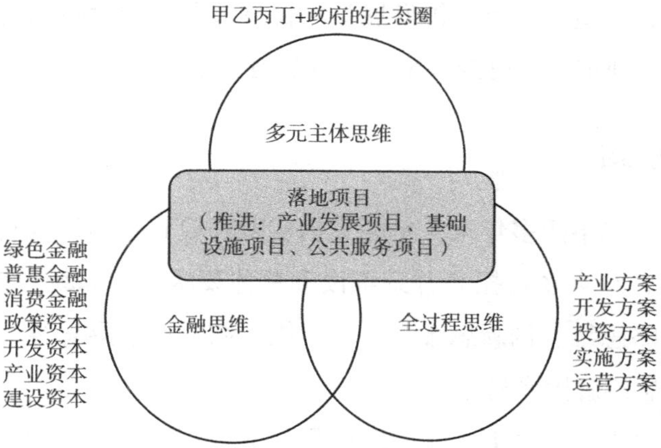

图9–4 以抓项目落实乡村振兴工作

（二）落实项目促进经济发展

结合当地发展规划和未来发展前景，以当地人民群众的发展需求为基本，结合项目性质、地区实际状况综合考量，有针对性地进行招商引资工作。坚持行动学习法、项目学习法，在整体系统规划框架下，助攻项目推进，以项目促发展，以项目促振兴，以项目推战略。协调推进综合示范类、生态发展带类、公共服务类、基础设施类系列重大项目。引导各级干部群众，着眼项目，研究方案；立足项目，调度资源；针对项目，招商引智；做实项目，创新示范；做通项目，总结经验；做多项目，提升能力。

（三）项目孵化的具体举措

落实五大振兴基础工程要做到以下几点：第一，加速产业圈重构、产业链延伸促进产业振兴；第二，加快乡村绿化、水环境治理践行生态振兴；第三，加强特色文化挖掘、构建文化品牌促进文化振兴；第四，加速专业发展公司及利益共同体构建、落实组织振兴以及加力乡村振兴学院及特色产业园建设推进人才振兴。在以五大振兴工程建设为主方向的同时，积极打造以乡村振兴战略综合平台、专业公司等为代表的乡村振兴统筹平台，以认证中心、检测中心等为代表的产业发展综合平台，以及以党建e管理平台、互联网+党建云平台，通过平台搭建高质、高效推动乡村振兴建设。另外，应通过重视示范类项目打造、生态发展带项目打造、各类乡镇发展类项目打造及基础设施和公共服务类项目打造，全面有序地推进乡村振兴重大项目落地实施。

十一、小结

本书结合泛华集团多年来大量的案例实践和模式总结，以县区推动乡村振兴战略的视角，结合乡村振兴背景解读和总体要求，以系统思维、全景思维、全域思维、战略思维、创新思维、平台思维、结构性金融思维、项目全生命周期思维和示范思维解读乡村振兴战略。

乡村振兴是在中央“五大理念”的指导下提到战略层面的，因此县区认识和推进乡村振兴战略时一定要紧扣“创新、协调、绿色、开放、共享”的理念。要在乡村振兴战略中发现新需求、创造新价值，要问题导向与战略导向结合，既要看到乡村振兴面临的问题和挑战，更要看到乡村振兴背后的发展空间和机遇。要站在县城、中心镇、一般乡镇、美丽乡村四层结构城镇化体系动力组合的角度协调处理县域城镇化和逆城镇化进程。要把生态文明建设与乡村振兴战略密切结合，要促进乡村生产、生活、生态的有机融合互动。要从月球看地球的视野看待和解决乡村振兴问题，乡村的问题在乡村可能答案在城市，乡村的问题在当下可能价值在未来。要打通城市与乡村的合理流动，要创造机制和体制，让原村民、新村民、资本、人才、企业、消费者等共享乡村振兴的红利，促进相关利益者共创、共生、共赢。

乡村振兴是一项“五位一体”战略工程，中央关于乡村振兴提出的二十字方针背后蕴含的是经济、政治、社会、文化、生态五大命题的全面振兴。因此，乡村振兴问题不是任何片面的项目思维、工程思维所能实现的，也不是放手乡镇和村级力量能实现的，更不是依赖投资商和开发商能实现的。县域乡村振兴战略需要系统思维，要通过顶层设计来实现乡村振兴过程中的智慧发展、智慧建设、智慧运营问题，确保效益、效能、效率统筹兼顾，确保精准切入、持续推进、跨越发展。每个县域要根据自身的资源要素禀赋、区位条件、发展水平、功能定位、空间形态、比较优势、比较劣势等针对性地进行县域乡村振兴战略的机制体制创新、模式创新、路径创新、组织创新、平台创新、流程创新，形成适应本县域独特的行动纲领。

乡村振兴是一个发展要素重构的过程，需要以全要素聚集思维重构政策、土地、生态、人口、产业、科技、金融、基础设施和公共服务。因此，需要通过全域一体的系统规划明确区域发展战略，树立区域投资价值，确定特色产业发展方向和特色经济发展形态，梳理特色发展带和空间增长极，清晰特色产业增长极和重点空间增长极的重大项目和重大平台支撑，根据重大项目设计结构性的金融方案和招投方案，并根据金融方案和招投方案破题机制创新，以及设立统筹资源和承载特许权的发展平台。由此，形成指导全域乡村振兴的战略蓝图和作战地图，形成规划的预期价值，形成蓝图的效应，吸引各种要素聚集，形成战略招商、蓝图招商、以商招商的局面，指导各级干部和各界力量同唱一首歌、一张蓝图画到底，为各种资本和要素落地乡村振兴创造有利的条件。

乡村振兴是一个特色经济引领四化融合的过程，农业现代化是前提，产业复合发展是动力，节点城镇化是载体，信息化是手段。一定要结合地区传统产业优势和未来市场需求，清晰能够带动全域特色化、规模化、现代化、品牌化、复合化、平台化发展的特色产业组合，确定特色基础产业、配套产业和机会产业，发力特色基础产业，布局要素中心、产业聚集区和各种基地，聚焦该产业打造影响全国乃至全世界的线上线下互动的产品市场、服务市场、要素市场，培育和树立一个可以全区县乡村共同创业的特色产业品牌，从而实现特色产业集群化、集群基地化、基地园区化、园区社区化、社区带动节点振兴化。通过特色产业引领乡村振兴，可以有效重构地区的发展要素，形成县区内各乡镇村的协同发展，能持续培育乡村振兴的内在动力，可以避免外延建设和千村一面的尴尬局面。

乡村振兴是发展平台的再造过程，通过创新发展平台整合发展要素，把特色资源变资产、把资产变资本，通过资本撬投资，以投资带发展。县区乡村振兴战略的实施要充分中国特色的县区政府优势，创新设立各种资产管理平台、产权合作平台、特许经营平台、园区运营平台、指挥调度平台，统筹政策资源、土地资源、生态资源、文化资源、特许权资源以及各类无形资产和表外资产，以平台为发展和合作主体，结构化地整合和撬动政策资本、集体股权资本、开发资本、金融资本、产业资本、供应链资本和消费金融。通过创新平台汇聚全区县域的优势资源，构建乡村振兴的事业共同体、利益共同体、命运共同体，打造乡村振兴战略的孵化器、放大器、助推器，发展复合经济、平台经济、结算经济，从而形成乡村振兴战略的聚集效应、杠杆效应、乘数效应、累积循环效应。

乡村振兴是重点项目全生命周期管理的过程，在顶层设计和系统规划的统领下，通过创新平台和结构性金融手段牵住重点项目这个牛鼻子。重点项目一定要通过战略发展定位确立特色产业方案，从补好特色产业发展的短板明确投资方案，通过投资方案确定空间落地方案，通过空间落地方案确定实施方案，通过实施方案明确运营方案。重点项目的实施要以全生命周期管理的思维配置好资源，把政府有限的政策资金重点用到顶层设计、系统规划、项目策划、项目规划、项目孵化和项目招商上，把资本配置到创造投资条件、搭建合作平台、设立发展基金、优化主体信用、吸引社会资本、扶持关键要素上，把有限的精力放大机制体制创新、资源要素整合、精准服务对接、模式总结和示范推广等外围工作上，千万不能越俎代庖、大包大揽、在项目上绣花。

我们有理由相信，区县作为我国最小的战略单元，只要坚持以中央“五大理念”为指导，坚持乡村振兴战略“二十字方针”，统揽全局做好顶层设计，系统创新理顺机制体制，全要素整合做好系统规划，全域谋划绘好作战地图，全方位发力打造发展平台，树立区域投资价值构建结构化金融体系，全生命周期配置资源管理好重点项目，就一定能在乡村振兴战略中发挥战略引领作用，为我国乡村振兴工作创造出最宝贵的战略价值。

第四篇

践行乡村振兴战略创新

——萧县全域乡村振兴顶层设计与系统规划

通过对我国乡村振兴战略的深入解读和从十六重思维创新出发系统阐述我国乡村振兴实施战略的系统创新之后，以萧县全域乡村振兴顶层设计与系统规划为案例，首先，从国、区、省和都市圈多尺度战略分析萧山的乡村振兴战略；其次，确立其指导思想与基本原则；最后，创造性地提出了萧县乡村振兴的十大发展战略，全面激活乡村振兴动力源。

第十章　萧县乡村振兴多尺度战略分析

自2018年中共中央、国务院发布《乡村振兴战略规划（2018~2022年）》以来，各地都在中央精神指引下依据本地方的实际制定了乡村振兴战略规划，从多尺度挖掘地方特色要素，盘活全域资源。萧县乡村振兴贯彻落实国家经济社会发展过程中对农村的重点任务、依据自身在淮海经济区的区位找准乡村振兴战略定位、从安徽省乡村振兴战略分析中把握乡村振兴战略路径，找到推动实施乡村振兴的切入点、加强与以徐州为核心的徐州都市圈协同合作，找准战略抓手。

一、从国家乡村振兴多尺度战略分析

（一）贯彻国家乡村战略二十字方针

根据国家《乡村振兴战略规划》指导，萧县乡村振兴实施要把握二十字方针，紧抓五个振兴（见图10-1），加速打造萧县现代农村经济体系，精心绘制美丽萧县，传承发扬萧县古今文化，全面改善农村社会治理面貌，扎实推进乡村共富蓝图落实工作。

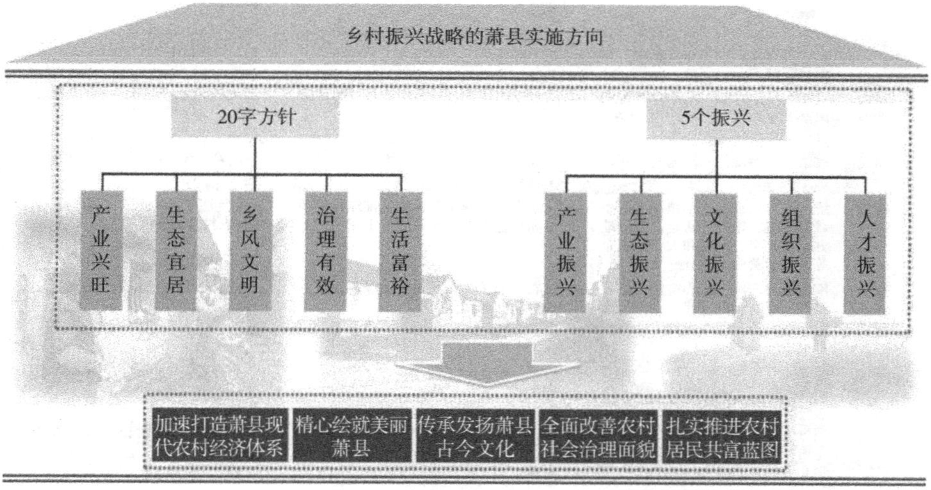

图10-1　乡村振兴战略的萧县实施方向

（二）积极争取部委专项示范

通过对国家近年来一系列乡村振兴支持政策的分析，根据战略需求、推动战略承载的要求，萧县应重点推动争创农业农村部“乡村振兴科技引领示范村（镇）”“种养结合循环农业示范县”、国家发改委“国家特色农产品优势区”“特色小镇”、住房与城乡建设部“中国历史文化名镇（名村）”“中国美丽宜居小镇（村庄）”“农村生活垃圾分类和资源化利用示范”等相关试点示范，还应重点推动落实文化旅游部“国家艺术基金资助项目”、自然资源部“农村产业融合发展专项土地利用计划”、农业农村部“农村创业创新政策性金融支持项目”“绿色优质农产品生产基地”等示范落地。运用示范思维，将国家战略同当地特色资源相结合进行专项创新试点示范（见图10–2）。

国家相关部委近年来出台的乡村振兴促进政策及萧县承载重点

类型	政策红利	政策依据	萧县战略需求	萧县承载
科技	打造1000个乡村振兴科技引领示范村（镇）	农业农村部等《乡村振兴科技支撑行动实施方案》	促进科技下乡服务乡村发展	重点争取
产业	开展农业产业强镇示范，中央财政通过以奖代补方式予以适当支持	农业农村部等《关于深入推进农村一二三产业融合发展开展产业兴村强县示范行动的通知》	打造农业产业强镇，发挥引领示范作用	积级争取
产业	到2020年建成300个国家农村产业融合发展示范园	国家发改委等《关于印发国家农村产业融合发展示范园创建工作方案的通知》	促进农村优势产业园区集聚，带动乡村产业振兴	积级争取
文化	“十三五”期间国家艺术基金立项资助项目达到4000项	原文化部《“十三五”时期文化发展改革规划》	促进艺术发展，繁荣乡村文化	重点争取
文化	每年评选一批中国历史文化名镇名村	住房与城乡建设部等《中国历史文化名镇（村）评选办法》	保护人居环境，弘扬传统文化	重点争取
产业、富民	安排一定比例年度土地利用计划专项支持农村新产业新业态和产业融合发展，支持拓展农用地产业功能	原国土资源部等《关于深入推进农业供给侧结构性改革做好农村产业融合发展用地保障工作的通知》	保障乡村旅游、农业休闲等方面的产业用地需求	重点争取
生态、产业	建成300个种养结合循环农业示范县	原农业部关于印发《种养结合循环农业示范工程建设规划（2017—2020年）》的通知	促进生态农业发展，示范带动农业生态环境改善	重点争取
产业	打造“一村一品”示范村镇，建设一批农业产业化示范基地，给予政策倾斜	原农业部《全国农业现代化规划（2016~2020年）》	建设农业产业化基地，加快农业现代化发展	积极争取
富民、产业	到2020年，创建并认定300个左右国家级特优区，省级特优区由各省自行创建、认定	国家发改委等《特色农产品优势区建设规划纲要》	做大特色农产品优势，促进农业品牌建设	重点争取
富民	政策性金融支持农村创业创新特别是项目建设	原农业部办公厅等《关于政策性金融支持农村创业创新的通知》	解决农村双创发展融资难等问题	重点争取
综合	统一归口负责特色小镇和特色小城镇申报、审批、认定，鼓励地方引入央企、国企和大中型民企等投资运营商	国家发改委等《关于规范推进特色小镇和特色小城镇建设的若干意见》	发展产业特色小镇，带动农村全面发展	积极争取
生态、产业	围绕优势产区、核心产区，集中打造一批有机肥替代、绿色优质农产品生产基地（园区），发挥示范效应	原农业部《关于实施农业绿色发展五大行动的通知》	建设生态农业产业基地，引领优势优质农产品生产	重点争取
生态	每年组织一次示范申报，具备示范条件的列入中国美丽宜居小镇、中国美丽宜居村庄示范名单并予以公布	住房与城乡建设部《关于开展美丽宜居小镇、美丽宜居村庄示范工作的通知》	推进乡村生态环境改善，示范引领美丽萧县建设	重点争取
生态	到2020年底前每年组织一批县（市、区）开展农村生活垃圾分类和资源化利用示范工作	住房城乡建设部办公厅《关于开展第一批农村生活垃圾分类和资源化利用示范工作的通知》	推动生态环境整治和资源循环利用	重点争取

图10–2　国家相关部委近年来出台的乡村振兴促进政策及萧县承载重点

二、基于淮海经济区发展分析萧县乡村振兴战略定位

（一）强化地缘优势

淮海经济区是我国贯穿东西、连接南北的中心枢纽区域，徐州作为“一带一路”东部桥头堡和淮海经济区交通枢纽核心城市，萧县应充分利用邻近徐州市的地缘便利，紧密围绕乡村全面振兴目标，挖掘京沪高铁线、陇海交通干线等的国内外市场对接势能，积极推进产业结构优化，在产业突破、模式创新、文明建设、特色集聚等方面，找准优势、积蓄优势、释放优势。

（二）明确生态定位

萧县依据《淮河生态经济带发展规划》（见图10–3）等对淮海经济区发展的战略导向，以生态经济建设为核心，在产业、示范、布局、项目等方面找准自身定位。在生态型产业方面，发展林果种植、农产品加工、乡村旅游等；在生态发展示范承载方面，争取农村产业融合发展试点示范县、特色农产品优势区、休闲农业与乡村旅游示范区等；在生态空间布局方面，打造沙河沿岸乡村旅游带、系列产业特色镇、美丽乡村及特色村落等；在重大项目方面，落地特色农产品赋牌认证与溯源、特色种养产业基地、乡村双创人才培养基地等。

淮海经济区发展概况	
涉及省份	江苏、安徽、山东、河南
面积与人口	17.8万平方公里，1.34亿人口
经济总量	2016年生产总值4.9万亿元
区位优势	“一带一路”东部桥头堡区域，连接长三角城市群、环渤海经济圈、东部沿海经济带、中原城市群的东靠西移枢纽区域
一体化基础	1986年成立淮海经济区，是中国最早的区域性经济合作组织之一
国家战略	2018年11月国务院批准发布《淮河生态经济带发展规划》，北部淮海经济区被明确列为发挥中心城市辐射作用、经济走廊枢纽作用的协同发展区域
产业结构	总体“二三一”，皖北“一三二”，一产偏高，二产偏低
主要产业	农业、能源、文旅、商贸
文旅热点	两汉文化、运河文化；京沪高铁沿线旅游市场
核心区	徐州、宿州、淮北、济宁等八市
中心城市	徐州市

图10–3　淮海经济区发展概况

三、基于安徽省乡村振兴战略分析萧县乡村振兴战略路径

（一）紧扣改革创新

改革创新是推动乡村振兴的强大动力，萧县要借落实《安徽省乡村振兴战略规划》和推动萧县乡村振兴战略的机遇，发扬皖北农村改革的优良传统，做好农村农业改革创新的大胆突破，在农村资源、农民增收、农业发展及集体产权、土地流转、管理体制、社会治理、安全防控等方面锐意改革、探索创新，争先做好安徽省乡村振兴农业改革创新的标兵示范。

（二）聚焦五大战略

依据《安徽省乡村振兴战略规划》的战略路径，萧县需要在产业兴旺、生态宜居、治理有效、乡风文明、生活富裕五个方面找好推动实施乡村振兴的切入点，要不断健全产业发展体系、推动产业深度融合，集中治理农业环境、改善农村人居环境，强化党建带动作用、完善村民自治机制，保护传承优秀传统、促进乡村民风文明，巩固脱贫攻坚成果、推进乡村富裕发展。

（三）落实系列手段

依据《安徽省乡村振兴战略规划》的总体要求和重点任务，萧县需要从空间融合、产业发展、环境保护、管理治理、公共服务、扶贫扶智这几个方面落实乡村振兴的战略要求。结合现代科技手段，聚焦数字化，利用不同平台挖掘乡村资源深层价值，实现城镇带动、项目拉动、服务推动、创新驱动、三生互动、三产联动的建设发展局面。

四、基于徐州都市圈发展分析萧县乡村振兴战略抓手

（一）融入徐州错位发展

徐州都市圈是淮海经济区的城镇发展中心和经济增长核心（见图10–4），相关国家、省、市级战略已明确以徐州为中心，拉动苏皖鲁豫四省交界区协同发展。对此，萧县应在宿州市整体发展定位的指导下，利用地处徐州都市圈核心区的区位优势，系统运用全生命周期思维，充分利用区县多战略协同，加快改变乡村经济发展水平较低，特别是农业规模效应不突出、农村产业融合程度

低、发展特色集聚力不足、交通枢纽区位作用不显著的现状，积极参与徐州都市圈的涉农产业分工，谋划相邻县域之间的错位发展。

徐州都市圈主要城市及萧县相邻县区发展特点

地区	2017年GDP	人均GDP	一产增加值	发展定位	目前规划涉农产业方向	地理标志产品或地区农特产
徐州市	6606亿元	75611元	601亿元	交通枢纽城市、新兴工业城市、商贸物流基地	都市休闲农业、设施与生态农业、电子商务、现代物流、文化旅游	丰县白酥梨、沛县大米、沙塘韭黄、丰县牛蒡、沛县狗肉
铜山区	1085亿元	82220元	78亿元		都市果品、休闲渔业、养殖业	奶牛产品、肉鸡、果品
沛县	756亿元	58178元	100亿元		休闲旅游、生态农业、粮食种植业	肉鸭、果品、水产品
丰县	457亿元	48155元	77亿元		文化旅游、林果产业、养殖业	肉羊、果品、黑木耳
睢宁	560亿元	54909元	86亿元		现代商贸、文化旅游、养殖业、粮食种植业	肉羊、果品、花卉草木
连云港市	2376亿元	58577元	313亿元	综合交通枢纽、国际物流中心、区域合作示范区、海港中心城市	生命健康产业、绿色食品产业、海洋生物产业、农业机械产业、现代农业、现代服务业	海产品、林下产品
宿迁市	2611亿元	53317元	292亿元	改革创新城市、青春活力城市、生态宜居城市	食品饮料、特色农业、现代物流、电子商务、文化旅游	泗洪大闸蟹、泗洪大米、泗洪大枣、洋河大曲、泗阳杨树
宿州市	1504亿元	26722元	258亿元	创新型农业现代先行区、区域性交通与物流中心、农产品生产加工基地、区域性特色文化旅游目的地	农产品加工、现代物流、现代农业、特色种养业、生态与文化旅游	砀山酥梨、萧县葡萄、宿州王枣子、萧县白山羊
埇桥区	397亿元	23312元	62亿元		家具板材、食品加工、现代农业	蔬菜、中草药、畜禽
萧县	270亿元	19339元	53亿元		林果业、食品加工、文旅	林果、肉羊、肉鸡、蔬菜
砀山	194亿元	19500元	40亿元		果蔬食品、农副产品加工	林果、瓜菜
淮北市	929亿元	41885元	64亿元	资源型城市转型升级样板区、山水生态宜居城市	绿色食品、生物医药、商贸物流、文化旅游、现代农业、休闲农业	塔山石榴、淮北石榴、段园葡萄、黄里笆斗杏、口子窖酒
杜集区	109亿元	59305元	8亿元		现代商贸物流、休闲观光农业	果品、蔬菜
相山区	212亿元	52983元	4亿元		绿色食品、现代服务业	林果
濉溪	297亿元	28429元	43亿元		现代农业、农副产品加工业	林果、瓜菜

• 农村产业融合程度低
• 枢纽区位作用不显著

• 农业规模效应不突出
• 发展特色集聚力不足

图10–4 徐州都市圈主要城市及萧县相邻县发展特点

资料来源：徐州都市圈各地区统计公报、“十三五”发展规划、城镇体系规划、政府工作报告等。

（二）紧跟徐州中心城市建设发力谋划项目

萧县抓住徐州建设中心城市的机遇，在产业、生态、文化、富民、基建等方面，加强与徐州未来重点任务落地的协同、协作，以谋划重点建设任务为战略抓手，推进乡村振兴。产业方面，重点建设专业产业平台、特色产业集聚区、品牌产品生产基地；生态方面，建设黄河故道生态廊道和沙河、倒流河美丽乡村发展带并争创省级生态园林县；文化方面，建设书画艺术特色镇和金寨文化遗址、花甲寺遗址等文化旅游村落；富民方面，建设片区重点镇、农村中心村体系；基建方面，建设特色产品展示集中区、交易集聚区、物流集散地和城乡一体化交通系统。

（三）落实产业振兴赋能体系建设

萧县根据自身乡村发展基础和特点，加快产业升级以推动与周边地区间的错位发展，加快产业集聚以找准在徐州都市圈内的产业分工，重点抓好资源保障以聚地，大力提升萧县生态资源、优质基地及地理标识的保护力度；抓好机制保障以聚人：积极推进萧县组织机制创新，落实人才机制，建设与完善文创机制；抓好金融以聚财，加强对萧县小微企业、农民等弱势群体的普惠金融保障，促进萧县全域社会资本联合，增强萧县经济凝聚力，最终实现农业保险全覆盖，保障农民权益；抓好技术保障以聚能，广泛开展现代农技培训，培养萧县域内农民现代化农产观念，通过实用科技推广，扩大萧县农产业增值增产，同时继承优秀的传统技术，与现代农产技术相结合，保障萧县农民收入。最终构建凸显政府资源赋能、人才赋能、资本赋能、科技赋能的萧县产业振兴战略能力体系，实现萧县“四聚”（见图10–5）。

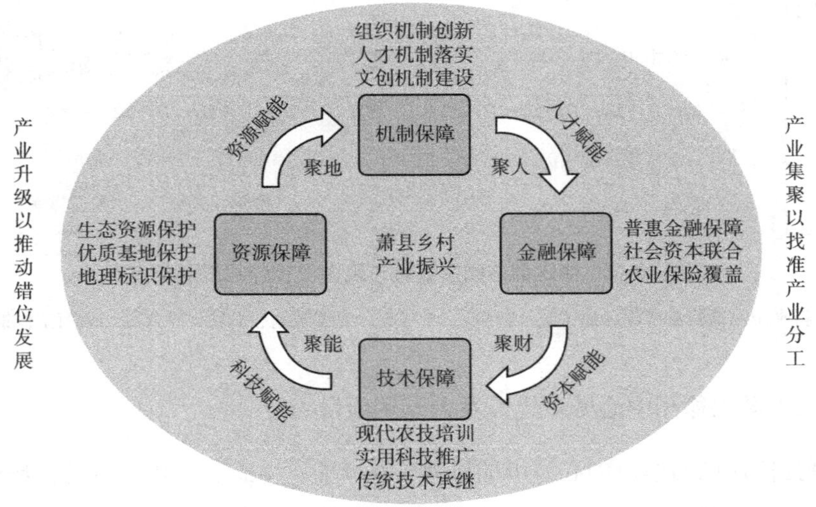

图10–5 产业振兴赋能体系

第十一章　萧县乡村振兴指导思想与基本原则

党的十八大以来，我国农业农村发展的理论和实践不断探索和形成，内容上从围绕经济发展为主到产业、人才、文化、生态、组织等方面共同发展的清晰道路，伴随着方法上从发展到改革再到创新，形成了中国特色的乡村振兴理论，农业农村发展有了明确的指导思想和发展理念。萧县全面贯彻党的十九大和十九届二中、三中、四中、五中全会精神，以习近平新时代中国特色社会主义思想为指导，依据自身的资源条件确定乡村振兴的五大基本原则和短期、长期的目标定位，并对萧县未来发展提出愿望畅想。

一、指导思想

以《乡村振兴战略规划（2018~2022年）》为指导，全面贯彻党的十九大和十九届二中、三中、四中、五中全会精神，深入落实习近平总书记视察安徽特别是在小岗村农村改革座谈会上的重要讲话精神，认真落实安徽省宿州市乡村振兴战略规划工作指示，把握淮海生态经济发展带和徐州中心城市建设的战略机遇，按照产业兴旺、生态宜居、乡风文明、治理有效、生活富裕的总要求，紧紧围绕萧县五位一体、四化融合、“三生”互动、二元统筹、一域贯通的乡村振兴发展目标，基于萧县自身独特的资源禀赋与发展条件，全面落实“五个三”战略原则（见图11-1）。

推动“十大”发展战略，坚持把解决好“三农”问题作为根本要义，加快农村六次产业融合，推动农业供给侧结构性改革，完善城乡基础设施和公共服务设施配套，加强农村人居环境整治，改善生态环境，建立健全城乡融合发展体制机制和政策体系，统筹推进农村经济建设、政治建设、文化建设、社会建设、生态文明建设和党的建设，完善贯通萧县乡村振兴的战略、产业、空间、重大项目、投融资、机制体制创新的系统规划，落实萧县乡村产业振兴、生态振兴、文化振兴、组织振兴、人才振兴的战略路径，制订萧县分区、分级、分层、分期的乡村振兴方案，以萧县乡村振兴的突破点、发力点、撬动点为工作重点，探索萧县乡村战略的新动力、新机制、新模式、新抓手、新示范，力争树立淮海生态经济发展带乡村振兴战略的萧县模式。

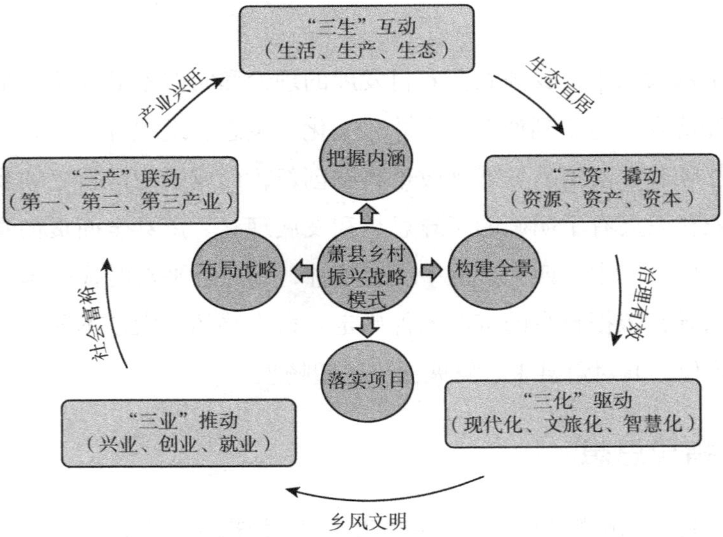

图11–1 "五个三"战略原则

二、基本原则

（一）"三产"联动促进产业兴旺

挖掘"区位+生态+文化"优势，发力若干特色优势产业，嫁接"科技+品牌+平台"要素，重构潜力产业生态圈，激活乡村振兴空间发展带，构建产业链配合、业态复合、空间融合的三次产业联动发展体系（见图11–2）。

所谓"三产联动"就是要在乡村振兴战略当中使第一产业、第二产业、第三产业相互融合，在此过程中坚持全过程思维，将三次产业互动融合发展，共同推进。尽管三产联动和三产融合在我国早有优秀成果，但在乡村振兴的大背景下，还应赋予三产联动新的内容，如加强对基础农业的科学化管理，制订新的农业生产机制，发展现代化农业。此外，还要重点发展农产品的精深加工，大力发展萧县具有高科技生产能力的小微企业、小微行业，在萧县范围内形成高科技产业区域。乡村振兴在工业方面大有可为，这不仅仅是指原来的乡镇、民营企业，也是指在组织形式上，在科技研发的思路上，在组织机构上要达到新的水平，要用第二产业来打造良好的效益，实现资金的原始积累，从而改善农村的环境和基础设施建设。最后，三产联动促进产业兴旺最重要的是因地制宜，因材施教，不能一味地照搬模式，而是应该结合萧县三产特色，赋予三产以新的内容，在坚持萧县生态环境保护的基础上，注重发展萧县三产质量，从而最终实现萧县产业兴旺。

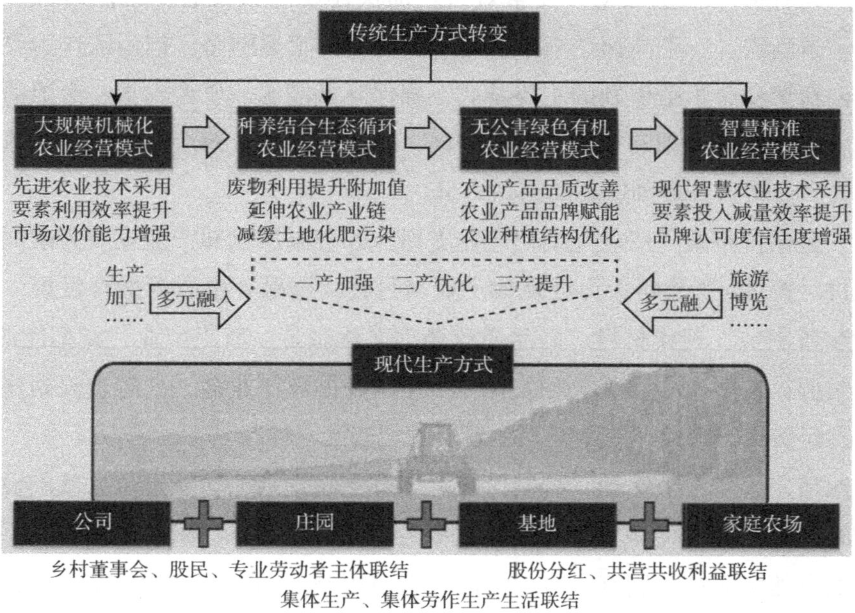

图11-2　“三产联动”发展体系

（二）“三生”互动引领生态宜居

三生互动是指生产、生活、生态三者互动，在萧县全域内对标打造淮海生态经济发展带的发展样板，从生态本底出发，合理规划乡村生产、生活、生态空间，创新生态发展、生态建设、生态运营的机制体制，营造山、水、林、田、湖与镇、村、庄、园和谐共生的宜居宜业宜游乡村，促进产、村、人、文融合发展。为了促进萧县三生互动，引领萧县生态宜居，推动萧县实现乡村振兴战略，应当从以下几点着手：

一是坚持以理念引领“三生互动”模式。坚持从生态文明建设的角度来认识发展“三生互动”，深刻把握三生互动的内涵，实现从兼顾平衡到互动协同再到相互渗透的飞跃。坚持系统谋划，把“三生互动”理念融入三产融合、城乡发展之中，实现高维度互动发展。不断优化产业布局，加快建立配套的政策体系、标准体系、法规体系，形成生产、生活、生态和谐统一的空间格局。坚持创新引领，放大产业边界、推进产业重组，优化运行模式、打造示范引擎，强化科技支撑、培育专业人才，着力破解发展难题。

二是补齐“三生互动”要素短板。加快建设区域交通枢纽，构筑一个机场、一条高铁、三条高速、三条铁路交汇的立体交通网络。把园区作为要素集聚、创新聚变、示范引领的主要基底，确保降低能源、矿产、水、土地消耗强度。以强化产业基础和技术支撑为方向，推动新技术、新产业、新业态蓬勃发展，为产业转型升级创造新的强劲力量。

三是坚持牢固“三生互动”产业支撑。以资源禀赋和产业发展为准绳，积极推进“产业+”战略，力促现代产业与科技、金融、生态等融合发展，着力打造装备制造、现代材料、高品质食药、文化旅游、新兴产业、新型能源6大产业集群，构建8大循环产业体系，打造18条循环产业链，高起点规划建设汉江生态经济带，形成“三生互动”发展的“四梁八柱”。

四是完善“三生互动”机制保障。统筹空间规划、功能定位、基础设施和产业布局，使生态优势与产业发展互相融合促进。另外，积极探索建立了符合实际的自然资源产权制度、自然资源有偿使用制度和生态补偿等制度，并将经济发展、降低能耗、污染物排放、生活质量改善等指标纳入考核体系。

（三）“三化”驱动提升乡风文明

以面向未来的眼光，全方位探索一条现代化、文旅化、智慧化的乡村振兴道路。首先，聚集创新要素加快乡村实现现代化生产方式转变，进而推动乡村向现代化生活方式转变；其次，全面振兴乡村文化事业和文化产业，大力发展乡村旅游，把文化的记忆力转化为文旅的影响力；最后，把握智慧化变革趋势，把乡风文明建设融入乡村生产水平、服务水平、管理水平的提升过程中。

提升萧县文化软实力，在萧县全域内大力加强现代化教育投入，为萧县培养一批现代化的专业人才；积极推进萧县环境整治，大力开展“厕所革命”，优化萧县乡村环境。在萧县旅游产品开发的过程中，发扬各地农村优良的传统文化，开展具有浓厚文化底蕴的乡村节庆活动、提炼民俗文化和农耕文化，多方位、深层次地开发适销对路、具有乡村特色的旅游产品，应在物质文化和精神文化两个层面提升旅游产品的文化内涵。乡风文明建设既要传承发源于乡土、潜藏于乡土的优秀传统文化、富有特色的民间习俗等，还要实现乡村文化与智慧化相融合，让乡村居民享受到经济社会的发展成果，提升生产生活质量。充分挖掘萧县现有乡村旅游资源的文化内涵，注重乡村肌理保护和传统文化回归，着重开发民风、民俗、民情等非物质文化以及古村落、古建筑、古祠堂等物质文化遗产，利用云计算、大数据、物联网和互联网等新技术系统化整合和深度开发应用，焕发乡村“韵味”（见图11-3）。

萧县特色文化资源

特色文化	寻古文化	古萧文化、刘汉文化、金寨文化等
	美食文化	伏羊文化、葡萄文化、徽菜文化等
	民俗文化	书画文化、戏曲文化、方言文化等
	精神文化	红色文化、佛儒文化、孝道文化等
特色文脉	历史名人	朱德群、高逊志、刘开渠、吴作樟等
	节日庆典	萧县伏羊节、萧县书画艺术节、黄河故道生态文化节等
	民间传说	皇藏峪传奇、张果老成仙、菩提树、二朗庙等
	传统非遗	萧县书画、根雕、坠子戏、蘑菇鸡加工技艺等
特色文像	特色村镇	车牛返村、相山庙村、沈峪村等
	墓葬遗址	金寨文化遗址、花甲寺遗址、萧窑遗址、宋玉墓等
	红色旧址	淮海战役总前委旧址、萧宿铜灵边区革命烈士陵园
	宗教庙宇	圣泉寺、瑞云寺、天门寺等

古萧文化

伏羊文化

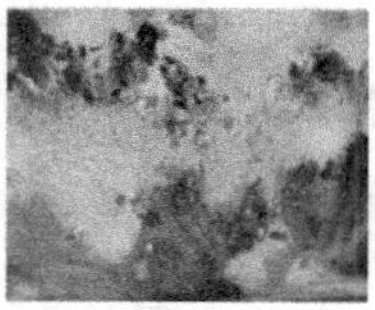
朱德群画作

萧县伏羊节

圣泉寺

金寨文化遗址

图11-3　萧县特色文化资源

（四）“三资”撬动保障有效治理

在萧县全域内构建县镇村三级发展平台，打造乡村振兴利益共同体，推动资源变资产、资产变资本，引导村民变股民，村庄变庄园，分层、分级、分类、分区实施统一策划、统一规划、统一融资、统一投入、统一招商、统一运营、统一管理，以此振兴乡村基层党组织、村民自治组织、集体经济组织体系，切实保障乡村党建和法治、德治、自治体系有效运行。其中，为了保障萧县有效治理，必须将强化三资管理放在首位。也就是说，一是要把资产资源理清楚。一方面通过村级自报、镇级审核和定期复查方式，绘制村庄建设现状图和集体资源分布图“两张图”，采用造册登记、公布于众的方式将萧县明面资产资源梳理清楚；另一方面对一些历史遗留的矛盾纠纷，通过一些纠纷解决手段清产核资。对一些较难处理的复杂的资产资源，可以结合“扫黑除恶”专项行动，县里成立整治侵占集体资产专项行动领导小组，逐镇逐村进行集中专题整治。二是做好资产交易的牵头把关工作。首先，通过建立萧县网络服务平台，涵盖萧县内的“三资”监管、农村产权交易、土地确权信息管理、农民专业合作社财务、农村股权改革等内容，监控运行情况，共享共用资源；其次，开发产权交易中心视频监控系统，实现县镇村三级联网联控，统筹调度全县产权交易服务资源，实时监督各镇村产权交易行为，统筹协调、指导纠错。三是推进“三资”明细阳光透明。第一，公开议事，严格落实“一委三会”社区治理模式，全区全覆盖推广，由村干部召集党员代表、村民代表召开村民议事会、村务监督委员会，驻村民情助理、党建专员全程监督，民主商议决策村内重大事项；第二，公开过程，针对群众有疑虑的“三资”案件，开展村自行听证、片集中听证、镇会商听证“三级听证”。

（五）“三业”推动实现社会富裕

打造系列地方特色优势品牌，推动产业联动、专业分工、互为配套，振兴产业体系、组织体系和人才体系，扩大覆盖个体就业、家庭创业、机构兴业的致富机会；加强乡村公共服务和民生保障投入，营造乡村安居乐业的良好氛围。乡村“生活富裕”是实现社会“共同富裕”的必然要求，乡村生活富裕既是乡村振兴的根本，也是中国特色社会主义实现全体人民共同富裕的必然要求。所以通过三业推动乡村生活富裕，最终实现社会富裕。

第一，要紧抓农民最关注的与他们切身利益相关的就业增收这一问题。以确保国家粮食安全为底线，根据地区资源禀赋条件，因地制宜，融合多个产业、多种要素、多方主体、多维支持，发展高效特色农业产业，提供多元务工就业路径，同时挖掘庭院经济、乡村旅游、电子商务等新业态，拓宽实现乡村生活富裕渠道。

第二，重点关注深度贫困地区和特殊贫困群体。以精准脱贫目标、标准为主线，突出问题导向，优化政策供给，改善贫困地区发展条件，解决特殊贫困群体实际困难，激发贫困人口内生动力，夯实贫困人口稳定脱贫基础，持续推进脱贫与乡村振兴有效衔接，巩固脱贫成果，为实现乡村生活富裕打好基础。

第三，要提高公共服务、基础设施和人居环境的质量。尤其是加强农村公路、供水、供气、环保、电网、物流、信息等基础设施建设，推动城乡基础设施互联互通，使发展呈现出平衡稳进的态势。实施人居环境综合整治三年行动，建立乡村道路、垃圾和污水处理、卫生厕所以及绿化管护长效机制，拓展改善和保障民生范围，提供优质基本公共服务供给，完善社会保障和救助体系，使农民养老、医疗、教育、住房都能得到进一步保障。

第四，要注重农民的全方位发展。将农村义务教育放在首要发展位置，重点落实健康乡村战略，推动城乡教育和健康事业一体化发展，从而进一步增强人民群众的身体素质与文化素养，提高农村居民感知以及创造美好生活的强大动力。建立健全乡村人才引进及培养机制，通过发展新型职业农民和向社会人力资本吸收力量，坚固和强化乡村振兴的人才支柱，从而为农民全面发展注入新动力。提升乡风文明和乡村治理水平，营造出农民全方位发展的优质社会环境氛围。

三、目标定位

萧县乡村振兴目前已初具雏形。乡村振兴的制度框架和政策体系基本形成，“萧县模式”的思路举措得以确立，农村三次产业发展逐步壮大，生态环境逐渐改善，人居环境持续提升，乡村优秀传统文化得以传承和发展，城乡二元体制逐渐破除，各项技术设施、公共服务与社会民生事业不断完善，以党组织为核心的农村基层组织建设逐步加强。为继续推进萧县乡村振兴战略逐步落实，以五位一体（经济建设、政治建设、文化建设、社会建设和生态文明建设一体建设）、四化融合（推进新型工业化、信息化、城镇化、农业现代化融合发展）、三生互动（生产、生活、生态三者良性互动）、二元统筹（突破城乡二元结构，统筹城乡发展）、一域贯通的系统思维为基础，进一步制订萧县短期和长期计划。

（一）短期目标（至2022年）

萧县乡村振兴取得阶段性成果。乡村振兴的制度框架和政策体系初步健全，"萧县模式"进一步落实，农村三次产业融合发展格局初步形成，脱贫攻坚成果得到进一步巩固；农村基础设施条件持续改善，城乡统一的社会保障制度体系基本建立；农村人居环境显著改善，城乡融合发展体制机制初步建立，农村基本公共服务水平进一步提升，乡村文化品牌基本确立；现代乡村治理体系初步构建，乡村治理能力进一步提升。

（二）长期目标（至2025年）

全面落实"萧县模式"乡村振兴。乡村振兴取得决定性进展，农业农村现代化基本实现。农业结构得到根本性改善，农民就业质量显著提高，相对贫困进一步缓解，共同富裕迈出坚实步伐；城乡基本公共服务均等化基本实现，城乡融合发展体制机制更加完善；农村生态环境根本好转，生态宜居美丽乡村基本实现；乡风文明达到新高度，乡村治理体系更加完善。

四、愿景畅想

（一）全面实现"萧县模式"

通过系统、逻辑、创新思维把握产业兴旺，生态宜居、乡风文明、治理有效、社会富裕内涵；通过全生命周期、全域、全要素思维打通战略、产业、空间、重点项目、投融资、机制体制创新，构建萧县振兴全景；利用平台、集群、示范思维打造产业、空间、能力增长极，落实萧县产业布局战略；以多元主体、金融、全过程思维推进产业发展、基础设施、公共服务项目扎根萧县。到2035年，萧县现代乡村经济融合发展，人居环境优美，文化繁荣活跃，村民生活富足，现代乡村治理体系完善，实现平台复合、要素复合、特色鲜明的产业兴旺格局；实现环境优美、绿色发展、和谐共生的生态宜居格局；实现智慧引领、文旅联动、生活方式转变的乡风文明格局；实现平台联动、利益共享、组织创新的治理有效格局；实现多元创收、设施配套、民生保障的生活富裕格局。“萧县模式”全面实现，成为新时代乡村振兴的模范与标杆。

（二）愿景画面构想

建设粉墙黛瓦、小桥流水的绿色乡居（见图11-4）。留住承载乡愁的情感归宿地。青山绿水间，一个个村庄好似一个个特色显明、风情浓厚的庄园，每一个庄园都聚焦一个优势产业，特色产业延伸产业链，优化经营链，形成价值链。公司化、品牌化、复合化运营，由公司带动各个现代农业基地、加工基地、文创基地、营销基地、体验基地、结算中心联合发展。村庄两委是庄园公司的管理集体，村党支部书记是振兴乡村最重要的角色。给村党支部书记一套标准、一套规则、一个样板。每一个村民都是股东，所有资源和资产都被统一策划、规划、投资、运营、生产和经营，村民一批成为在庄园从事自己最专业的劳动的职业农民、一批成为家庭创客与庄园配套发展、一批在社区为大家提供公共服务保障，大家分工协作，利益共享。

图11-4　远景畅想

农村合作社是市场经济主体，它根在农村，熟悉农民，通过农民之间的分工合作最大限度地实现产业振兴（见图11-5）。庄园与片区其他庄园联动经营形成优势产业发展带，通过比较优势参与全球经济分工，社区居民除了原住民外还有很多被优势产业生态圈吸引的创业、就业和兴业的新居民，村里的文化被庄园挖掘出来在生产中传承，在社区博物馆呈现并散发着品牌的光芒。

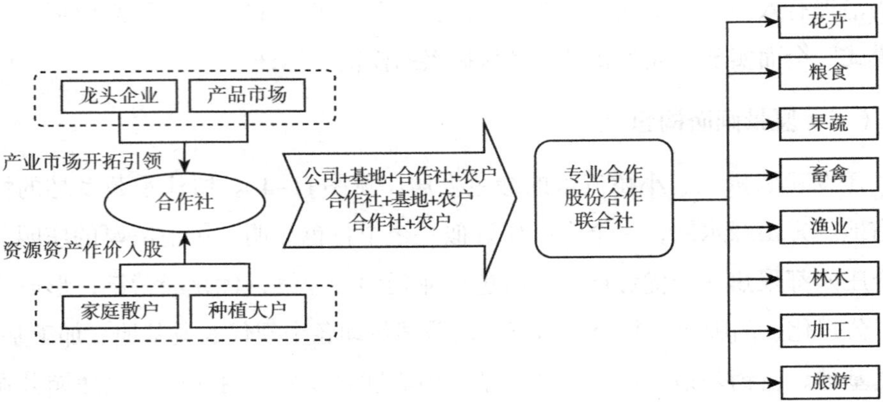
龙头企业
产品市场
产业市场开拓引领
合作社
资源资产作价入股
家庭散户
种植大户
公司+基地+合作社+农户
合作社+基地+农户
合作社+农户
专业合作
股份合作
联合社
花卉
粮食
果蔬
畜禽
渔业
林木
加工
旅游

图11-5　农村合作社

第十二章　萧县乡村振兴的现状基础

改革开放以来，由于国家政策、地理位置、历史条件等各种因素的影响，中国乡村社会的发展水平和发展面貌千差万别，乡村振兴是一项结构复杂的综合性工程，只有坚持实事求是的优良作风，因地制宜地制订发展战略才能推动实现乡村振兴。因此，在实施乡村振兴战略的过程中，需要清楚本地区的自然社会人文基础条件，把握乡村振兴中的亮点以统筹地区内在优势和外部动力，从而避免同质倾向，明确发展中的难点，积极探索符合本地实际的发展路径和方法策略。

一、萧县自然社会人文基础条件

（一）萧县区位条件

萧县为安徽省宿州市辖县，地处省会最北部，东临徐州，南接淮北，地处苏、鲁、豫、皖四省之交，素有“四省通衢”之称，是淮海生态经济发展带核心区域，也是安徽对外发展的重要门户。

从地理角度来说，萧县是徐州市都市圈内重要的节点，但目前区域联动发展态势较弱，难以成为宿州市沟通徐州、淮北的重要连接点（见图12-1）。

近年来，萧县不断增强与徐州和淮北的交通一体化对接，区域联动发展态势逐步显现，产业转移承接能力和高端要素聚集能力不断提升，发展潜力巨大。

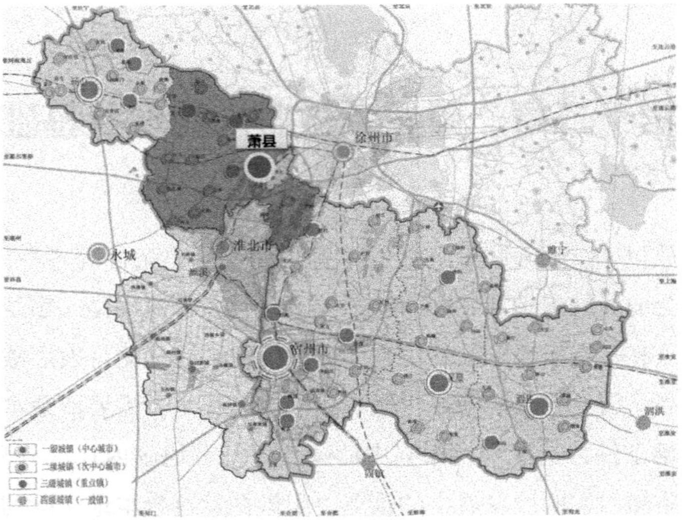

图12-1　萧县在宿州市中的位置

（二）地理资源

萧县全境呈“两山、三区、四河”分布，北部与西南部为平原，东南部为山地丘陵，河网水系众多，地貌多样，自然资源丰富，生态系统与结构功能完善，山水林田湖草自然环境优美，是推动生态文明建设和打造美丽生态宜居乡村绝美画布（见图12-2）。

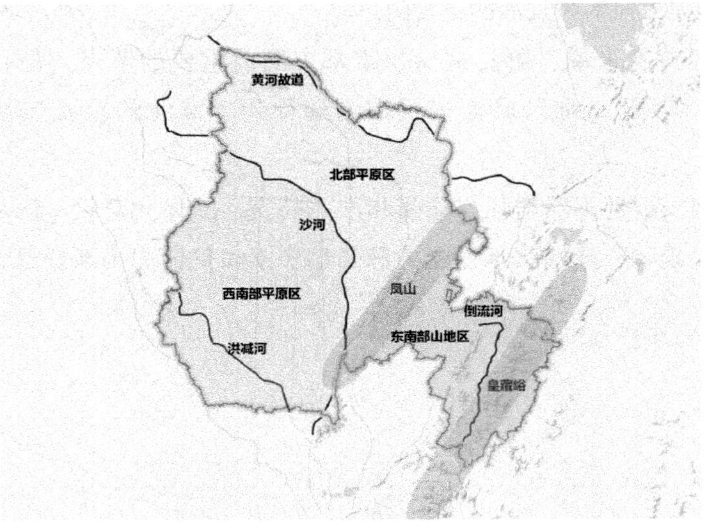

图12-2　萧县重点地理资源分布

两山：两山为凤山与皇藏峪山系，凤山全称为凤山森林公园，以自然、人文景观为基础，集寻根旅游、朝圣旅游、健身旅游、观光旅游、生态旅游6大功能为主题；皇藏峪为国家4A级风景区，集山、水、泉、涧等自然景观于一体，被授予全国“最具潜力旅游度假目的地”。

三区：三区为北部平原区、西南部平原区、东南部山地区，平原地区耕地数量众多，瓜果粮食作物种类丰富，山地区景观资源丰富，适宜生态旅游的发展。

四河：四河分别为黄河故道、沙河、洪减河与倒流河，流域生态环境较好，流经萧县全域，可通过流域经济的发展带动全域乡村振兴。

（三）特色禀赋

萧县各地蕴含不同物种资源，发展项目和方式也因此各异。详细来说，以沙河、黄河故道等为代表的生态资源丰厚，以皇藏峪、金寨遗址等为代表文化遗存丰富，以万亩特色果林、现代蔬果农业基地为代表的活力田园景观丰裕。自然生态、历史人文、田园观光等资源禀赋为各地带来了得天独厚的发展条件，各地协同发展才能更好地推动乡村农文旅复合发展（见图12-3）。

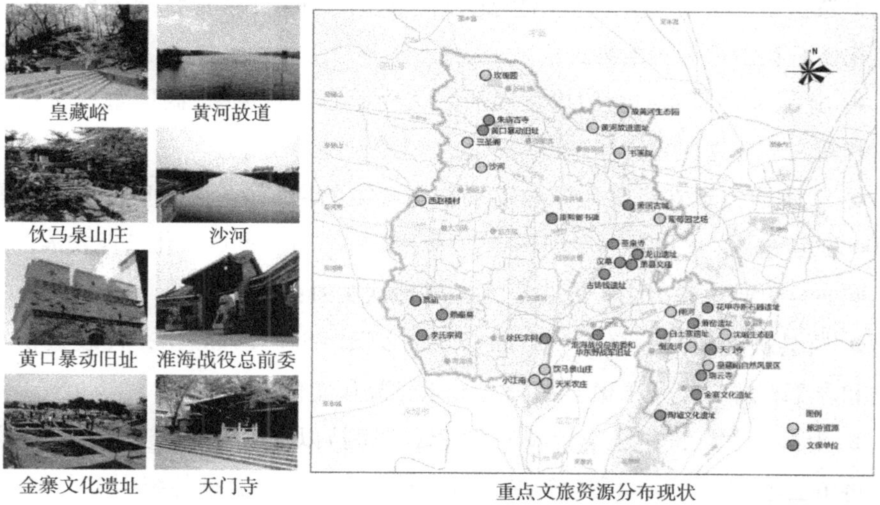

重点文旅资源分布现状

图12-3　萧县重点文旅资源分布现状

（四）文化资源概况

萧县历史文化源远流长，文脉清晰，文像众多。汉画像石、孟亏封萧、皇藏典故、革命旧址代表了萧县的历史风韵；龙城画派、狮虎行动计划、萧县农民画、中国书画艺术之乡展示了萧县的书画笔墨；伏羊文化节、龙泉寺民俗文化节、黄河故道生态文化节、徐里采摘节显示了萧县的特色节日庆典；坠子戏、皮袄会、走亲戚、儒家孝善代表了萧县的乡土民俗。这里处处彰显着文化底蕴深厚、文化传承鲜活的萧县印象、萧县记忆、萧县名片和萧县软实力（见图12-4）。

图12-4 萧县文化资源概况

近年来，萧县也受到了资金政策的支持，着实增强了自身的硬实力：

● 印发《萧县国民经济和社会发展第十三个五年规划纲要》，指出要激发文化消费需求，促进文化产业整体业态升级，推动文化产业快速发展，不断增强文化核心竞争力和影响力；

● 出台《关于进一步加快发展新兴文化业态的意见》，高度重视文化生产企业和新文化业态培育，争取开辟文化新业态创业平台；

● 印发《关于支持文化产业发展若干政策的通知》，县财政每年统筹不低于500万元的"文化强县"专项资金，用于支持和引导重点文化产业发展。

同时，萧县也在努力扩充自身人文教育软实力：

● 萧县被文化部命名为"中国书画之乡"，书画大师频出，代表人物有萧龙士和朱德群等，提升了萧县书画的文化底蕴和文化内涵；

● 萧县大力推进中小学校园文化建设，坚持以文动人、以文化人、以文立人，将萧县孝文化、书画文化等融入日常教育中，积极弘扬传统历史文化；

● 萧县不断完善公共文化服务体系，提炼乐园文化主题特色，宣传展示村史村情、红色历史、文化遗存、先贤事迹、乡风民俗、美丽家园等，积极推进农民文化乐园建设，满足农民群众精神文化需求。

（五）经济发展阶段分析

萧县是传统的农业大县，农业基础相对稳固，目前正处于向工业化中期过渡阶段，产业结构不断优化，固定资产投资不断提高，但整体以第二、第三产业发展为重点，农业发展相对滞后，农业产业投资相比较低。当前，应统筹推进城乡发展，以优势产业集群培育为发力点，将资源向资产转化，充分发挥示范效应推动发展，以此利用各方面集聚效应，结合生态文明建设、供给侧结构性改革的战略指引，向工业化中期及以后阶段推进。一方面在乡村优化涉农产业布局，加大“三农”投入，升级乡村经济，释放土地和劳动力资源，刺激城镇化和新型消费需求；另一方面，在城区以此促进土地规模流转、建设用地集约利用、产业园区聚集发展、引导人口向城镇转移，以此实现城乡共荣。

表12–1中显示，2017年，萧县人均GDP出于工业化初期阶段，产业结构和非农产业比重出于工业化中期阶段，城镇化率却处于前工业化阶段。数据展现出了萧县各方面发展的不均衡，也展现出了萧县产业结构等方面的问题。因此，近年来，萧县也在不断根据自身问题进行相关发展，不断向周边及类似城镇学习，以期更好地解决自身问题。

表12–1　县域经济发展阶段分析

指标	前工业化阶段	工业化阶段			后工业化阶段	萧县指标
		初期阶段	中期阶段	后期阶段		
人均GDP（美元）	827~1654	1654~3308	3308~6615	6615~12398	>12398	2809
产业结构	A>I	A>20%，A<I	A<20%，I>S	A<10%，I>S	A<10%，I<S	19.8：39.4：40.8
非农产业比重	50%以下	50%~70%	70%~87%	87%~98%	下降	80.2%
城镇化率	30%以下	30%~50%	50%~60%	60%~75%	75%以上	20.3%

由图12–5中可见，萧县近年来不断优化产业结构，重点推动第二、第三产业发展。萧县三次产业结构从2010年的31%、37%、32%调整为2017年的20%、39%、41%，动能加速释放，工业发展趋稳向好，产业总体发展倾向于工业与服务业的提质提升，其中农业发展的力度相对较小是导致第一产业比重不断缩小的关键原因。

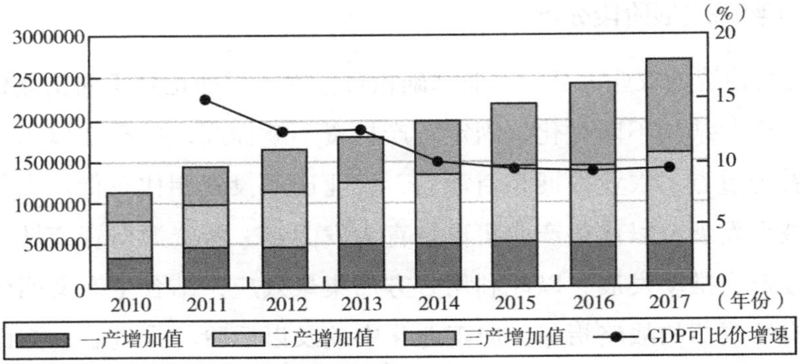

图12-5　2010~2017年萧县三次产业增加值与GDP可比价值增速图

由图12-6可见，萧县人均固定资产投资近年来不断提高，但是其农业产业发展投资仍然不足。萧县固定资产投资额不断提高，人均水平目前已接近宿州市，距离徐州仍有较大差距。第二、第三产业投资额不断上涨，2017年达13.5%和31.2%，但第一产业投资额较上年同比下降1.7%，这限制了农业产业的进一步发展。

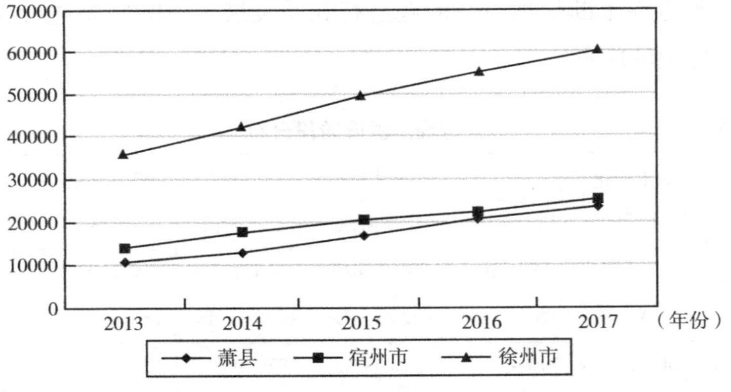

图12-6　萧县人均固定资产投资

（六）城乡发展差距分析

各种历史原因造成萧县城乡基础整体薄弱（见图12-7和图12-8），但近年来萧县大胆创新、高点谋划、高位布局，在城市建设和产业园区发展方面取得了长足发展。人均可支配收入因此不断提高，但城乡发展差距却呈逐步扩大态势（见图12-9）。萧县经济发展要素配置重点倾向于城镇第二、第三产业，农业投入力度相对较少，农业仍为当前村民收入的主要来源。乡村产业动力发展不足，农业产业链延伸拓展不足，部分乡镇农村劳动力过剩，就业渠道狭窄，难以满足农民致富增收的需要。城乡之间尚未建立起有效的联动机制，企业与农户之间尚未构建利益连接机制，需要进一步树立城乡、农企之间的关系。萧县乡村资源众多，发展基础良好，但缺乏政府平台进行统一管理运营，资源价值有待进一步挖掘提升。

马井镇

白土镇

张庄寨镇

永堌镇

图12-7　城镇建设现状

马井镇纵小楼村

白土镇费村

张庄寨镇小阁子村

永堌镇前进村

图12-8　乡村建设现状

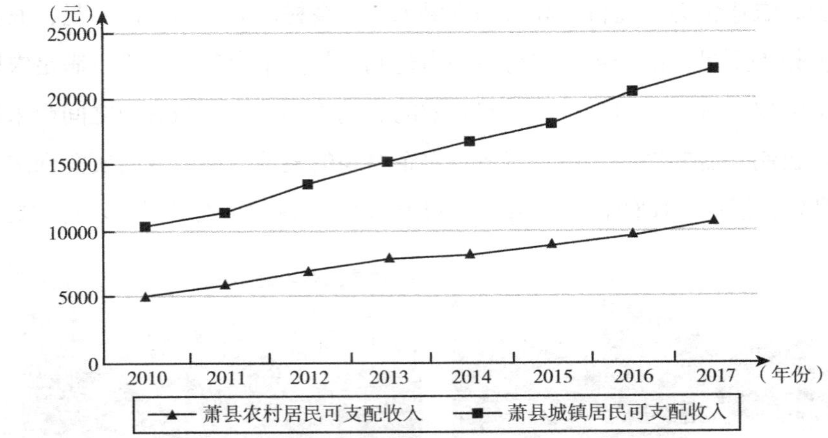

图 12-9 萧县农村城镇居民可支配收入对比

（七）萧县农民经济状况

萧县乡村产业发展较其他产业相对薄弱，产业链延伸不足，产业业态缺乏创新，农民收入渠道单一，农村人均可支配收入均低于宿州市、安徽省及全国平均水平。萧县涉农产业主要有农作物种植、食品加工、农家乐乡村旅游，但整体实力偏弱，农产品缺乏特色品牌，加工业发展粗放，质量不高，乡村旅游各自为政，同质化经营较重，服务水平较低，动能不足，短期内难以有效地为村民提供可观的收入。未来萧县推动产业融合，争取主体平台化，打造农村发展新动能，实现农民收入提高、生活富裕，将成为乡村振兴的重要课题（见图 12-10）。

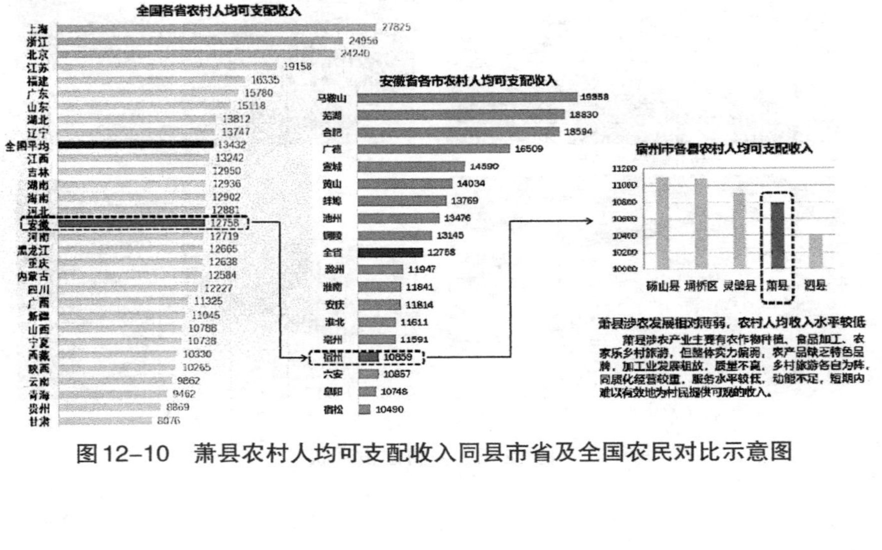

图 12-10 萧县农村人均可支配收入同县市省及全国农民对比示意图

（八）各乡镇经济概况

当前萧县脱贫攻坚不断取得新进展，重点乡镇资源优势明显，农业供给侧结构性改革持续推进，工业提质高效常态化发展，服务业提升新动能加速释放，整体经济状况发展良好。圣泉乡、杨楼镇、杜楼镇等经济发展居于全县前列，借助区位交通、特色资源、政策环境等相对优势，经济总量不断扩大，产业特色较为鲜明，镇区公共服务配套设施完善，居民生活水平不断提高。

但同时，萧县镇域经济薄弱，乡镇企业少，城乡要素单向流动，居民收入差距不断扩大，乡村发展能力较弱，各乡镇发展水平差距较大等依然是萧县乡村振兴所面临的重要难题，有待通过梯次带动发展。各乡镇之间生产总值与财政收入差距较大，突出表现在特色产业不鲜明，产业上下游尚未打通，交通优势不明显，内生动力较弱，未来发展可通过县城中心与经济强镇的辐射带动，增强经济发展活力（见图12-11和表12-2）。

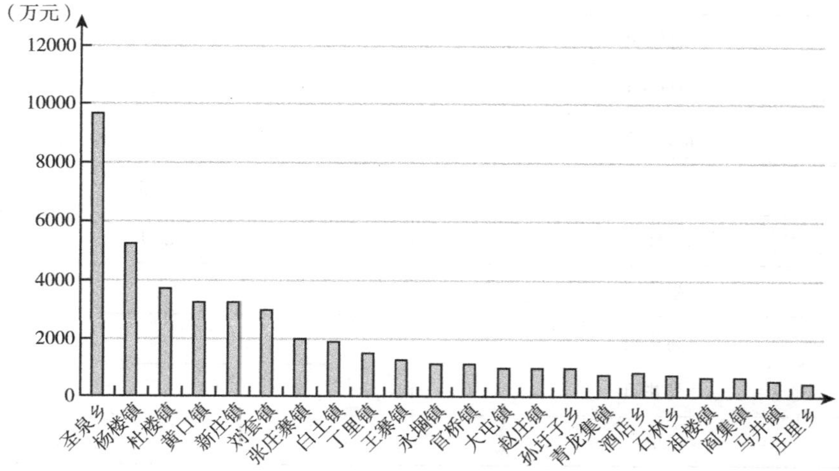

图12-11 萧县各乡镇财政收入

表12-2 萧县各乡镇地区生产总值

乡镇	地区生产总值（亿元）
圣泉乡	
杨楼镇	

续表

乡镇	地区生产总值（亿元）
杜楼镇	23.6
黄口镇	46.2
新庄镇	
刘套镇	
张庄寨镇	15.9
白土镇	47
丁里镇	
王寨镇	
永堌镇	
官桥镇	
大屯镇	12.87
赵庄镇	
孙圩子乡	6.13
青龙集镇	
酒店乡	16.75
石林乡	2.51
祖楼镇	
阎集镇	
马井镇	
庄里乡	

（九）乡村农业发展概况

萧县乡村土地资源丰富，农业目前以葡萄、胡萝卜、辣椒制种等一批优势作物种植为主，各地种植作物及面积如图12–12和表12–3所示。设施农业初具规模，农业供给侧结构性改革不断推进，但农业品牌化、复合化、平台化、集群化发展不足，附加值较低，有待进一步提升。

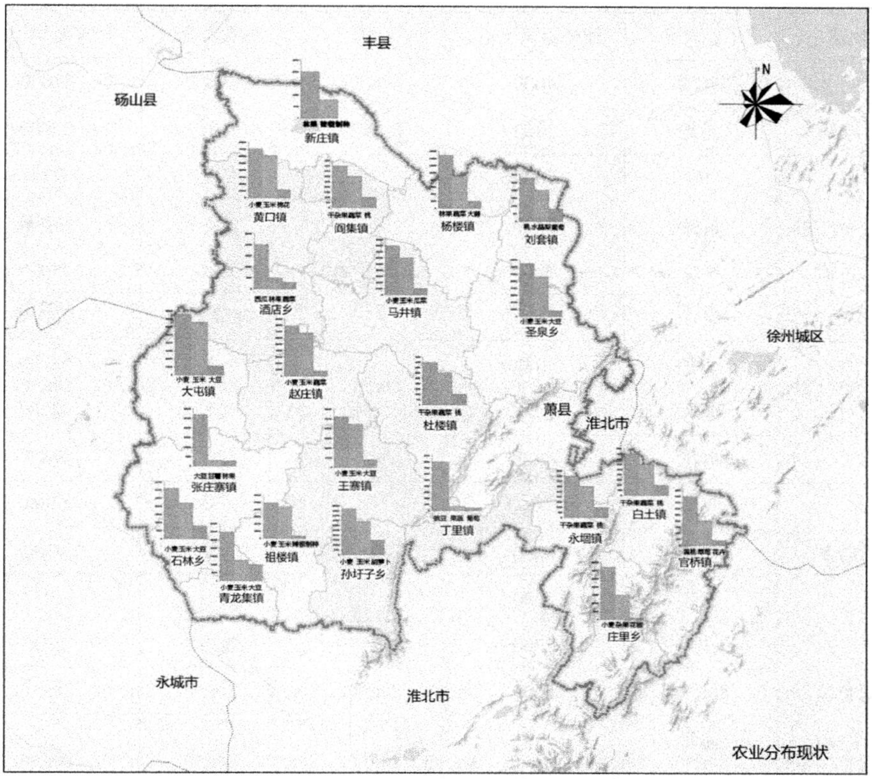

图12-12　萧县乡村农业发展概况

表12-3　　萧县各乡镇主要农业及种植面积

乡镇	主要农业	种植面积（亩）	乡镇	主要农业	种植面积（亩）
白土镇	杂果	2000	马井镇	小麦	80000
				玉米	60000
				瓜菜	10000
大屯镇	小麦	76005	青龙镇	小麦	29845
	玉米	65875		玉米	12610
	大豆	11050		大豆	9860
丁里镇	豌豆	8000	圣泉乡	小麦	75000
	果蔬	700		玉米	56200
	葡萄	500		大豆	8300

续表

乡镇	主要农业	种植面积（亩）	乡镇	主要农业	种植面积（亩）
杜楼镇	干杂果	4000	石林乡	小麦	31000
	蔬菜	3000		玉米	22000
	桃	1000		大豆	8000
官桥镇	黄桃	4000	孙圩子乡	小麦	47000
	草莓	2000		玉米	34000
	花卉	400		胡萝卜	15000
黄口镇	小麦	71000	王寨镇	小麦	52000
	玉米	61000		玉米	44700
	棉花	12000		大豆	8000
酒店乡	西瓜	20000	杨楼镇	林果	14860
	林果	5000		蔬菜	9100
	蔬菜	3000		大蒜	2032
刘套镇	桃	2800	永堌镇	葡萄	5000
	水晶梨	2000			
	葡萄	800			
庄里乡	小麦	32000	张庄寨镇	大豆	27000
	杂果	15000		甘薯	3000
	花椒	1000		林果	2700
祖楼镇	小麦	49120	赵庄镇	小麦	79000
	玉米	44000		玉米	68000
	辣椒制种	3110		蔬菜	8000
新庄镇	林果	20000			
	辣椒制种	8000			

（十）涉农工业园区概况

萧县具有良好的涉农工业基础，已经形成了张江萧县高科技园区、食品工业园等涉农产业园区（见图12–13和表12–4），产业集聚效应开始显现，加快了第一产业规模消耗，工农两大产业形成了良好的互动，并对农业的发展形成了一定的反哺作用。但整体上优势涉农工业企业与萧县优势农业链接不强，对乡村农业产业发展带动较弱、特色产业链条尚未打通、三产联动的优势品牌有待培育。

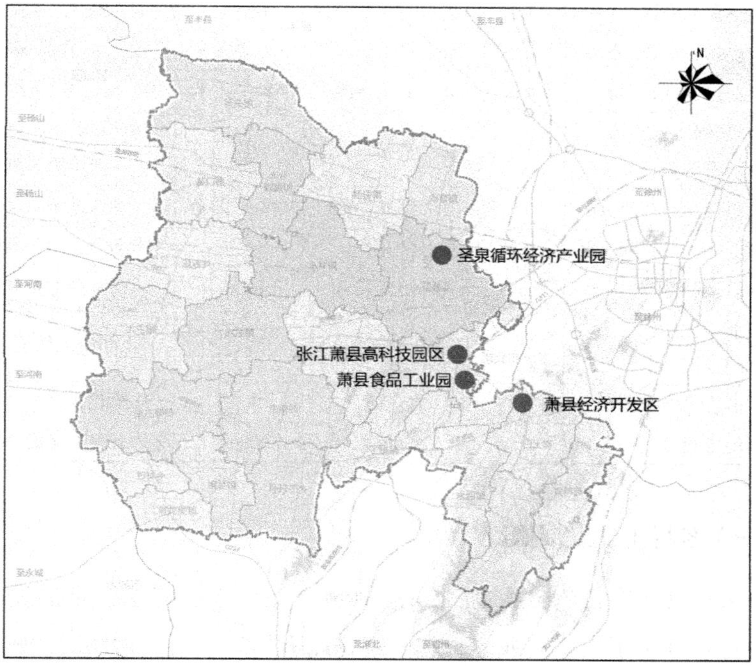

图12-13　萧县城镇重点产业园区分布现状

表12-4　萧县重点涉农企业概况

投资企业	总投资（亿元）	选址	占地面积	主要产品
安徽佳宠宠物用品股份有限公司	1	张江高科园循环工业园	2000平方米	宠物用品、宠物饲料的研发、生产及销售（含网上销售）等
浙江益纸淀粉科技股份有限公司	1.36	循环经济工业园	5000平方米	变性淀粉
安徽安宠宠物用品有限公司	2	循环经济工业园	40000平方米	宠物饲料等
安徽省黄淮兽药有限公司	0.78	县食品工业园	30亩	水产动物专用饲料、微生物制品
烟台三嘉粉丝有限公司	1.1	县食品工业园	50亩	粉丝、粉条
苏州洪硕弹性体科技有限公司	2.4	县食品工业园	100亩	食品辅材弹性体材料
长沙兰轩食品商贸有限公司	0.8	县食品工业园	50亩	辣椒深加工产品

续表

投资企业	总投资（亿元）	选址	占地面积	主要产品
安徽省英华食品有限公司	1.3	县食品工业园	60亩	食品加工（速冻）、保鲜
安徽泽冠食品科技有限公司	0.35	县食品工业园	1500平方米	食品辅料
徐州青创食品有限公司	0.6	县食品工业园	1300平方米	牛油
宿州市三聚绿源生物质新材料有限公司	1.5	县经济开发区	80亩	生物质炭、生物质炭基肥、液体肥系列产品
萧县华腾家具有限责任公司	0.5	县经济开发区	3000平方米	食品资料（调味料）
常州市安普纺织品有限公司	0.8	县经济开发区	50亩	高档纯棉面料、高档品牌服装
淮北万祥饲料有限公司	1	县经济开发区	12亩	秸秆微贮及饲草颗粒
湖北盛沼能新大能源生态产业有限公司	5	王寨镇	70亩	生物质天然气、有机肥
安徽乐汇园食品有限公司	0.3	赵庄镇	10亩	膨化食品、速冻食品
安徽林洋新能源科技有限公司	1.8	大屯镇	600亩	20MW光伏农业大棚

（十一）乡村工业发展概况

近年来萧县各乡镇农产品加工、建材、皮毛等产业有了一定的发展（见图12-14），有效延长了农业产业链，在一定程度上提升了农业附加值，解决了村民就地就业，但存在整体规模较小、效率不高、布局散乱、缺乏用地空间等问题。

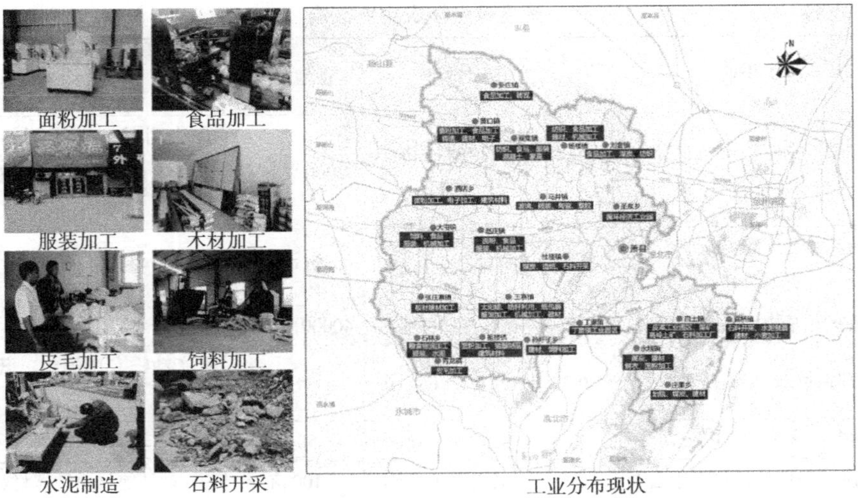

图12-14 萧县工业分布现状

（十二）乡村服务业发展概况

萧县2017年底第三产业增加值110.07亿元，比2016年增长12.0%，发展较好，其中防腐服务、农业经济服务、乡村旅游是带动乡村产业发展、帮助农民致富增收的主要方面，但目前专业化水平不高、市场化组织化程度低、特色不明显结构单一等成为限制乡村服务业进一步发展的主要问题。未来，萧县应从专业水平提升、平台化组织构建、产业符合多元发展等方面进一步发挥扶农富农的重要作用。

● 防腐服务

萧县作为中国防腐第一大县，防腐服务产业2018年完成产值6.5亿元，税收4500万元，带动2000多人就业，且以务工村民居多，防腐产业收入占全县外出务工总收入的40%，逐步成为带动村民致富的重要牵引。

● 农业经纪服务

萧县2017年全年农业生产总值约53.43亿元，其中大量农产业种植销售主要依靠农业经纪人进行联系拓展，是买卖双方重要的联系纽带，同时也是帮助农户提供市场信息、将农产品变现、增加农户收入的重要环节。

● 乡村旅游

萧县大力发展乡村旅游，积极培育观光采摘等各类乡村旅游文化节，打造饮马泉山庄等休闲农家乐，使参与经营村民年收入共增加61.2万元，同时旅游建设开发与村民签订用工合同，成为带动村民致富增收的重要举措。

（十三）乡镇土地利用现状

萧县土地面积1854平方公里，人均土地面积1.99亩，人均耕地面积为1.12亩，均远低于国家人均水平的8.1亩和1.4亩，未来发展所面临的土地问题较为严峻。当前，萧县农村布局分散、缺乏规划指引，土地利用效率低下，导致产业空间拓展不足、公共设施服务落后、农村吸引力低下等问题凸显。

从图12-15和表12-5可见，萧县不同地区土地利用各有不同。北部地区农村土地整治工作整体推行较好，村庄土地集约程度较高，物流商贸等发展条件较好；东部地区建设用地较为集中；西南部地区农业用地比重大，耕地数量众多，农村居民点用地占城县建设用地比例高，布局较散乱，产业发展用地供需矛盾突出；东南部地区自然生态用地比例较高，山地、林地、水系众多，建设用地相对较少，乡村建设用地集约化程度较高。

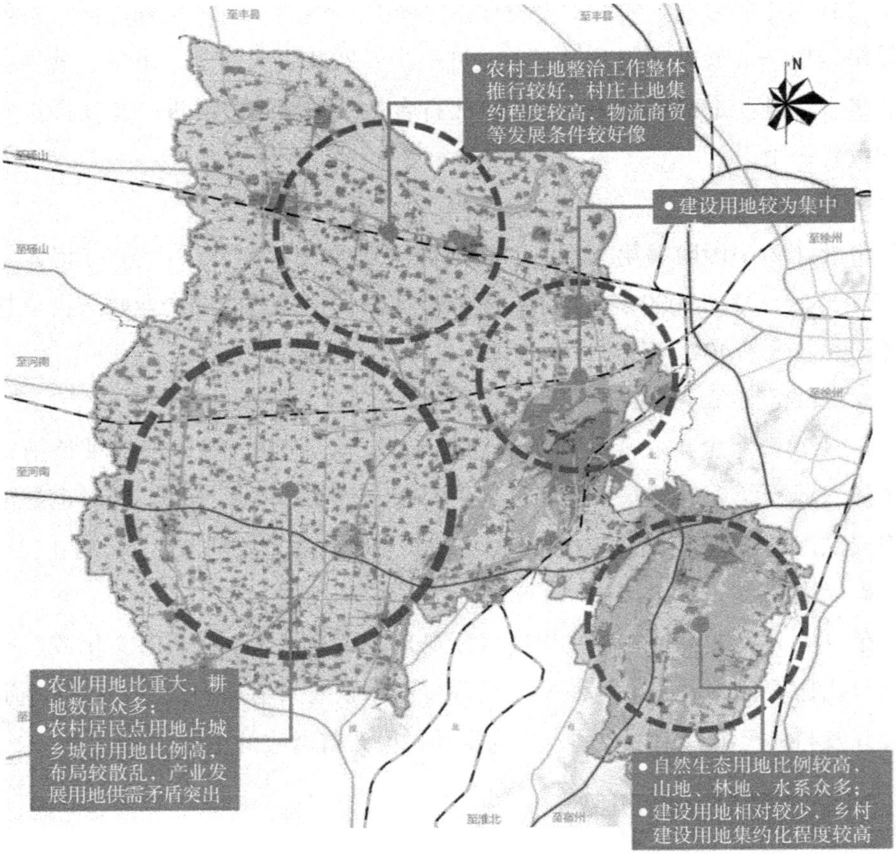

图12-15　萧县土地利用现状

萧县农田耕种率高、土地流转率不高、“空心村”严重与村镇建设用地紧张并存，近年来萧县大力展开土地整理工作，村、镇两级都在土地资源统一规划、集约利用、集中开发方面有成功的探索创新。但从整体来看，部分乡村仍存在土地利用粗放、土地使用效率低下、乡村产业空间拓展不足等问题，未来应总结推广已取得的经验成果，创新发展模式，进一步激发土地潜力，释放土地价值。

表12-5　　萧县土地利用现状

类型		面积（公顷）	占比（%）	乡村人均土地面积（亩）	城乡人均土地面积（亩）
农用地		134043.52	72.31	1.74	1.44
其中	耕地	103973	56.09	1.35	1.12
	园地	11700.69	6.31	0.15	0.13
	林地	12906.2	6.96	0.17	0.14
	其他农用地	5463.62	2.95	0.07	0.06
建设用地		37839.86	20.41	0.49	0.41
其中	城镇用地	40[illegible]2.48	2.16	0.05	0.04
	农村居民点	26092.41	14.08	0.34	0.28
	采矿用地	838.71	0.45	0.01	0.01
	交通水利	6744.61	3.64	0.09	0.07
	其他建设用地	151.66	0.08	0.00	0.00
其他土地		13478.96	7.27	0.18	0.14
其中	水域	3101.7	1.67	0.04	0.03
	自然保留地	10377.26	5.6	0.14	0.11
合计		185362.33	100	2.41	1.99

资料来源：根据萧县土地整治规划（2016~2020年）、统计公报等整理。

（十四）外部交通现状

近年来，萧县将道路设施建设作为推动城乡发展的工作重点，整体交通状况较好，高速公路、高铁贯通，但萧县作为四省通衢交通地位的空间战略价值尚未充分发挥，与徐州、宿州、淮北等地的对接有待进一步加强。

如图12-16所示，萧县目前拥有2条高速公路（连霍高速、京台高速），在朱圩子、郭庄、张庄寨设有高速公路出入口；三条国道贯穿萧县县城；打通了萧县对外四面八方的交通衔接。同时，共有3条铁路（陇海铁路、郑徐客运专线、阜夹铁路）穿过萧县，现已开通郑徐高铁，设有萧县高铁站（萧县北战），另有萧县客货站和黄口客货站。

图12-16　萧县外部交通现状

然而，萧县交通依然存在问题：县域北部国省道建设较为薄弱，与江苏等地的联系较为不便；部分公路路面破损较为严重，对通行的车辆造成了一定的影响；县城中心与徐州联系能力不强，成为制约发展的“瓶颈”。

（十五）乡镇内部交通现状

萧县稳步推进“村村通”道路建设工程，加强内部各村镇之间的联系，但由于部分乡镇连接道路偏少，等级较低，路面狭窄，断头路多，成为限制城乡之间要素流动、一体化发展的重要问题。

如图12–17所示，萧县内部交通主要依托省道101、239、301，县级乡级公路以及“村村通”工程建设的乡道，基本实现以主要村庄为节点的内部交通网络系统。主要存在以下几个方面的问题：各乡镇连接道路偏少，等级偏低，通达性较弱，难以满足未来公路运输的需求；县城中心与各乡镇连接不畅，重点地域景区道路连接缺乏，要素集聚存在障碍；部分公路路面行驶条件较差，亟待改造提升；内部缺乏环状交通，未形成通达的内部交通体系；乡级道路断头路较多，亟待打通形成闭环的道路交通体系。

图 12-17　萧县内部交通现状

（十六）乡镇基础教育设施现状

萧县各级教育配套设施完善，基本实现基础教育设施全覆盖。当地各级基础教育设施现状如表 12-6 和图 12-18 所示。

表 12-6　萧县教育相关信息

指标	学校数（所）	在校学生数（人）	专任教师（人）
职业教育	6	10245	344
普通高中	12	19993	2073
普通初中	42	35170	1486
小学	178	88439	4496
幼儿园	152	43930	1734

图12-18　萧县教育设施现状分布

目前萧县乡镇基础教育设施主要存在问题是：学校整体布局不尽合理，城乡教育设施水平差异较大，局部地区供需配置失衡；农村部分地区生源逐渐减少，教育资源利用率低下，需要进一步整合优化，提升教育服务水平；各类人才的专业教育培训缺失，未来通过人才振兴破题乡村振兴战略，面向乡村产业发展下所需的各类人才专业教育培训有待进一步加强。

（十七）乡镇医疗养老设施现状

萧县大力推进基本公共服务均等化，着力提升医疗卫生及社会养老服务体系建设和服务质量，当地各级医疗养老设施现状如表12-7和图12-19所示。但现状医疗养老设施布局不尽合理，设施水平较低，成为阻碍村民生活幸福感提升的问题之一。

表12-7　萧县医疗养老设施数量

名称	数量
卫生机构	446
医院、卫生院	47
社区卫生服务中心	23

续表

名称	数量
门诊	25
诊所	47
卫生所	16
医务室	21
医疗卫生机构床位	2924
社会福利收养性单位	35
社会福利收养性单位床位	3320

图12-19　萧县医疗养老设施现状分布

乡镇医疗养老设施目前主要存在问题是：医疗卫生机构布局不尽合理，现状医疗机构尤其是民营医疗机构主要集中在主城区，同时缺乏专科医疗机构，偏远地区居民看病不便；乡村地区医疗设施不完善，医疗队伍发展滞后，医护水平有待提高；公共卫生服务体系不健全，萧县公共卫生服务单位较少；大多数敬老院功能单一，仅能提供食宿，不能提供医疗、专业护理服务；部分乡镇敬老院屋舍简陋，设施条件、生活环境较差；敬老院平均入住率较低（平均入住率约为48%）；各镇敬老院布局不尽合理。

（十八）乡镇基础设施现状

目前萧县给水、排水、电力、环卫等基础设施配置完善，提高了乡村的生活质量，各地基础设施现状如图12-20所示。但目前服务质量设施配套、供需平衡等方面还有待提高。

图12-20　萧县基础设施现状分布

从给水设施来看，萧县目前全县23个建制镇共有19座自来水厂（含县自来水厂）。仍需改进的地方有：部分镇自来水厂的现状供水规模不能满足发展要求；部分镇现状供水设施简陋，供水工艺落后，供水管网老化；部分建制镇供水水源的水质较差，农村饮用水质量难以得到保证。

从排水设施来看，萧县目前共有4座已建成投入使用的污水处理厂。仍需改进的地方有：部分镇仍采用雨污合流的排水机制，生活污水、雨水混合肆意排放，导致水体受到不同程度的污染；排除雨水的明沟暗渠年久失修，需要进一步加强建设。

从电力设施来看，萧县目前拥有1座220kV变电站、7座公用110kV变电站、21座公用35kV变电站。仍需改进的地方有：萧县县域范围内缺乏核心500kV电源变电站布点，主要依靠县域外远距离供电，电源保障安全性不高；现状变电站负载较重，不能满足未来发展需求；现状220kV线路为辐射式供电，未形成环网，电源保障安全性不高。

从环卫设施来看，萧县目前共有6个城区城郊环卫所共有垃圾中转站、80名环卫工人，其中，清洁工60人、管理员20人、垃圾运输车2辆、车60辆、吸粪车1辆。仍需改进的地方有：现各村垃圾收集点为露天式垃圾收集池，容易滋生蚊蚁蝇虫，传播病菌；各行政村、自然村内部垃圾收集点、收集箱数量较少，使用不便，仍然存在乱扔垃圾现象；水冲式公厕数量较少，居民使用不便。

（十九）乡村风貌

萧县乡村风貌受社会经济发展及自然环境的影响，形成了靠近城区的城镇型、依山傍水的山水型、平坦开阔的平原型和文化深厚的历史型等不同类型，为乡村实现商贸、加工、文旅、种植等不同功能和产业的差异化发展模式创造了有利条件。

● 城镇型

城镇型村庄靠近城区或镇区，受城镇的辐射带动或周边存在较多产业用地，经济相对较发达，建筑风貌一般相对现代化。村庄紧凑布局，土地利用率高，建筑密度高，建筑成为村庄内部最大的要素主体，景观丰富程度较低，适宜商贸、加工等产业发展，如马井镇的纵小楼村、黄口镇的胡庄村等。

● 山水型

萧县山水型村庄主要分为依山型、傍水型与山水相融型三种，主要分布在萧县的东南片区，村庄建筑布局顺应山水走向顺势延伸，多以散点式、带状或团块式分布，外围分布着大片农田，村内建筑布局较紧凑，沿滨河道路呈线性布局，自然环境良好，生态景观丰富，适宜发展乡村旅游，如东南片区永堌镇的前进村、丁里镇的蔡洼村等。

● 平原型

萧县西南部为平原区，村庄分布均匀而密集，形成了众多平原型村庄。平原型村庄受地形影响因素比较小，地势平坦，布局较为集中，用地较大，往往没有固定的中心点，农宅主要依托村庄干道展开，形成有序空间脉络。村庄周边自然山水较少，一般为广袤的农田和林地，村庄由农田划分成若干个团块式聚落组团，布局较为紧凑，村内会有少量水塘点缀，适宜发展规模种植，如张庄寨镇的白楼村、孙圩子乡的徐里村等。

● 历史型

萧县历史文化悠久，乡村作其传承和积淀的载体，在发展演变中逐渐形成了特色的空间形态，村落从选址、建筑布局到单体结构顺应自然环境生长态势，就地取材，体现出朴素的生态意识，村落的内聚性较好，公共空间、半公共空间、私密空间序列丰富，设施丰富，适宜民宿文化旅游的发展、如杜楼镇的车牛返村、孙圩子乡的徐里村等。

（二十）乡村环境整治现状

萧县积极践行“两山理论”，以打造绿水青山、改善人居环境、提振乡村风貌、建设美丽乡村为目标，大力开展“四项”农村环境综合整治工作，但部分乡村仍存在环境脏乱差的问题，未来应通过特色塑造提升乡村面貌、旅游发展提升乡村品味、新兴业态提升乡村品质，成为乡村振兴的重要基础支撑（见图12–21）。

萧县实施的几个重要环境整治策略包括：“三线三边”环境整治，即针对铁路沿线、公路沿线、江河沿线及城市周边、省际周边、景区周边环境治理；“五净一规范”综合治理，即落实院内净、卧室净、厨房净、厕所净、个人卫生净和院内摆放规范，整治乡村环境；“三大革命”环境提升，即围绕农村垃圾、污水和厕所的突出问题开展专项环境整治，提升农村环境品质；“三清四拆”综合整治，即清生产生活垃圾、清污染汪塘、清除乱堆乱放，拆破危建筑、拆圈舍、拆旱厕、拆违章搭建，提振乡村面貌。

白土镇费村水系池塘　永堌镇郭庄村村边绿化　龙城镇王典村乡村道路　马井镇纵小楼村农家庭院　黄口镇瓦房村公共厕所

图12–21　萧县环境概况

（二十一）乡风文明建设概况

萧县将精准扶贫、三治两改、扫黑除恶、移风易俗与乡风文明相结合，结合乡村实际，因地制宜，通过乡风评议、乡贤文化、文化队伍、乡风文明理事会等方式大力推进乡风文明建设，提振了村民的精神面貌，塑造了良好的乡村社会风尚。此外，萧县还查处了各类涉恶涉黑案件，营造风清气正、文明和谐的乡村良好氛围。

萧县实行各类乡风文明建设的详细内容如下。

● 精准扶贫

开展“扶志、扶智、扶技”三扶活动，让自主、自立、自强成为贫困群众精神自觉。

● 三治两改

集中整治集镇规划区与县域环境，出重拳加大检查力度，保持社会稳定和谐。

● 扫黑除恶

查处各类涉恶涉黑案件，营造风清气正、文明和谐的乡村良好氛围。

● 移风易俗

倡导勤俭节约、厚养薄葬等优良传统和文明新风，引导群众转变观念、见贤思齐。

● 乡贤文化

建设乡贤馆，通过“知贤”“颂贤”，总结治村、治家嘉言懿行、善行义举，乡贤以身作则，倡导勤俭节约、艰苦奋斗等优良传统和文明新风。

● 乡风文明理事会

成立乡风文明理事会，推行厚养薄葬，抵制婚丧操办陋习，积极发动村民自主讨论制订村规民约，倡导群众破旧俗、树新风，让文明乡风惠民乐民。

● 乡风评议

围绕乡风主题建设，开展好媳妇、好婆婆、美德少年等评选活动，定期举办萧县好家庭、好家风、好故事演讲比赛，举办孝文化艺术节，通过爱心救助以及孝文化为主题的戏曲演出、书画笔会等活动，挖掘孝善文化。

● 文化队伍

组建农民篮球队、腰鼓队、广场舞队、乒乓球队等，开展具有农村特色、村民喜爱参加的趣味项目比赛，群众性文化活动带动了乡风转变。

（二十二）基层治理现状

萧县将“重农、强农、惠农”作为工作指引，以县党委、政府为核心，以村两委班子为基石，积极推进各项改革工作，如采用“一事一议”财政奖补、国家扶持村级集体经济发展、实行农村集体产权制度改革、进行农村“三变”改革试点。此外，萧县不断夯实基层队伍基础，例如，进行村级干部目标责任考核；开展“三严三实”工作专题教育；落实“三步走”基层党组织力提升；进行基层标准化建设，逐步形成了自上而下的一体管理机制，为乡村建设发展提供了坚实的领导力、牵引力、推动力和保障力。

为提高萧县领导力，当地积极组织推进“五星村党组织”建设，提高基层组织领导能力；坚持“四讲四有”行为规范，提高基层党员干部队伍业务过硬、作风优良的工作素质；落实“党员积分制”，为基层党建工作提供有效的管理和评价；推行“五制三问责”工作方法，强化干部作风建设。

为提高萧县牵引力，当地支持和鼓励农民就业创业，积极培育新型职业农民和农业经纪人；做好集体产权制度改革，建设农村产权流转交易中心，多渠道增加农民财产性收入；加快发展现代农业产业化联合体，着力培育家庭农场、农民专业合作社等市级以上示范农场、示范合作社。

为提高萧县推动力，当地聚焦服务中心工作，重视攻坚人才资源配置，引进技术创新人才助推乡村振兴；建立就业扶贫档案，促企业与农户转变思想并实现精准对接，为贫困群众提供就业岗位；开展乡村文化墙等文化设施建设，普及社会主义核心价值观，营造勤劳致富的社会风气。

为提高萧县保障力，当地开展“面对面”群众大会，直接面对面解决村民最迫切现实的各项问题；积极为群众发放印有办事程序和干部电话的便民服务卡，为群众办事提供最大程度的便利；践行“四心”信访工作法，做好群众反映问题的信访办理工作，将矛盾化解在初始、解决在基层，让群众安心顺心。

二、萧县乡村振兴的亮点

（一）农业产业发展亮点

通过对萧县各乡镇近几年产业发展现状分析，目前萧县以胡萝卜、葡萄等为主的优势农作物已基本形成规模化，以芦笋、甜瓜等为主的蔬果种植已基本实现设施化，孙圩子乡已实现万亩胡萝卜基地化种植，并达到了绿色食品A级认证基地标准，以新庄辣椒制种、马井芦笋和孙圩子乡胡萝卜种植为例，已经初步形成乡镇差异化发展格局，葡萄园艺种植基地和食品加工产业园联动化发展已初步呈现。此外，辣椒制种已经占全国辣椒种子市场的70%之多，具有较强行业竞争力，韭菜制种、胡萝卜育种研究、桃树育苗育种研究等果蔬育种产业也崭露头角（见图12-22）。

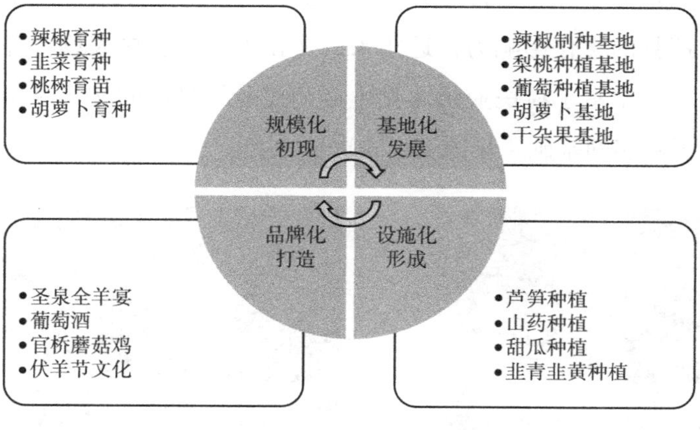

图12-22　萧县农业产业发展

（二）生态宜居环境优势

近年来通过对龙山、凤山、大沙河、黄河故道生态湿地等进行生态环境治理，萧县山清水秀、草深林密、物种丰富的大美印象已经初步彰显。通过对萧县各乡镇生态环境和建设环境整治，萧县村镇绿意盎然、整洁有序的小美风貌也已逐步显现，为绿色、生态、有机产业的发展及生态消费理念的培育奠定了良好的基础（见图12–23）。

山清水秀，草深林密的自然生态之美　　空间层次丰富、开敞收放自如乡村风貌之美　　凸显生态理念的绿色生态有机养殖业

图12–23　萧县生态环境概况

（三）乡风文明发展亮点

萧县历史底蕴深厚，以金寨文化遗址、汉画石像等为代表的历史资源丰富，以朱德群、萧龙士等为代表的人文资源众多，“中国书画之乡”的美誉名扬海内外，彰显了萧县的文化影响力；近年来，文化下乡、乡村大舞台等民俗活动不断开展，也极大丰富了村民业余文化生活，提升了村民的文化品位，为乡风文明建设奠定了坚实的基础（见图12–24）。

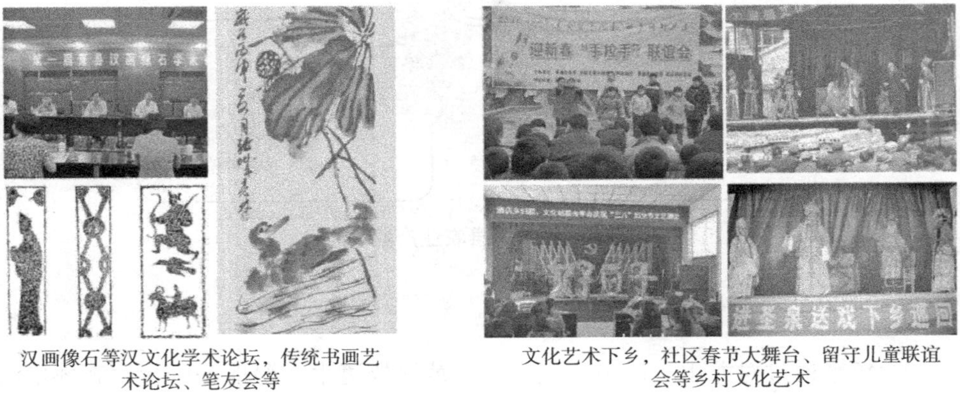

汉画像石等汉文化学术论坛，传统书画艺术论坛、笔友会等　　文化艺术下乡，社区春节大舞台、留守儿童联谊会等乡村文化艺术

图12–24　萧县文化一角

（四）乡村治理创新亮点

以杨楼镇为代表的整村推进工作，将建设用地集中到镇区或中心村成片开发，集约了建设用地，创新了土地整理机制。移风易俗服务中心（乡村婚嫁等礼仪），宗祠博物馆（乡村丧葬等礼仪），老人的养老、儿童的教育等公共配套设施、商业服务设施配套齐全。

以张庄寨镇海青村等为代表的土地连片规模化经营模式，激发了乡村发展新动力。当地将20世纪80年代土地集中连片、规模经营；进行“空心村”治理，居住向中心村集聚，绿化景观、文化服务等设施齐全。

以白土镇等为代表的村民土地入股模式，成立平台公司，统筹使用“三农”资金，集中力量进行重点产业开发建设。村民就地集中上楼，土地流转入股成立村平台公司，集中规模化经营。

不同类型的乡村治理创新方式为萧县乡村振兴有效治理体系建设奠定了基础，新型基础设施建设，如5G基站建设、城际高铁建设等方面也为乡村治理提供了新思路（见图12-25）。

杨楼镇：集中连片整村推进，移风易俗服务中心（乡村婚嫁等礼仪），宗祠博物馆（乡村丧葬等礼仪），老人的养老、儿童的教育等公共配套设施、商业服务设施配套齐全

张庄寨镇的海青村：现代农业发展模式，80年代土地集中连片，规模经营；“空心村”治理，居住向中心村集聚绿化景观、文化服务等设施

白土镇的费村：村民就地集中上楼，土地流转入股成立村平台公司，集中规模化经营

图12-25　杨楼镇、张庄寨镇、白土镇乡村治理

（五）生活富裕初现成效

以龙城镇王典村为代表的“三农”资源统筹利用模式能够让村民就地集中上楼，利用沉降矿坑开发养殖+垂钓休闲度假旅游，有效解决了农民就业问题，实现了村民致富增收。

以酒店乡绿色庄园项目为代表的“基地+农户+合作社”的模式，发展了设施农业，壮大了村级集体经济。这种项目发展“一村一品”村庄产业特色建设，以村为单位，由基地、农户、经济组织三者共同协作开展，并且在积极搭建的网络平台的加持和大数据中心的帮助下，扩宽了销售渠道，解决了农产品销售问题，增加了村民收益，壮大了村集体经济，最终实现共同富裕的目标（见图12–26）。

龙城镇的王典村旅游度假项目：村民就地集中上楼，利用沉降矿坑开发养殖+垂钓休闲度假旅游，就地解决村民就业，为村民创收

酒店乡绿色庄园项目：发展设施农业，壮大村级集体经济；发展“一村一品”村庄产业特色建设；以村为单位，基地+农户+经济组织；积极搭建网络平台，拓宽销售渠道，增加村民收益，造福村民

图12–26　龙城镇和酒店乡休闲项目

三、萧县乡村振兴的难点

（一）产业振兴难点

萧县推进乡村产业振兴，面临生产技术含量低、产业链较短、产品影响力弱、生产服务缺乏、机制建设滞后、发展动力不足等方面的现实问题。如何发扬农业大县传统，用好交通区位优势，面向内外消费市场，整合城乡特色资源，加快升级农业、融合产业、扶持品牌、提升配套、创新机制、打造平台，是萧县产业振兴的难点。

具体来说，产业振兴难点在于如何以系统思维，透过现象看本质，如何标本兼治，特别是重点发力。萧县虽然拥有丰富蔬果品种，但没有明确的主导产品，需要培育优势产业；拥有连片的规模发展，但实际上经营主体分散，需要树立区域品牌。另外，萧县缺乏涉农加工，是因为没有优势联动，需要统筹“三农”资源；缺乏冷库设备，是因为实施没有统筹，需要集中规模经营，并且提升生产方式；养殖业出现环境问题，是由于养殖模式落后，需要共享配套设施，进行三产联动，促进业态复合发展；科技投入不足，是因为发展缺乏效益支撑，需要扶持科技投入；对农村经济缺乏抓手，是因为缺乏平台整合，亟待整合平台加以辅助；受市场波动影响，是因为缺乏品牌营销；品牌利用不充分，是因为缺乏品牌主体。

（二）生态振兴难点

在生态振兴方面，萧县如何挖掘生态价值、创造生态效益、提升生态品质、彰显大美萧县印象是目前的难点之一。此外，萧县面临发展建设与生态环境保护之间的矛盾，需要为了实现经济发展与生态环境的和谐共生而努力，还面临着生态经济发展的机制体制创新难点，需要打造生态品牌，创新生态补偿与绿色金融。

为了彰显萧县生态价值，萧县应当解决原始生态林保护与旅游开发的矛盾、黄河故道生态湿地自然保护区保护与开发利用的矛盾、大沙河生态多元化建设与两岸现代化农业开发的矛盾，明确生态廊道依托设施，构建模式，明确生态机制体制创新方式、生态补偿机制完善方式、生态品牌培育模式。此外，吸引生态产业投资、打通投资渠道，吸引外部绿色龙头产业进入也是难点之一。在发展经济的过程中，同样不可以忽视环境治理，因此，山体进行生态绿化恢复、河流水域多样化生境恢复、种植业土壤污染问题和生态养殖业污染问题都是萧县亟待解决的生态振兴难点。

（三）文化振兴难点

在文化振兴方面，萧县面临如何复兴文像、打通文脉、挖掘文化价值、彰显萧县记忆、重塑萧县印象的难点；面临如何将文化记忆力转变为发展影响力，将文化发展影响力变为带动经济发展软实力的难点。这些难点需要萧县通过实现资源变资产、资产变资本，打造区域特色，提升区域品牌价值，打造内部联动发展新动能（见图12–27）。

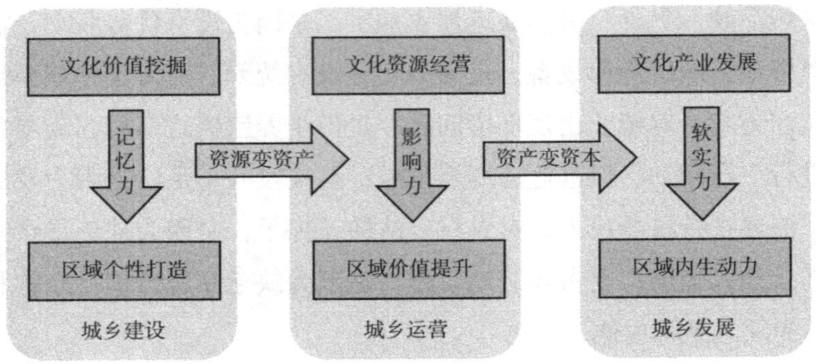

图12-27　萧县文化振兴难点

（四）组织振兴难点

在组织振兴方面，萧县面临的难点主要在两个方面：如何通过教育、培训、实践，提升党政机关干部综合素质和加强基层队伍建设；如何强化战略性平台建设促进外部龙头企业导入，推进内部经济组织结构整合，打通内部各层级经济组织联动发展渠道（见图12-28）。

图12-28　萧县组织振兴难点

（五）人才振兴难点

人才振兴方面的难点在于：如何构建产业教育培训体系，提升农民劳动技能；如何导入龙头企业、吸引乡贤和科研基地扎根乡村，解决高端科技和技能型人才引入；如何完善基础配套设施建设，发展休闲度假与养生康体产业，引入都市圈具有综合素质的新村民；如何搭建双创性平台，解决大学生回乡创业、乡村外出务工的服务型人才返乡就业问题（见图12-29）。

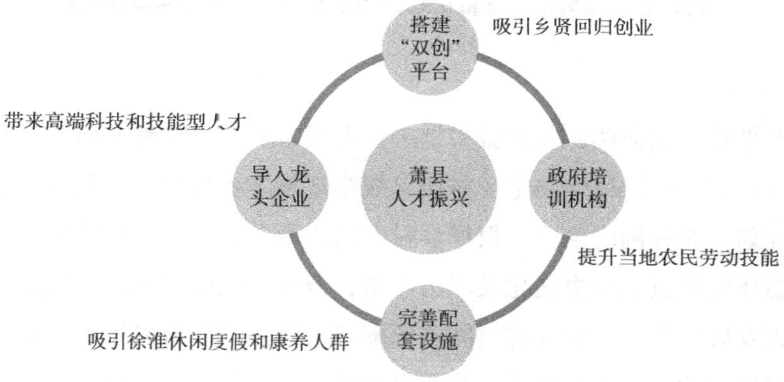

图12-29　萧县人才振兴难点

第十三章　萧县乡村振兴十大战略

习近平总书记强调，乡村振兴是一盘大棋，要沿着正确方向把这盘大棋走好，必须规划先行，科学制定乡村振兴战略规划。乡村振兴必须在法治的框架下依法规划，充分调研论证，根据乡村不同资源条件、主要功能区块、主要景观、生态环境特点、历史文化及习俗习惯，遵循、顺应规律，合理引导和把握乡村振兴发展趋势，综合安排空间资源配置。萧县乡村振兴始终贯彻十六重思维，制定出引领其发展建设的，具有科学性、综合性、引领性的十大战略，保障乡村振兴建设健康协调可持续发展。

系统创新乡村振兴战略体系，实施十大乡村振兴战略工程，全面激活乡村振兴动力源：

1.面向未来发展，创造新价值，系统推进乡村振兴战略重构工程，引导乡村产业集群、生态系统、文化价值、组织动力、人才体系全方位重构，开启乡村融合发展新篇章；

2.聚焦优势产业，创造新需求，发力乡村产业升级工程，有序整合乡村产业资源、创新产业体系、聚集产业空间、融合产业要素、创新产业业态，打造乡村特色经济新引擎；

3.统筹城乡发展，谋划新布局，持续推进全域贯通工程，因地制宜打造“一心二环、三河四库、六片区、五门户、七干线”乡村振兴示范框架，开创萧县全域发展新格局；

4.协调功能布局，规划新组团，深化部署产镇融合工程，因势利导支持产业片区、产业发展带、重点乡镇、特色乡镇、一般乡镇按规划协同发展，构建乡村联动发展新组合；

5.强化风貌管控，重塑新印象，精心实施美丽乡村工程，尊重乡村机理，彰显自然风貌、打造活力空间、导入美丽产业、风貌分区规划，营造和谐自然的大美萧县新品位；

6.提升综合环境，创造新体验，大力实施宜居乡村工程，强化生态、绿色、有机意识，坚持农业绿色发展、宜居村庄建设、生态环境整治，树立淮海生态经济发展带的宜居乡村新形象；

7.引导乡风文明，激发新记忆，系统实施文化振兴工程，挖掘文化资源、树立文化自信、传承历史文化、创新文旅开发、加强文化引导、完善文化设施、培养文化人才、培育文化品牌，注入乡村文化复兴新活力；

8.优化生产关系，植入新抓手，创新实施乡村振兴综合平台打造工程，构建县镇村利益共同体、变革现代生产方式、优化乡村治理体系，做实现代乡村自治新载体；

9.重组支撑节点，建设新乡村，扎实落实乡村振兴基础保障工程，通过优化乡村体系布局、完善公共服务体系、提升基础设施、丰富富民渠道，实现乡村富裕新面貌；

10.释放改革动力，探索新机制，务实探索乡村振兴机制创新工程，畅通乡村资源资产资本转换、创新乡村振兴赋能模式、增强乡村重大项目落地能力，转换乡村振兴新动能。

以十大战略促进萧县乡村产业兴旺、生态宜居、乡风文明、治理有效、社会富裕，不断总结经验示范，完善萧县模式，争取政策红利（见图13-1）。

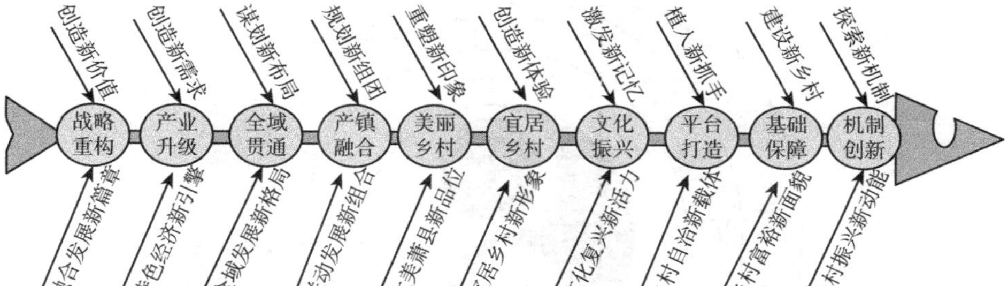

图13-1 萧县乡村振兴十大战略

一、创造新价值，推进乡村振兴战略重构工程，开启乡村融合发展新篇章

（一）产业集群战略重构

坚持聚焦特色，系统运用集群思维推动涉农产业与乡村经济集群化发展的

产业战略。从传统种植业、农产品初加工及收购贸易、采摘休闲旅游等既有产业基础出发，强化优势、补足短板。通过联动发展做实产业链，通过复合化发展做活创新链，通过平台化发展做通资金链。

将葡萄、水蜜桃、辣椒制种、水晶梨、有机芦笋、胡萝卜、白山羊等特色优势乡村产业做大做强、做精做优为支撑，植入科普教育、专业培训、文化创意、食品加工、检测溯源、健康养生、休闲旅游、认证赋牌、电子商务、共享配套等配套产业，打通科研、制种、种植、养殖、加工、物流、仓储、体验、结算、服务等各专业环节。

构建一批特色鲜明、优势突出，专业分工、业务联动，共投共享、共创共赢的萧县乡村经济复合集群，以及复合集群下的相互支撑、循环配套、多元增值、彼此赋能、风险自愈的生态圈。

发展一批质量上乘、规模领先的特色农产品，培养一批信誉天下、网通全国的特色商贸人才，打造一批影响行业、引领专业的特色示范基地，构建一批有行业发语权、定价权的交易结算平台，培育一批享誉全国、高附加值的地方标识品牌（见图13-2）。

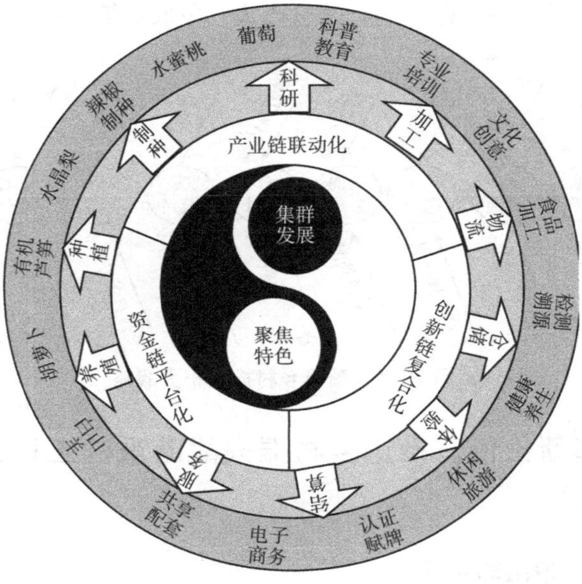

图13-2 萧县产业集群战略

（二）生态系统战略重构

基于山水林田湖等优越的自然生态环境条件，通过流域治理和环湖提升，山体绿化与沟峪打造，美化“两山、三河、四库区、两片区”自然生态资源格局，营造“圣泉山前白鹭飞、桃花流水鲤鱼肥，白宣纸、黑墨汁，春夏秋冬不思归”的大美萧县印象。

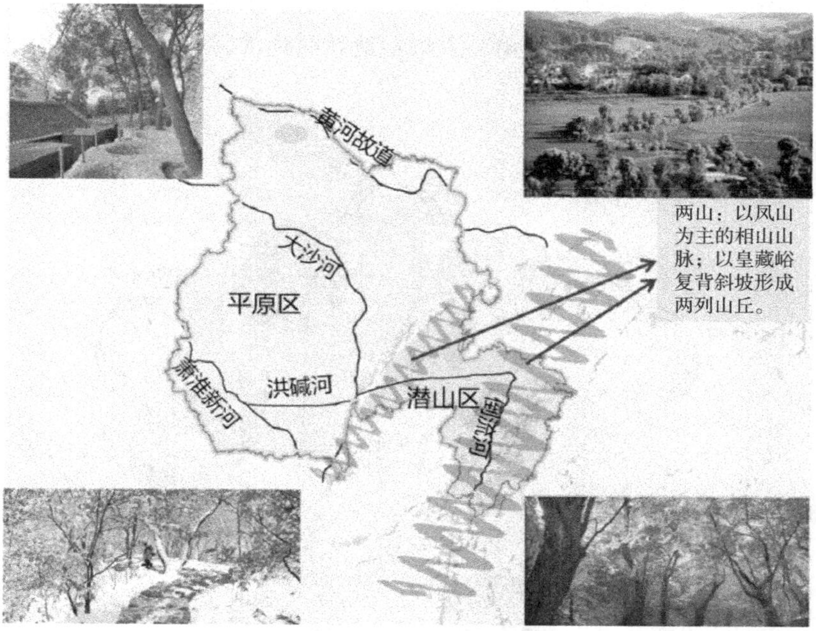

图13–3　萧县两山分布

注：两山：以凤山为主的相山山脉；以皇藏峪复背斜坡形成两列山丘。

为实现生态系统战略重构，应坚持三生互动的理念，践行“两山”理论，依托生态优势，大力发展生态经济。谋划大沙河、黄河故道、倒流河沿岸打造三条百里生态发展长廊；修复辛庄水库，并实施系列环水库综合休闲旅游开发项目；贯通圣泉的“圣山”、刘套的“名画”、杨楼的“秀水”、沿途的林果花海，打造一条享誉全国的山水文化大画廊；振兴沟峪经济，把皇藏峪、天门山等景区打造成淮海生态发展带知名的深呼吸景区；发展美丽产业，面向徐州都市圈消费需求打造官桥美丽健康田园小镇；做优有机农业，以葡萄、芦笋、山杏等优势打造一批绿色有机的生态农业基地与生态绿色品牌。

（三）文化价值战略重构

充分彰显汉文化的民族文化自信、孝文化的地域民风淳朴、伏羊文化的养生民俗健康、朱陈之好的婚姻观念文明和书画之乡的民间艺术高雅。挖掘萧县特色文化积淀，引领文脉传承发展，激活文像记忆承载，进而创新节庆体验开发，植入品牌振兴重塑，带动萧县人民塑造新时代的新价值观，活化萧县文化印象（见图13–4）。

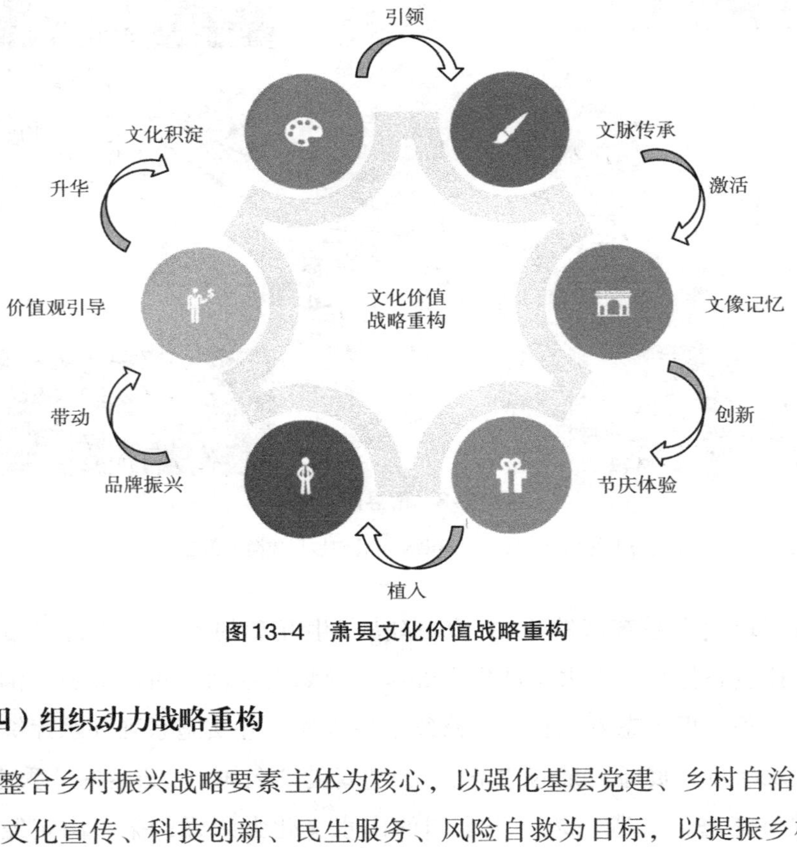

图13–4　萧县文化价值战略重构

（四）组织动力战略重构

以整合乡村振兴战略要素主体为核心，以强化基层党建、乡村自治、产业协作、文化宣传、科技创新、民生服务、风险自救为目标，以提振乡村两委能力、打造乡村振兴战略平台和培育乡村社团为抓手，构建多元乡村振兴组织体系。

重点是规划和培育好县级乡村振兴要素培育中心平台、乡镇级产业集群培育系列平台、村（社区）项目实施系列平台。并依托乡村振兴战略综合平台与龙头企业构建发展联盟、与家庭农庄繁殖产业基地、与合作社培育产业主体、与自治组织建设乡村社区，联合各级、各行、各类组织力量，为萧县乡村振兴提供投融资服务、项目孵化服务、人才建设服务（见图13–5）。

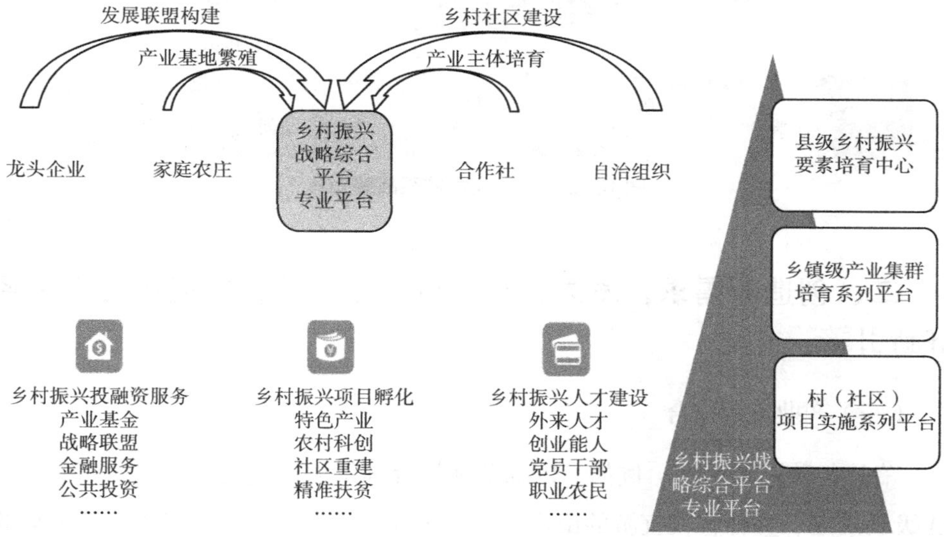

图13–5　萧县组织动力战略重构

（五）人才体系战略重构

建立和完善乡村振兴的育人、留人、引人、用人的配套机制和功能平台。大力发展乡村振兴学院、职业技术学院、乡村联盟组织、乡村双创空间、乡村特色产业基地等，重要乡村振兴人才聚集载体。通过加强两委建设、大学生村官、对口派驻等，把党员干部培养成乡村综合振兴的带头人；通过鼓励乡贤归回、返乡创业、返乡就业等，把创业能人打造成乡村经济振兴的生力军；通过职业教育、职业培训、技艺传承等，把职业农民提升为乡村服务振兴的专业骨干；通过创新校地合作、人才引进、市民下乡等，把外引人才塑造成乡村智慧振兴的领军者（见图13–6）。

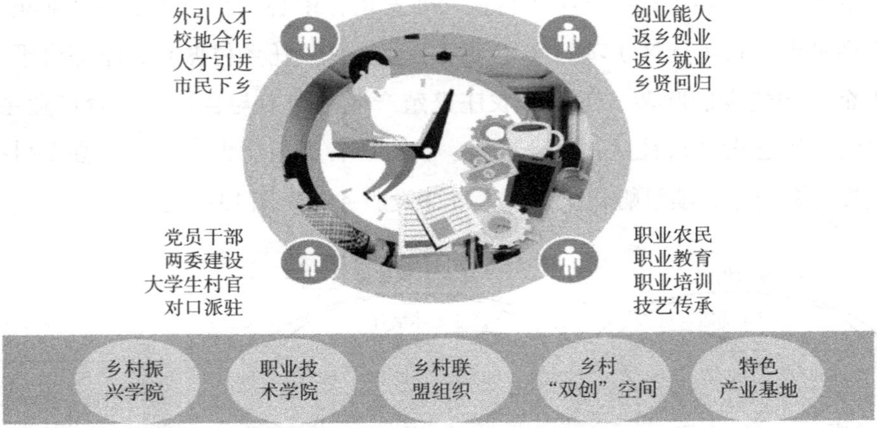

图13-6　萧县人才体系战略重构

二、创造新需求，发力乡村产业升级工程，打造乡村特色经济新引擎

（一）产业资源整合

萧县各种资源丰富，例如，以葡萄和桃等林果生产基地、徐州西郊唯一的5A级风景区、宜种宜牧宜游的山水系统等为代表的自然资源，以中心镇聚集的农村人口、县乡农产品企业务工人口、农业经纪人等服务业人口等为代表的人力资源，以萧县食品工业园、乡镇各类农产品生产企业、乡镇农副产品特色加工企业等为代表的企业资源，以辣椒制种为代表的种业技术、出口食品制造等深加工技术、萧县羊肉为典型的餐饮技术等为代表的技术资源，以拥有悠久历史的书画之乡、葡萄和白山羊等地理标志商标、剪纸石和刻坠子农民画等非物质文化遗产等为代表的文化资源，以周边张江都市市场、萧县—沿海城市快捷物流网、萧县—京沪3小时高铁旅游圈等为代表的市场资源。

以乡村产业升级为主要方向，充分开发和利用自然、人力、企业、技术、文化、市场等既有涉农产业资源，推进产业现代化、集约化、科技化、复合化、平台化、联动化、品牌化，重点发力特色资源集聚、特色企业孵化、特色产品推广、特色品牌维护，结合各片区、乡镇的产业发展条件和特色，加快构建生态经济引导下的新型乡村产业体系（见图13-7）。

图 13-7 萧县产业资源整合

（二）产业体系创新

综合利用涉农产业发展资源，构建生态经济引领下的乡村振兴产业体系。以现代化生态农业为方向，发展乡村第一产业，引导扶持高端林果种植、有机时蔬种植、特色农业制种等；以特色农产品加工业为方向，发展乡村第二产业，引进培育蔬果休闲食品加工、酱料与调味品加工、酒饮制品加工、蔬果罐头等；以现代乡村服务业为方向，发展乡村第三产业，集聚农业节庆与特产博览、农村电商、农产品冷链仓储等；以农文旅融合为方向，发展乡村第六产业，鼓励生态休闲观光、健康养生体验游、农村文化科技创意等。

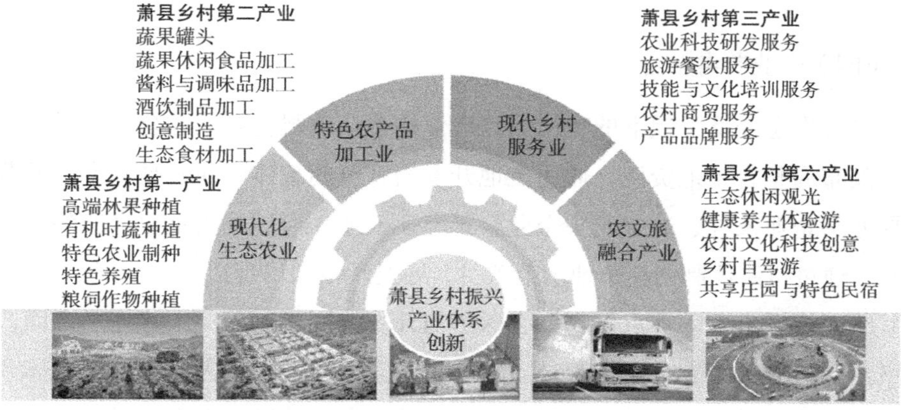

图 13-8 萧县产业体系创新

（三）产业集聚发展

依托北部黄河故道沿线以水晶梨、辣椒制种等的优势，东南山区以葡萄、白山羊等的优势，中部及沙河沿岸以黄桃、胡萝卜等的优势，西南农区以芦笋、肉鸭等的优势，持续推动萧县农业向规模化、集聚化、基地化发展。加快产业向园区化升级，引导种养主体、加工企业、服务机构等产业主体按规划聚集发展、联动发展，高标准建设一批育种基地、生产基地、养殖基地、加工基地、物流基地、商贸基地、乡村特色工场、电商基地等产业载体，并通过优势产业要素中心、特色产业发展带、精品乡村旅游线路等强化整合力和辐射力（见图13–9）。

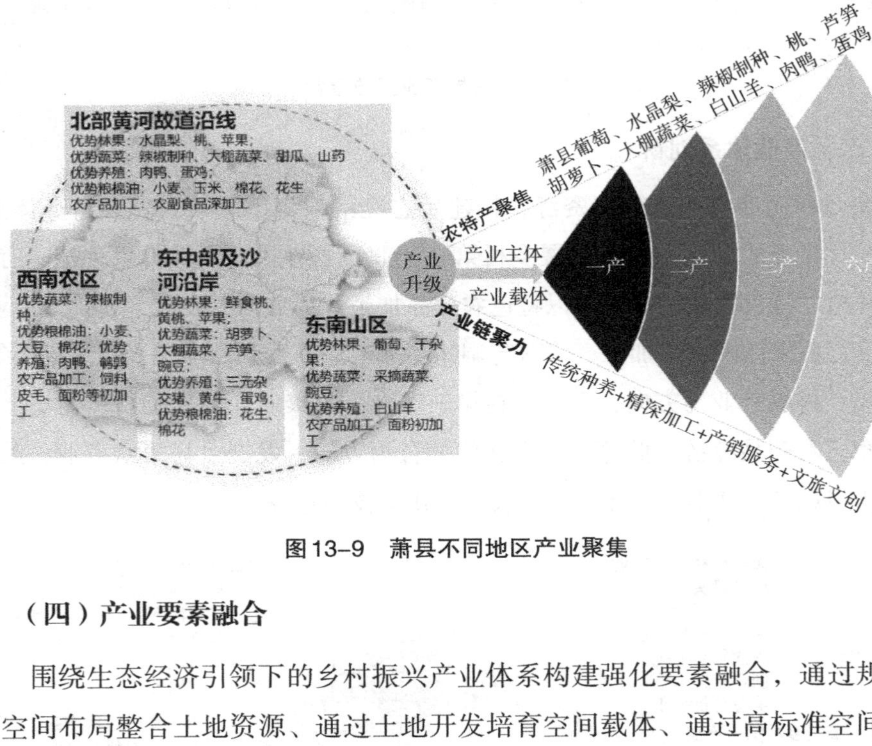

图13–9　萧县不同地区产业聚集

（四）产业要素融合

围绕生态经济引领下的乡村振兴产业体系构建强化要素融合，通过规划引领空间布局整合土地资源、通过土地开发培育空间载体、通过高标准空间载体引导龙头企业入驻、通过龙头企业聚集专业人才、通过龙头企业合作创新机制体制、通过机制体制创新落地示范项目、通过示范项目带活乡村经济。

制度体系方面，重点创新生态保护与开发协同机制等；人才体系方面，重点培养现代农民、农技服务人员、农业经纪人、社区管理人员等；平台体系方面，加快建设县级产业要素中心平台、乡镇特色产业服务平台、村庄及社区合作社平台；龙头企业方面，积极吸引和培育智慧化农业种植企业、特色农产品加工企业、农村生产科技服务企业、田园综合体运营企业；产业载体方面，着力建设特色小镇、田园综合体、主题庄园、社区双创空间；项目示范方面，推动落地农技创新、生态农业、文旅融合、社区双创等（见图13-10）。

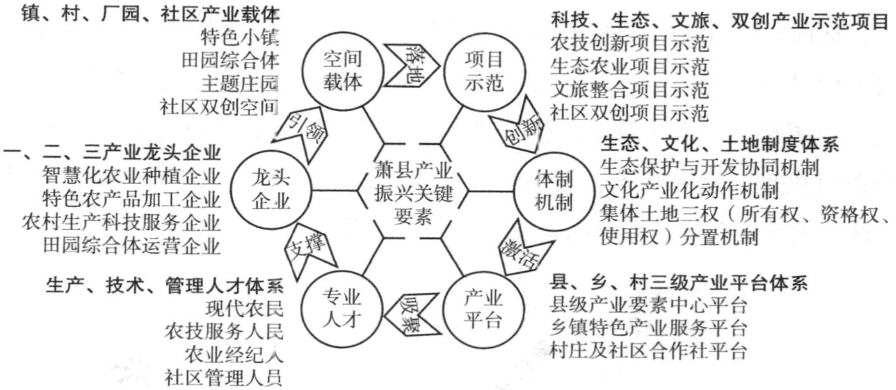

图13-10　萧县产业振兴关键要素

（五）产业业态创新

以促进乡村经济和产业业态融合创新为目标，引导乡村业态特色化、主题化、综合化、多创化发展，规划一批特色小镇、田园综合体、双创空间、主题庄园等新型产业业态。重点打造官桥美丽健康科创小镇、圣泉伏羊文化小镇等特色小镇业态，谋划布局倒流河文旅项目体验带、沙河农业旅游休闲带等田园综合体业态，积极建设乡村创业工场、乡村传承工坊等多创社区业态，大力发展乡村美食文化庄园、美丽乡村风情民宿庄园等主题庄园业态（见图13-11）。

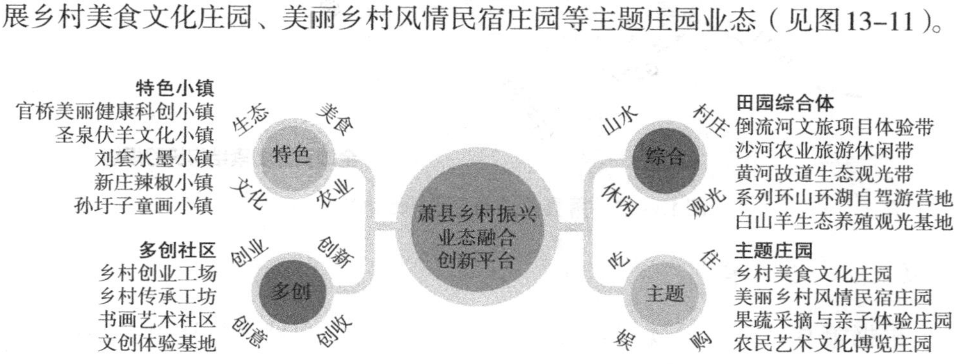

图13-11　萧县乡村振兴业态融合创新平台

三、谋划新布局，推进全域贯通工程，开创萧县全域发展新格局

（一）空间格局重构

实现萧县乡村振兴目标，需要秉持全局全域思想对整体空间格局进行规划建设，从而对接2050年目标。承载萧县价值重构、战略重构、产业重构，以一域贯通促进全域乡村振兴发展为目标，推进城乡空间格局重构，综合萧县地形地貌、资源禀赋、文化脉络，依据现状产业分布、人口空间分布、交通状况，结合镇村机理、发展基础、发展定位，构建“一心两环、三河四库、五门户、六片区、七干线”的城乡空间发展新格局（见图13-12）。

图13-12 萧县全域资源要素结构统筹规划

（二）一心二环

根据萧县城乡建设规划等，依托萧县县城建设现状，打造萧县县域要素集聚中心；依托现状国道、县道、乡道，打造西北、东南大小两个公路交通环

（见图13–13）。

● 一心

根据乡村振兴战略规划和城乡建设规划，结合产业战略发展要求，依托萧县县城，打造县域产业要素集聚中心。

● 两环

依托现状国道、县道、乡道进行优化升级，形成东北、西南一大一小内部交通两环。

西北大环：依托现状国道G237、县道或省道S238、环城公路、县道、乡道等形成萧县内部环状交通道路，将县城、圣泉乡、刘套镇、白楼镇、新庄镇、黄口镇、酒店乡、大屯镇、张庄寨镇、石林乡、青龙镇、孙圩子乡、丁里镇等有机串联起来。

西南小环：依托东南潜山区现状乡道和规划道，打通白土镇、官桥镇、庄里乡和永固镇的交通联系环。

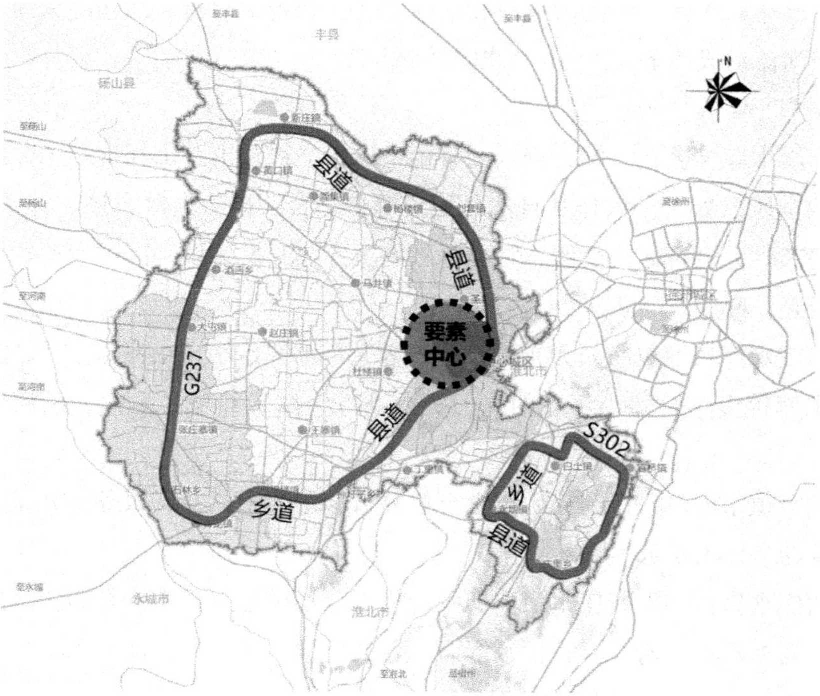

图13–13　萧县“一心两环”示意图

（三）三河四库

萧县地处淮河流域，水面面积约20.25万亩；南部潜山区山脉属于大别山山脉尾部，皇藏峪、凤山等形成了东南潜山区，雨水因地形自然汇集，形成了永堌水库、龙城镇水库群、马庄水库群等多处水面和季节性河流水系；再结合萧县北部黄河故道和中部大沙河形成了“三河四湖”的生态水系大格局，为萧县乡村振兴提供了丰富的水资源（见图13–14）。

● “三河”

黄河故道：地处萧县北部苏皖交界，是省级自然保护区，保护区总面积32平方千米，保护区内属于湿地类型自然保护区，主要保护对象为湿地生态系统和珍稀鸟类等生态资源。

大沙河：发源于砀山县唐寨镇北黄河故道南侧，向南流过陇海铁路后折向东流，由西北向东南纵贯萧县境，于萧县南部孙庄节制闸注入萧濉新河。全长66.1公里，流域面积488.6平方公里。

新笑（萧）河：依托倒流河和萧濉新河，利用中间新运河和洪碱河，打通这几条河流形成一条人工与自然相融合的河流。

● “四湖” / “四库”

永堌水库又名花果湖：镶嵌在官山、凤山、铙跋山三山怀抱之中，山水辉映，四季风景如画。依托其自然环境资源，结合其周边名胜古迹、神话传说、文物遗产等，进行休闲度假、宜养等旅游服务业开发建设，借以带动永堌镇的乡村振兴。

马庄水库群：以官桥镇前白村马庄水库为核心，充分挖掘周边张庄水库、杏山水库等多个自然小水库的水力资源条件，发展养殖、垂钓、民宿等复合产业。

龙兴镇水库群：以废弃矿坑生态修复再利用为主，发展服务于城镇居民休憩、垂钓、休闲娱乐等服务业。

新庄水库：结合新庄镇历史和发展需求，在原址上重新修复新庄水库，以达到“夏季排洪防涝，春秋蓄水灌溉”目的要求，从而促进新庄镇实现“产业兴旺，治理有效”乡村振兴战略要求。

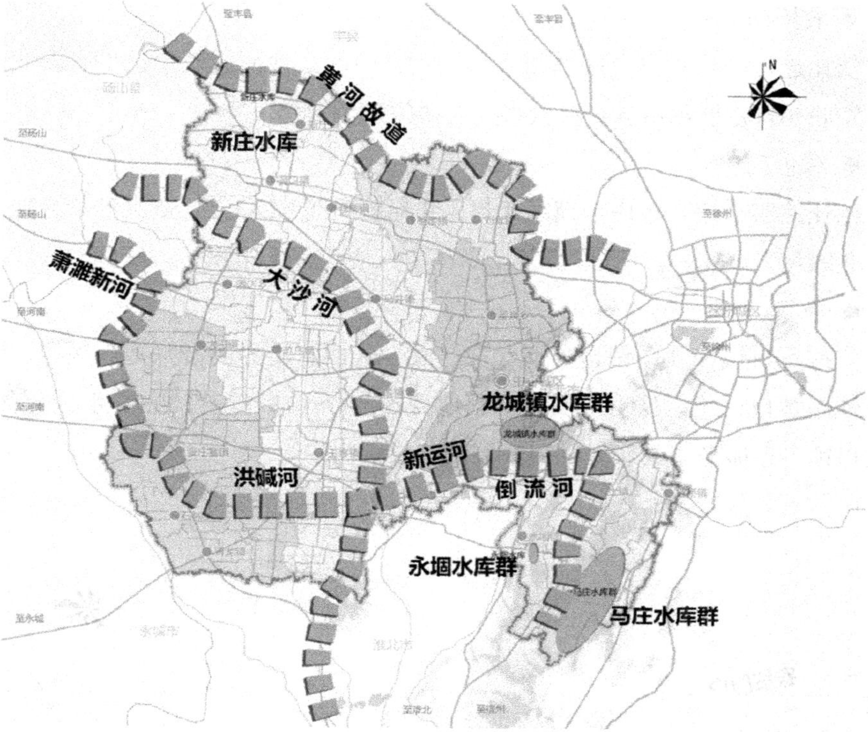

图13-14　萧县全域水资源统筹规划

（四）五门户

依据乡村振兴战略产业发展空间布局，结合萧县现状综合道路交通和区域综合交通规划，打造面向徐州开放门户、产业门户，南部面向淮北市农博门户，西部张庄寨镇绿色门户，西北农贸门户，形成萧县五个门户（见图13-15）。

● 开放门户

根据宿州综合交通规划，结合萧县东接徐州、南接淮北的特色地理区位，依托徐州外环交通快速通道和萧县北站即郑徐高铁站，打造人流、物流、信息流集聚、发散的综合对外开放门户。

● 产业门户

借助东南部皇藏峪风景区的生态和文化资源，结合西南部潜山区特色地形地貌和农业资源，依托连霍高速出入口和省道S238，打造文旅、农旅联合发展的产业门户。

● 农博门户

依托连霍高速丁里镇高速出入口，结合中部大沙河流域现代生态农业博览片区发展，打造展示萧县乡村振兴的农博门户。

● 绿色门户

依托连霍高速在张庄寨镇出入口，再结合国道G237，打造服务萧县现代生态农业绿色发展门户。

● 农贸门户

依据黄口镇和新庄镇地处鲁、豫、皖、苏四省交界的特殊地理区位，依托陇海铁路黄口镇货运站，以及黄口镇地处国道G310和省道S302交汇区位优势，在黄口镇打造服务萧县农贸物流发展区的农贸门户。

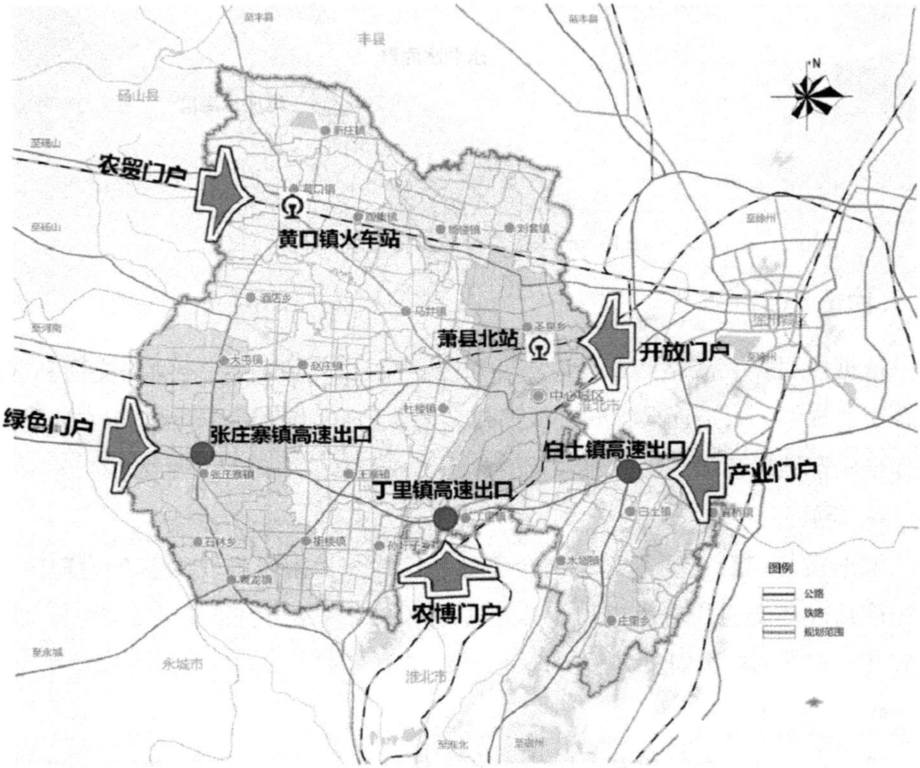

图13-15 萧县全域经济发展片区规划

（五）六片区

依据乡村振兴战略空间统筹发展，结合战略产业体系规划，依托萧县现状产业生产方式、空间分布等，规划西北部特色农工贸综合发展区、东北部生态文化融合发展、东部城乡三生互动发展区、东南农康旅联动发展区、中部高端农博复合发展区、西南现代种养加结合发展区，共六大发展片区（见图13-16）。

● 城乡三生互动发展区

本区位于萧县东中部，主要由圣泉乡、龙城镇和县城中心城区构成；片区东部紧邻徐州市淮海经济区中心城，未来形成萧县城乡“生产、生活、生态”三生互动发展区。

● 都市农康旅联动发展片区

本区位于萧县东南部潜山区，主要有白土镇、官桥镇、永堌镇、庄里乡四个乡镇，东西向连霍高速、省道S408从其北部通过，南北有京台高速和省道S406、S407、S101等多条快速交通道路，区域内外交通道路联系便捷，区位优势明显；便于外部联动徐淮、内部联动景区，形成都市农康旅联动发展区。

● 生态文旅融合发展片区

本区位于萧县东北部，主要有杨楼镇、刘套镇两个镇。东西有陇海铁路、国道G310贯穿，东接徐州市区，北部隔黄河故道与徐州丰县相邻，区位优势明显，未来对接徐州形成生态文旅融合发展区。

● 特色农工贸综合发展区

本区位于萧县西北部，主要由黄口镇、新庄镇、阎集镇三个乡镇构成；片区东西有陇海铁路、国道G310贯穿，南北有省道S302在片区中部通过，沙河流经片区南部，西接砀山县，北部隔黄河故道与徐州丰县相邻，综合区位优势明显。

● 高端农博旅复合发展区

本区位于萧县中部，主要有酒店乡、马井镇、赵庄镇、杜楼镇、王寨镇、孙圩子乡、丁里镇共七个乡镇，通过大沙河把七个乡镇串联起来，形成串珠式空间发展形态。

● 现代种养加结合发展区

本区位于萧县西南部，主要由青龙镇、石林乡、张庄寨镇、大屯镇共四个乡镇构成，片区西部与河南永城接壤，南部与淮北市接壤；南北有国道G237贯穿，东西有连霍高速通过，且在张庄寨镇有出入口，区位独特。

图13–16　萧县全域经济发展片区规划

（六）七干线

高速铁路和轨道交通是新型基础设施建设的重要内容。萧县依托其对外综合交通布局现状，结合内部资源要素空间分布，对外交通已经形成了陇海铁路、郑徐高铁、符夹铁路、徐宁城际三条铁路干线，连霍高速、两条国道（G310、G311）和一条省道S302等形成四条公路交通干线，全域形成了七条干线，为萧县乡村振兴实现产业兴旺，发展外向型经济奠定坚实基础（见

图13–17)。

● 陇海铁路

陇海铁路是贯穿中国东、中、西部即华东、华中、西北最主要及最重要的铁路干线，也是从太平洋边的中国连云港至大西洋边的荷兰鹿特丹的新亚欧大陆桥的重要组成部分。黄口火车站处于皖北，在安徽最北部，离连云站270公里左右，离郑州站350公里左右，是皖北较大的物流和客运中转站，为萧县乡村振兴发挥着重要的支撑作用。

● 郑徐高铁

郑徐高铁是徐兰高铁的一部分，徐兰高铁是一条连接徐州市与兰州市的高速铁路，是国家《中长期铁路网规划》中“八纵八横”高速铁路主通道之一，萧县北站是其重要客运中转站，增强了萧县人流、物流、信息流的流通速度，加快了萧县生产、生活方式转变速度。

● 符夹铁路和规划轨道交通

符夹铁路扩能改造后，不仅是陇海、京沪、京九三大路网干线间的货运联络线；同时也并列规划增加徐淮轨道交通，使其成为南北重要的客运通道，大大缩短了萧县到合肥、上海等时间，还增加客运列车车次。

● 连霍高速

该高速是连云港到霍尔果斯的高速公路，国家“一带一路”倡议的重要交通大动脉，是中国最长的高速公路。连霍高速自萧县南部通过，且在张庄寨镇、丁里镇、白土镇都有出入口，为萧县创造了便捷的外部交通条件。

● 2条国道：G310和G311

依托国道G310和G311，不仅为萧县创造了便捷的外部交通条件，也弥补了内部交通联系的不足。

● 省道S302

省道S302是自徐州市铜山区，经官桥镇、白土镇、县城、马井镇、黄口镇等，从新庄镇西部出安徽省，向北到江苏丰县，是区域旅游专线，为乡村旅游业兴旺提供了便利的交通条件。

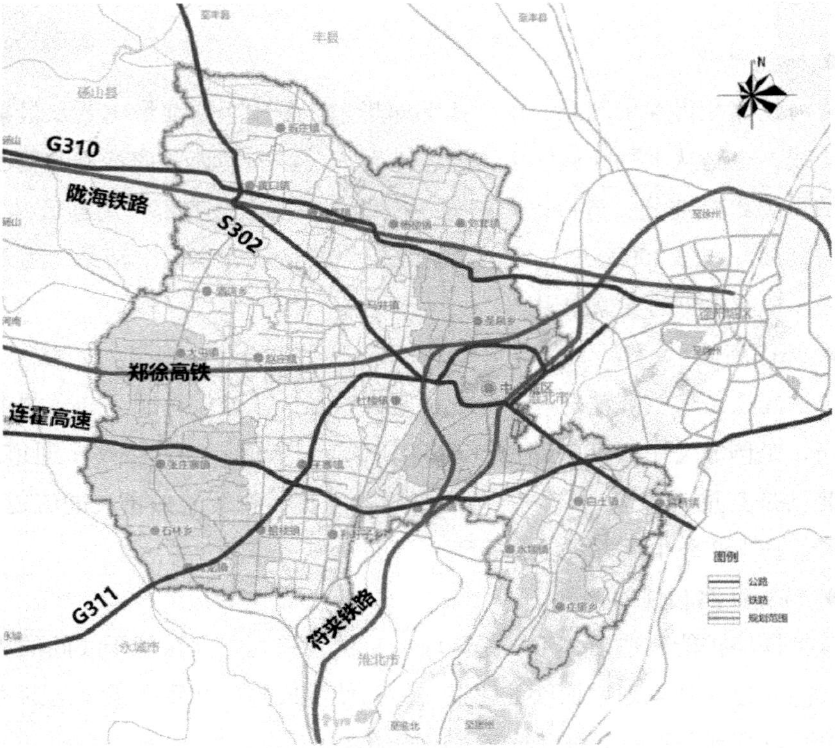

图13-17　萧县全域七条交通干线

四、规划新组团，部署产镇融合工程，构建乡村联动发展新组合

根据萧县各乡镇现状产业发展方向和发展方式，按照“联合、复合、融合、统合、综合、集合”的发展理念，结合城乡空间统筹规划和现状产业发展优势，构建六个产业发展片区，每个片区乡镇和乡村建设发展根据该片区产业发展进行职能定位（见图13-18）。

● 城乡“三生互动”发展区

本区主要包括萧县龙城镇、圣泉镇全部范围。利用地处县域中心区和邻近徐州主城区的区位优势，发挥萧县乡村振兴资本要素、科技要素、文化要素、人才要素、创新要素等产业要素中心的作用，承接城市功能外溢、满足城市新消费需求，扩大萧县食品工业园等涉农企业集聚区规模，引领萧县三生融合、产镇人文融合、城乡一体化发展，整合物流、人流、信息流与文化交流，打造萧县开放门户。

● 都市农康旅联合发展区

以服务徐州都市圈为目标，发展面向未来消费趋势与大都市消费外溢的新产业新业态，打造健康美丽产业生态圈；激活倒流河沿线丰富的山水人文资源，大力发展现代都市观光体验型、生态有机康养型现代农业，打造富有地域风情感的庄园经济形态是萧县对接徐州的桥头堡和萧县开发区与皇藏峪景区的核心辐射区，是萧县产业发展的主门户。

● 生态文旅融合发展区

位于萧县东北部，主要由杨楼镇、刘套镇组成，充分叠加临近黄河故道的生态优势、中国防腐蚀产业基地的传统产业优势、书画之乡的文化产业基础，以生态经济发展为主动力，加速萧县充分融入徐州生态文旅产业发展区。

● 特色农工贸综合发展区

发挥集中特色连片果园和辣椒制种的优势，引导优势产业品牌化和平台化发展，做大做优现代农业；发挥传统区域性商贸优势，引导传统市场聚集化、专业化发展，适应新趋势转型升级；发挥省级回乡创业园的优势，打造乡镇企业摇篮和农民就近就业基地，做精做强特色乡镇工业，走农工贸综合发展道路，打造萧县农贸门户。

● 高端农博旅复合发展区

规划大沙河生态发展带，争创国家级现代农业公园，沿河贯通串联各乡镇，沿线结合优势产业串珠式布局系列农业综合体与主题博览园，通过特色农业园区化发展，引导周边乡村重构集聚，激活萧县南北联动发展大动脉，走高端农博旅发展道路，打造萧县高度农博门户。

● 现代种养加结合发展区

发挥萧县西南乡村绿色腹地，聚焦绿色发展和生态经济，提升特色连片农业基地，整合乡村零散畜禽养殖，聚集各类加工实体，引入龙头企业，打造现代规模化种养加基地，走种养加一体化的生态、绿色、有机循环农业发展模式，打造萧县绿色发展门户。

附　录

泛华乡村振兴实践案例集

案例1：习近平总书记点赞泛华集团策划的“柞水木耳”扶贫产业

小木耳，大产业。习近平总书记2020年4月20日在陕西考察调研时点赞柞水木耳。

泛华集团策划的《柞水木耳小镇田园综合体》项目，以“柞水木耳”品牌战略拉动地方主导产业，顺应消费升级和创新发展的时代步伐。这是充分解读习近平总书记对乡村振兴“把强县和富民统一起来，把改革和发展结合起来，把城镇和乡村贯通起来”要求的有效实践。泛华集团与陕西中博农业共同合作，在乡村振兴中实干担当，创新发展食用菌产业，稳步促进贫困户增收，用实干诠释了“小木耳，大产业”。

20日下午，习近平总书记来到位于陕西南部的商洛市柞水县金米村，调研脱贫攻坚情况，并实地考察金米村产业扶贫成果。金米村地处秦岭深处，近年来依靠发展木耳等产业摆脱了贫困。

在村培训中心，几位村民正在做网上直播卖货的准备工作，总书记走到直播平台前，同他们亲切交谈起来。他表示，电商作为新兴业态，既可以推销农副产品、帮助群众脱贫致富，又可以推动乡村振兴，是大有可为的。

金米村是传统的山区农业村，总面积17平方公里，耕地948亩。曾经因“山上有金、地上有米”而得名的金米村，囿于交通不便，土地稀少，成为柞水县有名的贫困村，全村建档立卡贫困户188户553人。

为了拓宽贫困群众的增收渠道，金米村将木耳产业作为脱贫攻坚主导产业，引进陕西中博农业等农业龙头企业，建成木耳大数据中心、年产2000万袋的木耳菌包生产厂和1000吨的木耳分拣包装生产线，发展5个智能连栋木耳大棚。户户有产业、人人有活干，贫困户通过自己的劳动换回“真金白银”，使木耳成为脱贫致富的“金耳朵”。

泛华集团策划的《柞水木耳小镇田园综合体》项目，以“柞水木耳”品牌战略拉动地方主导产业，顺应消费升级和创新发展的时代步伐。这是充分解读习近平总书记对乡村振兴“把强县和富民统一起来，把改革和发展结合起来，把城镇和乡村贯通起来”要求的有效实践。

泛华认为，乡村振兴发展应站在县域经济的全景视角下，运用战略思维、系统思维和项目思维，构建四化融合、四生协同、四层结构的城乡融合发展的价值体系。泛华在乡村振兴战略中有四个核心观点：一是研究城市经济、产业的发展路径，通过三产带动一产二产，用“三一二”的产业发展路径打通产业链，带动地方的规模效应；二是以品牌战略为驱动，通过溯源、认证、智慧农业等打通文脉与商脉，形成新的产业集群，激励园区带动新型城镇化发展；三

是打造数字经济下的平台经济，数字化带动地方产业全面升级，比如用网红经济、智慧物流等带动新零售，打造第三产业的总部结算中心；四是围绕带重点镇带动一般镇，实现美丽乡村的区域产业发展体系。

全新的商业模式，对社会、经济和企业的影响巨大。特色农业创新发展路径应该借线上流量变革产业生态，借平台经济提升供应链管理，借品牌溯源认证塑造地方交易结算经济。要充分认识特色农产品优势区建设的重要性，扎实推进特色农产品优势区建设的重点工作。要重新审视经济与产业的发展，运用数字经济加快产业革新的步伐，发挥平台经济作为农产品供需连接器的作用和价值，加强特色农产品品牌溯源认证，重构现代农业产业生态，朝向智慧化、场景化等方向不断迭代升级，最终形成带动区域经济发展与精准扶贫，实现强县与富民统一，城镇与乡村贯通，改革与发展结合的主要路径。

泛华集团将继续与陕西中博农业共同积极探索搭建柞水木耳电商销售平台，延长木耳产业链，研究培育具有柞水特色的新菌种。希望能进一步促进柞水木耳品牌化，提升产品附加值，让柞水木耳带富百姓、走向世界。

案例2：黑龙江乡村振兴实践

1. 产城融合投资建设运营模式助力海林腾飞

1.1 初识海林

“林海雪原”“中国雪乡”“中国虎乡”“中国猴头菇之乡”……一串串响亮的名字都属于这个资源丰富，生态优良，集国家可持续发展实验区、联合国可持续城市计划试点市、中国特色魅力城市和中国优秀旅游城市于一身的城市——黑龙江海林市。这个靠近俄罗斯的一个边陲小城，一个原本默默无闻的县级市，却因为一个经济开发区的建设而名声大振。2010年，海林经济开发区升级为国家级经济技术开发区，成为全省学习的榜样，海林的经济也因此快速发展，在全省名列前茅。海林与泛华集团合作共创的“海林模式”“海林速度”成为黑龙江省委省政府要求在全省学习推广的样板。以模式引领、政企合作、产业聚集、创新驱动，合力共创的“海林模式”，带动了整个地区社会经济的持续发展。

海林曾在1992~1995年连续4年综合实力位居全省“十强之首”。然而1995~1997年伴随国有企业改革，企业兼并破产，海林的经济出现下滑。海林经济亟须有一个新的增长极来带动，海林市政府将希望寄托在海林经济开发区身上。2002年海林经济开发区开始筹建。2003年海林依托其资源、生态、区位三大优势，被批准为国家可持续发展试验区、黑龙江省生态农业开发区及高新技术产业化基地，成为国家及黑龙江省政策、资金及产业扶植的重点地区。

但此时海林面临的发展难题，是资金的短缺，开发区的基础设施建设遇到瓶颈，同时，当时对开发区的定位是生态农业开发区，高新技术产业化基地的定位也由于缺乏基础，招商遇到困难。通过一年多的实践证明，生态农业开发区及高新技术产业化基地的定位，对城市经济没有起到拉动作用。海林市政府开始寻求新的突破，希望借助与外部力量的合作，使开发区和城市经济建设走出低谷，加速开发区建设，提升开发区的档次，使城市跨越式发展。

1.2 合作过程

泛华集团独特的城市发展创新模式吸引了海林市政府，2004年7月，海林市政府与泛华集团建立战略合作伙伴关系，共同组建了国有控股公司——海林市新城区开发有限公司，采取产城融合投资建设运营模式来经营海林新城区（即经济开发区）。泛华集团通过多年探索，提出了“两商”经营模式，即“城市发展投资运营商”和“建设领域系统服务商”，其宗旨是为城市创造价值，实现城市可持续和跨越式发展。城市发展创新模式直面城市建设发展之惑，通过系统规划展示城市未来，站在区域协同的高度，根据当地的自然资源秉赋、产业的优势、资源要素的整合、城市人口的聚集、区位的优势、差异性和后发优势等，充分研究和确定战略定位，进行正确的产业选择，并以金融进行引导，再落实到在空间蓝图以及空间功能布局上，具有很强的可操作性，也具有很好的执行稳定性，成为指导城市建设发展的纲领性文件。通过完善城市投融资平台、产融结合、金融工具创新、打造城市造血机能的创新理念，以系统规划为先导，以金融为主线来引领城市建设发展。

杨天举董事长出席“龙江发展论坛”，并作专题报告，黑龙江全省推广泛华模式

1.3 谋划海林

优势叠加，助推发展。2004年7月，泛华集团采用其独特的城市发展创新模式，参与到海林市的城市发展当中，与海林市政府共同打造和经营了一个15平方公里的经济开发区。从战略发展规划的角度，对整个开发区进行区域发展战略定位，制订发展战略目标，确定实施路径和时序，进行战略规划、产业规划、空间规划、投融资规划和重大项目规划等。

泛华的系统规划，明确了海林的发展定位，完善了规划体系。海林因林而立，因林而兴，自然资源富集，生态环境优良，历史文明悠久，文化底蕴深厚，在立足城市资源秉赋的基础上，深入挖掘地理特色、地域民俗文化等各种有利因素，泛华集团系统地整合了海林的城市战略规划、产业规划、空间规划、土地利用规划以及其他专项规划，编制了《海林新城概念性规划》《海林市旅游发展概念规划》《威虎山旅游概念规划》《黑龙江海林市生态农业开发区木业园区规划》《中国海林市国际木业城木业综合市场详细规划》等。规划采用了城市规划与项目策划相结合和可实施性和可操作性的规划理念，推进了城市规划体系与城市建设的进一步融合，使城市发展愿景、阶段性目标和实施举措有机统一。按照规划进一步确立了建设牡丹江城市副中心、打造北方生态明珠城的战略目标。规划确定海林的产业发展方向为旅游业及无污染新型工业如特色中药、绿色农产品加工、木材加工等，打造海林具有战略意义的木业加工基地、绿色食品加工基地、北药加工生产基地、对俄出口加工基地。

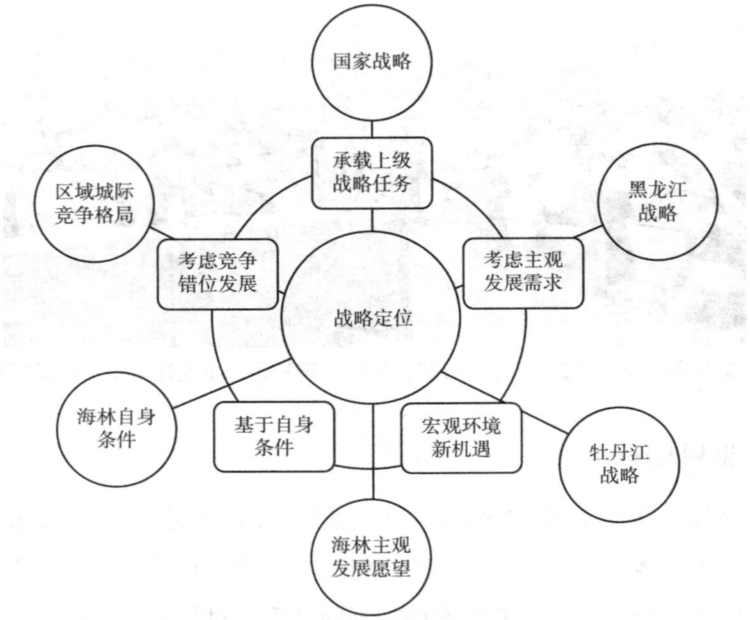

海林城乡发展战略理念体系

1.4 金融创新

为破解资金难题，泛华与海林市政府共同搭建投融资平台，将泛华和海林市政府双方的信用捆绑在一起，形成一个强有力的投融资平台，从根本上打破了由于单一模式，或是海林市独资操作而产生的信用额度不够，融资规模太小，资金运作比较困难的瓶颈，使开发区的建设有了充分的资金保障。随后，双方合作，大力实施经济开发区的征地、拆迁、基础设施配套等大规模的建设改造，使得建设速度明显提升。在此基础上，加大了招商引资的力度，充分发挥双方优势，即海林的政府平台优势和泛华集团的以商招商的优势。双方优势的叠加，使得招商引资的进展非常顺利，原定12年完成运作的开发区建设，提前了3~4年，达到了很好的效果。同时，开发区的建设，带动了整个海林市经济的提升，财政收入在5年内翻了两番。

1.5 海林之变

2009年，开发区建成区面积已达12平方公里，水、电、路、通讯等基础设施达到“七通一平”，是黑龙江省东南部发展空间最大、承载能力最强、最具竞争力的产业园区，被黑龙江省政府批准为省级对俄出口加工园区、全省唯一承接韩国资本转移和战略开发的韩国企业创业园区。

实践证明规划定位准确，产业布局合理，具有可实施性和可操作性，使开发区的运转非常顺利。海林与泛华合作以来，两届市委、市政府在执行这个规划的过程中始终围绕北方生态明珠城的战略目标，信心越来越强，大家同唱一首歌，一张蓝图画到底，贯彻了规划确定的方向和目标。海林市还开展了中国优秀旅游城、国家园林城、全国卫生城、全国文明城、全国环保模范城五城联创。海林已成为国家级可持续发展示范区、联合国人居署可持续城市计划试点市、中国特色魅力城市200强、中国优秀旅游城市。

在与泛华集团合作的5年时间里，海林市的财政收入从2004年的2亿元，增长到2009年的10亿元，地区生产总值实现100亿元，在黑龙江的“十强县”排名中实现一年进一位。海林经济开发区于2002年6月启动建设，2010年6月26日被国务院批准晋升为国家级经济技术开发区，8年时间实现了由县级自办园区到国家级开发区的“三级连跳”，成为黑龙江建区最晚，晋级较快的园区之一；是省财源建设示范园区、省级新型产业示范基地，是国家发改委确定的中小企业国际园、首届“江浙企业家投资中国首选开发区”推选活动中评为“全国十大诚信开发区”、国家中小企业协会确定的中国中小企业创新服务园区。

2011年初，海林市政府与泛华集团共同完成了《海林发展战略规划》，对2004年制定的规划进行了总结、完善和提升，新的规划仍然采用泛华城市发展创新模式的系统规划理念。

如今的海林又站上新的起点、即将开启新的征程。海林与泛华再次联手，全面提升“海林模式”，谋划海林创新发展路径、寻找动力源、培育新载体、打造增长极，推动海林将资源优势、生态优势变成产业优势、功能优势、价值优势，深入研究体制机制创新和示范创新，建立海林科学的展路径和经济作战地图，通过策划规划、城市设计落实到多规合一，提升战略价值和示范价值；通过重塑发展动能，以信息化和金融的手段实现新旧动能的转换，建设城乡载体，创新体制机制；最终以生命健康产业园区、特色小镇、田园综合体等重点项目为抓手，带动实现城镇与乡村的贯通、强县与富民的统一、改革与发展的结合，推进海林新型城镇化的建设。

2017年，杨天举董事长为海林市500多名干部授课

2. 智慧生态，以农业产业化带动城乡统筹发展——响水智慧农业谷

黑龙江是世界三大黑土带之一，盛产多种经济农作物，是我国重要的粮库。黑龙江省著名特产响水大米，产于我国著名的“鱼米之乡”宁安市渤海镇响水乡，是我国地理标志保护产品之一。渤海镇素有“塞北江南”的美誉，且响水乡所处的地理条件特殊，土质松软、肥沃，优于其他稻田，极利于水稻生长，因此响水大米早熟且饱满、优质。早在明、清时代，响水大米就被誉为“皇粮”“御米”，是向朝廷进贡的贡品。

响水基地

基地周边生态环境良好，响水贡米产自响水米业有机种植基地。

响水大米之所以跟别的大米不一样是因为由于火山爆发的熔浆变成了一个大石板，然后经过日积月累上面覆盖大约半米深的土，在这上面种水稻，白天日光照射后，晚上稻田依旧是温热的，所以长出的大米也是独一无二的。响水大米久负盛名，是人民大会堂的国宴用米，连续多年荣获“中国绿色食品A级产品”“中国放心食品”等信誉品牌称号，堪称“中华第一米”“中国米王”。响水拥有全球稀有的石板田资源；拥有牡丹江畔优质的灌溉水源及生态环境；但当时的响水缺乏产业聚集力，缺乏文化号召力，没有科技牵引力，更没有品牌的号召力。面临着经济发展落后，产业增长乏力，最核心的资源石板稻米因为不能满足农民的收入需求，种地面积下降，响水应该如何破题？

响水必须充分发挥石板稻米的优势，以特色农业和旅游资源为支撑，形成科技集约的农业产业现代化运营形态，打造要素集聚和服务集成的智慧农业发展模式，促进特色农业、田园村镇与文化旅游一体互动协同，拓展响水大米产业化和城镇化发展的内涵外延，提升品牌影响力，打造中国县域经济农业产业化和新型城镇化融合发展示范，成为全球精品高端米产业发展集聚区、中国农产品文化遗产传承发展区、中国新型小城镇社区建设典范和国际文化旅游名镇。

响水必须充分发挥石板稻米的优势，以特色农业和旅游资源为支撑，形成科技集约的农业产业现代化运营形态，打造要素集聚和服务集成的智慧农业发展模式，促进特色农业、田园村镇与文化旅游一体互动协同，拓展响水大米产业化和城镇化发展的内涵外延，提升品牌影响力，打造中国县域经济农业产业化和新型城镇化融合发展示范，成为全球精品高端米产业发展集聚区、中国农产品文化遗产传承发展区、中国新型小城镇社区建设典范和国际文化旅游名镇。

2.1 做足米的文章

首先，实施“两化建设”——大米产业化和城镇化，前者的初衷，实质上是要解决宁安渤海和东京城镇区域三农中的基础性特色产业实现土地集约、育种耕作加工储运统一、农民自主参与、品牌营销统一的问题，是由大米伴生的区域特色农产品的产业化发育和建设问题；而后者的初衷，实质上是要解决伴生于“三农”问题与城镇经济发展下的统筹——公共服务均等、就业创造、身份保留或转换等问题，即如何系统构建、聚集和提升“二、三产业”，有效支撑新型城镇化发展建设的问题。因此，需要把原有的大米产业化和城镇化进一步提升到农业产业化和新型城镇化的新高度。

其次，农业产业化和新型城镇化是基于“两化建设”本身逻辑的深化而得出的发展方向，在考虑到“新四化同步”和“新农村深化”之“双新融合”，黑龙江作为现代农业综合配套改革试验的先行试点区域，以及响水区域本身所涵盖内容的丰富性，那么响水区域本身客观上已经具备了成为国家级示范区域的各种条件，那么作为先行试点区域的一个重要抓手，以此必须统筹考虑搭建一个更为系统的解决思路以符合其更为广泛意义上的示范作用，以此探索破题“三农”与城乡统筹问题。

最后，系统的核心解决思路，必须涉及“三农”（农业、农村和农民）、城镇（三产、城镇和居民）、外部资源（政策性支持和产业投资）以及解决前述三者关系的体制机制创新，该思路统称为“响水模式”：

2.2 农业与“三产”的联动

绿色集约特色产业。以生态优质高产农产品为前提，统筹土地整治；导入集约化、规模化、科技化、智慧化农业发展方式；实现大米、冷水鱼、蔬菜产业化运作和响水大米文化遗产的打造；统一品牌营销；以此提升产业能级、创新产业集群。

农业服务特色集成。发展水土气候、育种催芽、种植资源、农机服务、农民素质培训、农林产品物流等农业服务基础环节；集成发展农业科研、农业信息共享、农业科技服务、农业物联网为代表的智慧农业；同时加大力度培育农业产业要素市场的集聚与集成；以此加强农业服务能力，带动产业升级。需要考虑农业服务特色集成带来的新的产业置入，如农业科技信息服务、农林业物流商贸等，为城镇化发展带来品牌声誉、产业升级、就业和人口。

文旅资源特色协同。考虑文化旅游资源要素与周边旅游资源的挖掘和贡献，如镜泊湖、火山口、中国雪城、海参崴等。文化旅游资源带动新的产业置入，为城镇化发展带来品牌声誉、产业集聚、就业和人口。

2.3 农村和城镇的共建

分布密集特色城镇。优势集中，梯度建设特色功能村，面向第三产业并村合镇，提升规划标准实现乡村建设城镇化；实现土地集中下的居住分布式集中，特色产业的分布式规模集中，完成高规划等级的产业化城镇，为新型城镇化打下产业基础和就业基础；以特色功能化的梯度和分布式聚集为指导原则，向“中心城镇—主题中心村社区—特色自然村社区”转变；以此错落有致发展各具特色的镇村形态，为特色产业的规模化提供足够空间，同时也降低公共服务均等化的实施成本，升级城镇功能与补充完善公共服务。

（1）农民向居民的转变。

三产并举特色农民。首先要提高农业产业化下的农民就业知识技能和素养；多就业渠道突破，实现就业基础上的居民身份转换，融入城镇化进程；同时基于新农村社区，为农民多业并举创造条件，实现惠农富农，三者共同促进新型城镇化的形成；以此转变为居民融入城镇重三兼二，就地农民重一兼三。

分层均衡公共服务。农民居民化后的人口聚集与有效劳动力供给，需要新产业外源性人口和旅游人口的聚集；农民/居民/市民的社区化，为公共服务供应均等化奠定基础。

（2）各方间的机制创新。

从根源上讲，国内各种矛盾直至意识形态之间的斗争，一个重要而又关键的方面即是公有制和私有制之间的矛盾；另外一个即是长期困扰人们的城乡二元制结构，因此各方之间的体制机制创新必须解决好两对矛盾如何一体化共处的难题：其一，股份制企业与合作制机构一体共处，也即要解决资本股与资格股的合作对等问题；其二，城镇和农村公共服务一体共建，也即居民农民公共服务合理均等的问题。总之，是要解决公有制和私有制，城乡二元制结构之间对等和均等的特色机制设计问题。

要实现合作对等与合理均等的特色机制设计，必须首先意识到特色机制的设计必须以各自难以突破的核心瓶颈为立足点，否则机制设计就难以为继。因此，针对资本市场逐利下对要素集聚和运营强势的渴望，农民小农意识浓厚随时会引起组织力不强而被分化处于弱势的特点，需要将农民角色对土地使用权的资格拥有与资本对资源掌控欲望之间设置对价基础，以此建立合作对等的基础；针对过去经济和公共服务资源配置模式为单向向上层、向大中小城市集中，需要在上下层之间适当分配合理覆盖，具体做法是将一部分特色产业资源直接落地在村镇层次，公共服务则合理集中分布，以此形成合理均等的局面。

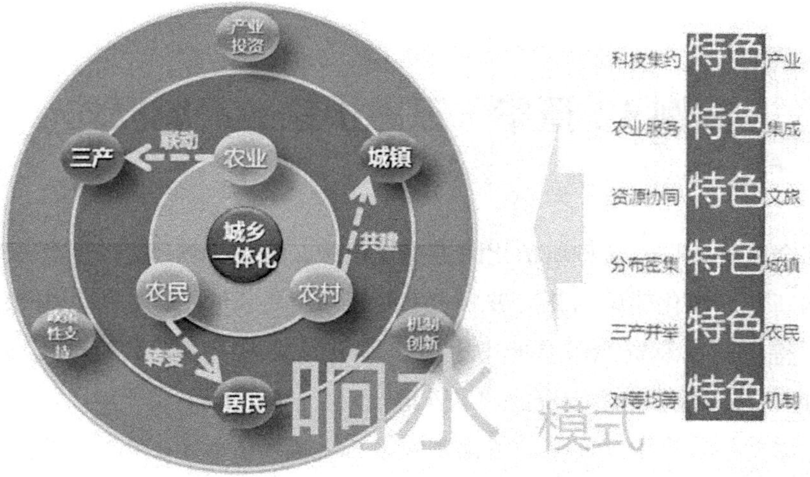

以此集成和融合“六大特色”，引入和持续激励外源性要素植入，围绕两化，逐步形成宁安县域城乡发展一体化的“响水模式”。

总结下来，上述响水模式六大特色的发挥需要三大支撑：其一，与信息化和科技深度融合的要素集聚型产业运作发展；其二，一二三产发展与村镇资源禀赋高度匹配的产城一体发展；其三，特色产业集聚与公共服务提升相结合的分层城镇体系建设。

案例3：泛华·三融小镇的麻城模式

在全国各地探索新型城镇化的道路过程中，特色小城镇建设异军突起，成为我国新型城镇化建设的新突破。未来几年乃至更长时期内，城市群及大城市周边、特色产业及资源丰富的中小城市建设将成为中国新型城镇化的“主战场”，也将成为社会资本投资的“主阵地”。

泛华集团结合中国新型城镇化发展创新模式及上百个城市的实践经验，创造性地提出了“泛华·三融小镇”发展计划，选择有大健康、大文化、大旅游复合开发价值的名优特产品区域，以结算经济为核心牵引，区域品牌塑造为重点，构建要素中心、产业聚集区、整合辐射区的“中心+园区+基地”的三圈产业体系，带动区域特色农业、大健康、大文化、大旅游、商贸物流复合发展的“产业与城市、产业与金融、产业与市场”融合发展。“泛华·三融小镇”以空间经济学和制度经济学为支撑，以发展经济学为动力和方向，将发展经济学、空间经济学和制度经济学，和社会学的合力嫁接在传统的工程学和美学的基础上进行有机的结合。将实现城镇化从外延式向内涵式过渡，速度型向效益型过渡，从粗放型向质量型过渡；区域经济发展从资源驱动向创新驱动、战略驱动转变；最终推动区域的产城融合、创新驱动、内生增长，可持续发展。

麻城智慧农业谷是泛华集团在编制“麻城建设大别山区域中心城市发展战略规划”后，推动战略落地实施的重要内容。依托“泛华·三融小镇”发展创新模式，在麻城市“两河四岸”约10平方公里范围内，通过顶层设计、科学规划、投融资、招商运营、统筹开发、示范打造、成果宣传推广，打造麻城智慧农业谷核心区。以搭建国家级特色农产品交易市场及产业化发展平台、创建大别山地区绿色农业及特色农产品品牌为发展使命，规划建设对大别山及中部地区有带动力和影响力的现代农业创新中心，大别山地区绿色农产品品牌传播中心。以“服务、引领、示范”功能，提升麻城在大别山区域发展中的战略地位和话语权，推动麻城建设大别山区域中心城市的建设进程。

1. 印象麻城——大别山腹地的区域中心城市

巍巍大别山，横跨鄂豫皖，涉及6市39县。行政区域10余万平方公里，人口2100万，是中东部最大一块绿地。四季分明，气候温湿，雨量充沛，复杂的地形和独特的气候特征，使大别山区蕴藏着丰富的生物资源。除了传统的粮、油、棉，大别山地区的特色农业发展显著，茶叶、油茶、山珍、中药材等广泛分布且品质优良。

麻城市位于大别山区腹地、鄂豫皖三省交界处，是全国著名的老革命根据地之一，国家连片扶贫开发重点片区和长江流域重要的生态屏障，也是新兴的区域性交通枢纽城市，美丽的红色古城、杜鹃花城、交通新城和特产名城。

麻城市农业相对发达，特色农业资源丰富，主要以蔬菜生产、园林苗圃经济作物种植、板栗、蚕丝生产，水产品养殖为主。目前已形成“三乡三业”的产业格局，即中国菊花之乡、中国油茶之乡、中国板栗之乡以及蔬菜、畜牧、桑茶药等；其中“麻城福白菊”成功注册为中国地理标志证明商标，“麻城茶油”获得国家地理标志产品保护。“福白菊”和“无公害黑山羊”生产区成为国家认可的农业标准化建设示范区。另外，麻城市周边的大别山地区的特色农业发展显著，茶叶、油茶、山珍、中药材等广泛分布且品质优良，特色农业资源丰富。

在中部崛起、长江经济带以及湖北省“两圈一带”战略背景下，作为大别山革命老区的代表性城市、长江经济带一级轴线城市和对接皖江城市带的省际门户城市，麻城市的区位交通优势不断凸显、战略地位日益突出。

2. 谋划麻城——生态智慧产业要素聚集打造智慧农业谷

2011年2月，湖北省启动大别山革命老区经济社会发展试验区建设，麻城市成为试验区的战略支点和重要发展引擎。

2013年1月的《大别山片区区域发展与扶贫攻坚规划（2011~2020年）》中，麻城在大别山地区“一圈四走廊”的空间结构中处于环大别山经济圈的中心位置和两大经济“走廊”的交叉点，战略地位突出。

2013年8月，结合泛华集团对麻城以大别山地区的发展研究，出版了《撬动大别山——智慧农业谷与中心城市引领下的扶贫开发模式探索》一书，对“建设智慧农业谷、推动大别山区域中心城市建设、打造国家扶贫战略支点、振兴大别山革命老区”这一战略体系进行了阐述。明确了麻城智慧农业谷建设的战略定位：突出对大别山地区的“整合、引领、服务、示范”作用，重点搭建“大别山地区农业产业化协作与供应链整合发展平台”，打造“大别山地区现代农业发展的创新服务中心和特色农产品会展交易中心”，推动大别山地区农业“特色化、品牌化、高值化、智慧化、链群化”发展，探索一条以特色经济引领，通过新经济、新模式整合区域资源、带动传统产业转型升级的新型城镇化创新发展道路。

通过打造功能服务平台、建设发展载体，加速麻城经济社会及生态环境的和谐发展，进一步强化麻城的中心城市功能、优化城市空间结构、加速麻城经济社会及生态环境的和谐发展，实现精准扶贫。

麻城智慧农业谷鸟瞰图

3. 创新麻城——特色产业引领下的精准扶贫新范式

3.1 建设模式创新

麻城智慧农业谷采取“系统性规划+合资开发建设”的运营模式。2014

年，麻城市政府与泛华集团共同成立麻城智慧农业谷投资发展有限公司，泛华集团与麻城市政府共同持股。投资公司采取DBFO方式实施规划、策划、建设、施工、投融资一体化的项目方案。通过设立合资公司，以全新的理念，创新发展模式和运营模式，倾力打造麻城智慧农业谷项目。“智慧农业谷”承载着麻城市统筹城乡、改革创新的重要任务，对全市改革起着示范引领的作用，是市委市政府改革创新的“试验田”；是“泛华·三融小镇”的雏形和前身。

泛华集团以系统规划实现顶层设计和制度创新，以结构性金融导入、基础设施建设、产业招商、园区运营打造区域特色产业集群和经济增长极，推动智慧农业建设。按照“战略为势、产业为本、创新为魂、规划为纲、文化为源、金融为器”的总体方针，结合示范地自身特点和发展需求制定个性化的系统解决方案。

3.2 特色农业产业发展思路创新

智慧农业谷大力发展以物联网技术应用为核心的智慧农业，以农业现代化、信息化为核心的智慧商贸业，以区域功能整合突破为核心的智慧旅游，构建以信息化为手段的智慧农业发展产业体系，推进和带动麻城农业全面发展。

突出“生态、健康、智慧、融合”的发展理念，强化智慧农业谷的“窗口、平台和示范”功能，围绕智慧农业发展体系，集中建设“科技创新、创业孵化、金融服务、教育培训、展示交易、康体养生、休闲体验、居住服务”等高端服务功能，加速涉农领域科技、人才、金融、信息等高端资源要素聚集，打造大别山乃至全国新型城镇化示范区。其功能体系将“覆盖大别山、服务大别山、面向全中国”，发展目标为：

（1）大别山扶贫攻坚的战略引擎。智慧农业谷将通过农业要素市场聚集、特色农业产业化提升、“文旅康智农”复合产业链条构建、农业现代物流与信息化技术的应用，推动农村经济转型升级、带动城乡统筹，是振兴大别山革命老区、推动区域产业转型升级、实现“四化协同”发展的战略引擎，也是新形势下承接并落实国家扶贫政策的最佳载体。

（2）大别山地区农业产业化协作平台。以智慧农业谷功能体系为依托，以市场为导向，以经济效益为中心，以主导产业、产品为重点，优化组合各种生产要素，实行区域化布局、专业化生产、规模化建设、系列化加工、社会化服务、企业化管理，形成种养加、产供销、贸工农、农工商、农科教一体化经营体系，构建大别山地区农业产业化协作平台、推进农业现代化。

（3）大别山地区现代农业发展创新服务中心。在智慧农业谷建设大别山特色农业的品牌管理中心、创业孵化中心、交易体验中心、信息服务中心、农业科研工程中心等高端服务功能，强化区域现代农业产业链的高端环节，构筑现代农业发展体系，构建基于现代网络技术的区域大营销体系，打造大别山地区的绿色品牌，推动大别山地区农业特色化、品牌化、优质化、链群化发展。

（4）湖北省农业产业化机制体制创新及国家电商扶贫发展典范。以麻城智慧农业谷建设为依托，全面推进现代农业产业发展机制及产业组织模式的改革与创新，探索将资金、管理、技术、知识等现代生产要素以资本的形式进入农村，并与土地使用权、发展权相结合的新型市场化产业发展模式，强化以智慧农业谷为引领、家庭农业为基础、龙头企业为核心、合作组织为纽带的“四位一体”经营主体改革，突破大别山地区的制度、资金、科技、人才等产业发展的壁垒和瓶颈，形成造血机能和示范效应，打造区域农业产业资源整合提升的发展平台、服务平台和展示窗口，推进区域新型城镇化建设，最终成为湖北省农业产业化机制体制创新及国家电商发展典范。

3.3 建设形态创新

智慧农业谷核心区以举水河为界，河西建设现代城市形态的综合服务区，河东建设以田园城市为主要形态的文化旅游及农业科技园区，通过大别山农业CBD、大别山现代农业博览园两大重点功能的建设，有效的将智慧城市的建设投资与产业投资、开发性金融、商业性金融紧密结合起来，实现智慧城市建设服务于产业、服务于创业、服务于营商环境。总体形成“一轴、一带、两心、两片区”的规划结构，形成核心区由西向东——由现代都市、田园城市到“美丽乡村”的城镇风貌序列。

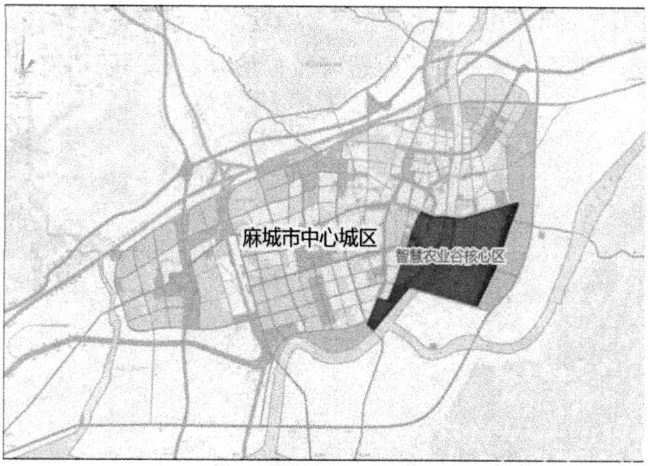

智慧农业谷核心区位置图

大别山农业CBD重点强化核心区的平台服务职能，打造现代城市形态的综合服务区，突出“品牌管理中心、创业孵化中心、交易体验中心、信息服务中心、农业科研工程中心”五大功能。

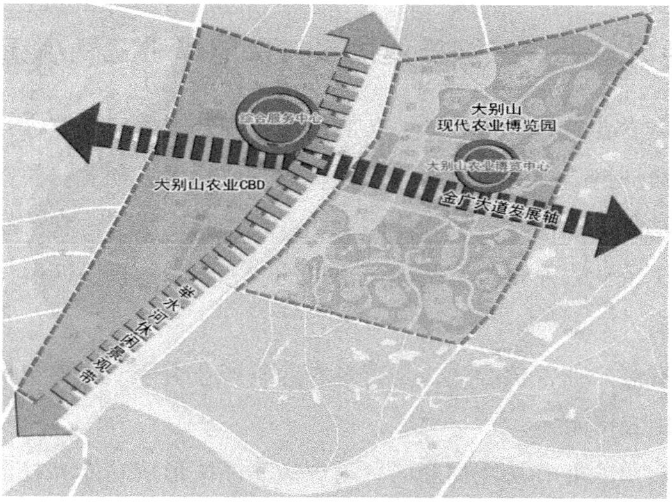

智慧农业谷核心区规划结构

在举水河东岸，充分运用“农、科、展、游合一”的理念，重点打造集现代农业产业园、休闲旅游主题公园、高品质宜居家园为“三园一体”的大别山现代农博园，强化其展示展览、节庆活动、参与体验、运动休闲、观光游览及科技研发传播等复合型功能。通过举办全国智慧农业博览会和农业嘉年华（“一会一节”）和多个主题节庆活动，打造麻城智慧农业谷的展示窗口。

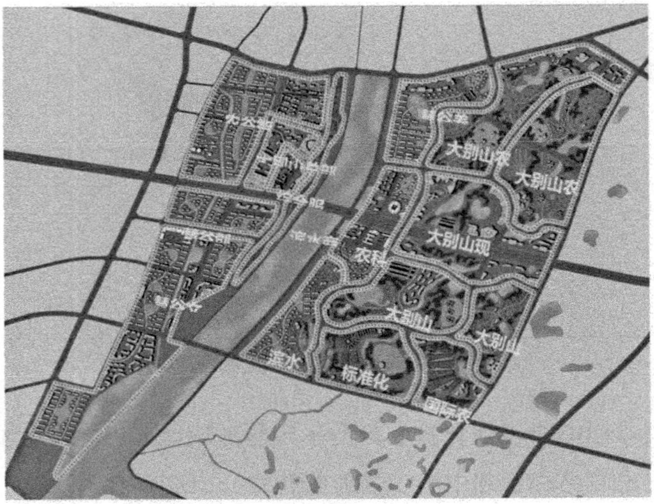

麻城智慧农业谷核心区项目分布图

4.特色麻城——三圈产业体系打造泛华·三融小镇

麻城智慧农业谷包含核心区、功能配套区和外围基地支撑区，总体形成以“物联网、流通网、综合服务网”三网覆盖，以科研、创业、商务、培训、金融等为核心功能，以商贸展示、休闲农业、现代农业示范、农产品加工为功能配套，以多个特色农业种养殖基地为支撑的“三网、一核、四区、多基地”的功能支撑体系。

一核即智慧农业谷核心区，是智慧农业谷产业引擎，主要包括大别山农业CBD和大别山农博园。

四区即智慧农业谷功能配套区，与周边功能区形成功能互补衔接，形成一体化发展，重点形成加工、旅游、贸易和综合示范功能；主要包括：农产品加工区、休闲农业旅游区、农业商贸展示交易区、现代农业示范区。

多基地即智慧农业谷外围基地支撑区，在麻城全市及周边县市，利用大别山地区蔬菜、中药材、板栗、茶叶、油茶、花卉、特色养殖等资源，重点建设有机示范基地、设施农业基地、低产林改造示范基地、休闲农业基地等。

5. 建设麻城——DBFO模式的落地实践

麻城建设大事记

● 2013年6月，麻城市政府与泛华集团签署了《关于产融结合推动大别山区域中心城市建设的战略合作协议》。

● 2013年8月，结合泛华集团对麻城以大别山地区的发展研究，出版了《撬动大别山——智慧农业谷与中心城市引领下的扶贫开发模式探索》一书。

● 2013年12月，麻城市政府与泛华集团正式组建合资公司。

● 2014年4月17日，麻城智慧农业谷投资发展有限公司、麻城市智慧农业谷建设指挥部举行揭牌仪式。

● 2014年11月19日麻城智慧农业谷金广大道、朝圣路延伸线综合市政工程开工建设

● 2015年3月，麻城智慧农业谷项目获得由湖北省重点建设领导小组正式授予“麻城智慧农业谷项目”省重点建设项目。

● 2015年4月13日，麻城智慧农业谷项目被列为国家智慧城市试点专项项目。

● 2015年6月，湖北省黄冈市推进“双强双兴”暨改革创新工作现场会在麻城召开。

● 2016年9月，金广大道朝圣路延伸段工程已完工，并完成竣工验收。

● 2016年12月，金广大道二期、景观路工程已完成90%以上。

6. 智慧麻城——互联网+智慧农业的有机融合

以信息化为手段，整合区域资源，打造产业发展的动力源。

智慧农业谷通过整合、盘活麻城特色资源，发挥麻城深厚的文化和丰富的农业资源优势，在科技提升、功能集成与金融创新的带动下，通过品牌活化，以营销展示、认证保护、品牌孵化、资源嫁接、产权交易等方式深层次地挖掘文化内涵、全方位地整合资源，借助于电子商务、现代物流、终端消费、

俱乐部会员、休闲旅游等渠道拓宽市场，带动城市消费，充分发挥麻城智慧农业谷的示范、整合、统筹作用。以农业特色资源为核心，突破行政管理制度对生产力布局的限制，探索扶贫开发地区经济社会全面发展道路，形成示范与突破效应。

麻城市菊花节

以电子商务牵动的智慧农业蓬勃发展。麻城市成立了以分管副市长任组长，政府办、商务局、农业局负责人任副组长，相关单位的分管领导为成员的电子商务发展领导小组；推进了“三网融合”工程建设，为电子商务业发展提供稳定、便捷的网络基础；建设了电子商务孵化产业园，打造一个集线上线下、物流配送、技术支撑于一体的综合电商大楼，不断完善麻城电子商务服务功能。

麻城建设电商大厦，成立电子商务机构，并落实专项电子商务发展资金，麻城依托阿里巴巴、淘宝、天猫、京东等第三方电子交易平台开展电商业务的C2C网店共有400多家，38家经销商把本地的农副产品搬上淘宝网对外销售。全市万村千乡，三农服务站，网上便民服务站等农村商业网店851家。电子商务从业人员超过2000人。

以智慧化为纽带，统筹区域发展，打造产业发展的高地。智慧农业谷明确了在大别山经济区格局中明确的格局占位，通过要素整合、资源积累、产业升级、功能优化整体提升区域价值，实现整合与提升。智慧农业谷基于智慧农业产业功能带动市域乃至大别山区域特色经济发展，协同区域、产业、模式关联发展并形成制度安排，在区域协作与统筹上发挥了重要作用。

以“空间分散、功能联动、网络整合”的发展模式，打造“四化协同”发展的战略平台和发展引擎。一是成为大别山区域合作承载平台：依托大别山试验区规划，打破皖、鄂、豫三省行政体制对经济发展的制约，以大别山特色经济整合的利益共同体为立足点，形成要素流动、市场整合的平台。二是成为转变农业发展方式试验基地：以联动、融合、优化、提升等不同的发展路径打造新型农业发展方式，将产业升级与产业联动有机交集。三是建设智慧文明指引下的新城市形态：技术带动生活方式改变、人与高科技的和谐相处、科技与产业的融合等多功能复合形态城市示范与突破。

7. 经验麻城——智慧农业谷对特色小镇的借鉴意义

泛华集团在麻城智慧农业谷项目按照“宏观创示范、中观共运营、微观做项目”的总体思路，以系统规划实现顶层设计和制度创新，以结构性金融导入、基础设施建设、产业招商、园区运营打造区域特色产业集群和经济增长极，推动“泛华·三融小镇”建设。按照“战略为势、产业为本、创新为魂、规划为纲、文化为源、金融为器”的总体方针，结合示范地自身特点和发展需求制定个性化的系统解决方案。通过该项目建设对由过去政府主推城市建设逐步转变为由企业与政府共同推动的态势。

7.1 围绕产业聚集的智慧城市规划

智慧农业谷通过“抓两头、促中间、多业协同、链群发展”的产业发展思路，构建智慧农业全产业链，推动农业与文化旅游、健康养生、信息服务、电子商务、现代物流等新兴产业的跨界融合、联动发展。通过智慧农业谷建设，整合大别山地区特色农业产业资源，构筑现代农业创新发展体系，打造服务中心、合作平台及产业功能载体，推动大别山地区农业“特色化、品牌化、高值化、智慧化、链群化”发展。

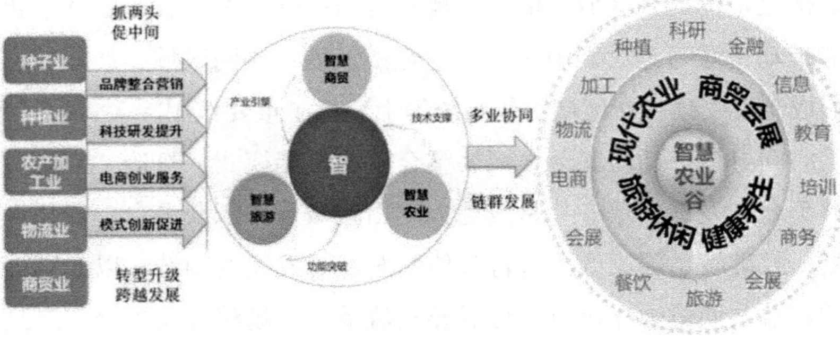

传统农业产业链条向现代农业产业链群体系演进

7.2 产业价值引领的智慧城市融投资范式

麻城智慧农业谷核心区将突出“生态、健康、智慧、融合”的发展理念，强化智慧农业谷的“窗口、平台和示范”功能，围绕智慧农业发展体系，集中建设“科技创新、创业孵化、金融服务、教育培训、展示交易、康体养生、休闲体验、居住服务”等高端服务功能，加速涉农领域科技、人才、金融、信息等高端资源要素聚集，打造大别山乃至全国的特色农业发展创新区、新型城镇化示范区、智慧生态城市体验区和区域合作先导实验区。

智慧农业谷核心区以举水河为界，河西建设现代城市形态的综合服务区，河东建设以田园城市为主要形态的文化旅游及农业科技园区，通过大别山农业CBD、大别山现代农业博览园两大重点功能的建设，有效的将智慧城市的建设投资与产业投资、开发性金融、商业性金融紧密结合起来，实现智慧城市建设服务于产业、服务于创业、服务于营商环境。

7.3 产城融合PPP模式下的智慧城市运营

建设麻城智慧农业谷项目采取了一种全新的发展模式和运营模式，即以商业化运作的模式，打造一个政府授权委托，企业运营管理，优势互补，合作共赢的全新平台。成立麻城智慧农业谷投资发展有限公司，在市政府授权下全面负责智慧农业谷项目的规划设计、工程建设、开发利用、招商引资等各项工作，构建了产城融合PPP下的智慧城市建设运营的新模式。

案例4：东方田园牧歌——美“溧”项链串联起南京溧水全域旅游

“土地平旷，屋舍俨然，有良田美池桑竹之属……”陶渊明笔下美好的桃花源村，是千百年来人们追寻的梦想家园，也是如今南京市溧水区都市田园建设的真实写照。

溧水是百里秦淮的源头，生态资源丰富，历史文化深厚，北部为城市建成区，优质的山、水、林、田及重点景区主要分布在中部及南部，有无想山国家森林公园、胭脂遗址、无想琴音、湖山串珠、石臼渔歌等旅游景点。

旅游景点众多，但相互之间交通不便，让游客“望而却步”，如何破解这一难题？

近年来，溧水区出台了都市田园全域旅游计划，创建全域旅游环线，计划用3年时间，打造“大环套小环，小环串末梢”的多级路网体系：

一级——“大环”

类型：区域性旅游主环线

功能：

①沿途风光多样、驾驶体验美好的景观环道；

②有多个节点与二级环道相通，是各片区二级环道的基础；

③串联各特色片区，将主环客流引入二级环道。

二级——“小环”

类型：各特色片区内小型游览环线

功能：

①体现代表片区内部旅游特色的景观环道；

②直接串联片区内最主要的旅游资源节点。

三级——“末梢”

类型：各特色片区内部自由式小支路网

功能：二级环线的延伸，连接环线无法直达的资源点。

泛华集团南京设计分公司承担了溧水区全域旅游总体规划、一二级环线景观提升、驿站、标识系统等建设所需要的批准红线范围内的方案设计、施工图设计等工作。在全域旅游总体规划中，泛华集团南京设计分公司提出将溧水打造成为“城市与乡村共融、传统与新生并存、时尚与民俗共生、科技与匠心并盛”的“都市田园、诗画乡村”主题旅游目的地，通过全通、全景、全文、全品、全业、全员、全新的“七全”实施方法，空间全域、时间全域、社会全域、消费全域、行业全域、发展全域的“六个全域”为最终目标的全域旅游发展模式。

如今，串联起“溧水十景”和8个镇的山水林田、特色村落、重点景区的119公里一级旅游环线已建成通车。据悉，一级环线上有9个一级驿站，每个驿站都配备完善的游客服务中心、餐饮、休憩医疗、停车等功能。其中，泛华集团南京设计分公司负责景观及施工设计的观山驿站于2018年12月建成。项目位于南京市溧水区晶桥镇的无想山南麓，处于交通联络线，S246与白明线交叉口，根据现状厂棚改建。

二级环线串联一级环线未能带到的优质资源点，二级环线主路主要利用现状道路或者在建公路、农路，结合溧水区内主要自然环境资源和人文资源，乡村旅游资源，特色村，高标准农田等打造独具特色的溧水全域旅游。规划建设一条水美乡村，集悠游、休闲旅游多位一体的溧水全域旅游环线，总长约111km。包括环山河旅游线、影视文化旅游线、诸家古村旅游线、石山下旅游线、枫香岭旅游线、石头寨旅游线、周园文博旅游线、东屏湖旅游线、傅家边旅游线。

三级环线则是二级环线的延伸，全长132千米，连接环线无法直达的资源点，是各特色片区内部自由式小支路网，包括环山河旅游线、影视文化旅游线、诸家古村旅游线、忘忧谷旅游线、枫香岭旅游线、石头寨旅游线、周园文博旅游线、东屏湖旅游线、傅家边旅游线。

泛华集团南京设计分公司的主创人员提到，溧水区打造的三级旅游环线，是通过一条依附于道路的风景长廊式的旅游功能带，让游客“进得来，玩得转”，打造美“溧”项链。通过串联各特色旅游景点，整合旅游资源，显山露水，构建优美旅游环线道路，实现景区间资源的游客共享；结合各区主流景观风貌特色，塑造风格各异的游览体验，展现水山、水、村、田的美好画卷；对外引导有序，对内疏解分流，构建游客进得来，玩得转，出行品质佳、便捷、畅达的交通体系；完善旅游功能，营造吃住玩一体的慢生活游览体验；保护非遗，重振手工与民俗，通过旅游展示宣扬当地传统文化与风土人情等。美丽的都市田园——溧水最终将吹响一曲东方的田园牧歌，引领高品质休闲旅游生活。

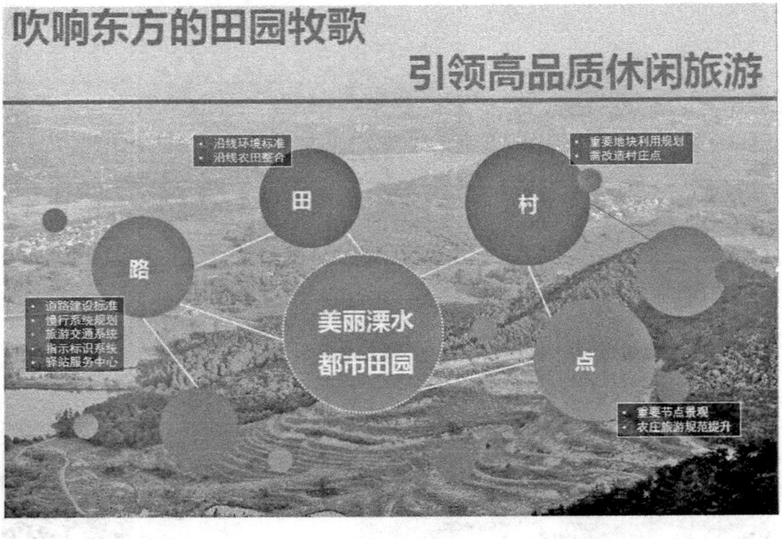

案例5：铜川药王山休闲养生度假区

药王山是我国传统文化的典型代表，被列为第一批国家重点文保单位，也是省级风景名胜区。药王山原是当地水泥厂原料地，铜川市决定保护药王山宝贵的文化遗产及生态环境，加快资源型城市转型，全面建设休闲养生城市，进一步提升药王山文化内涵、品牌价值、建设标准及保护管理水平，实现富民强市。

1.项目特点

定位高：药王山项目是资源城市转型的典型代表，国家推进西部大开发战略及“一带一路”国家倡议，是铜川建设基础设施、承接重大项目、统筹城乡发展的重要机遇。铜川主动与西安形成联动，积极承接特色旅游休闲功能，规划区补充以中医药养生文化为依托的休闲养生及医术、医德、医风培训基地、以列入我国非物质文化遗产的二月二庙会为代表的节庆艺术场所、以当地耀州瓷、水泥厂改造及原产地药材为基础的创意、展览、交易等功能；药王山是铜川建设养生保健、生态休闲城市的战略支点，是现代旅游业的重要环节。

铜川药王山度假区愿景图

铜川药王山休闲养生度假区要通过规划体现旅游与中医药资源的整合性；体现孙思邈药王文化的独特性；体现与特色历史文化结合的资源城市转型的示范性；体现通过改造进行城市升级的引领性。

难度大：药王山休闲养生度假区规划总面积为25平方公里，由多个规划项目组成，包含药王山休闲养生旅游度假区总体规划、药王山风景名胜区总体规划、药王山主景区修规、孙塬镇修规、药王城修规，共五个规划。片区构成复杂，规划难度大。药王山现状包含了省级风景名胜区、城市生活片区、曾为亚洲规模第一的秦岭水泥厂等片区。规划时需要考虑保护风景区的生态环境，保持历史文化与社会发展的连续性，统筹平衡城市与乡村，协调生产、生活、景区保护、旅游开发之间的矛盾，并对资源进行有效利用。

2. 规划构思

天人合一、道法自然：泛华运用“天人合一、道法自然、刚柔相济、行云流水”的手法，实现“幽、静、韵、野”的景区意境。确定药王山以文物与生态保护为主；药王城围绕旅游以休闲养生、度假和优化环境为主；孙塬镇以古风古镇为主；药王谷以自然郊野风光为主。保护景区的景观资源和生态环境，将规划范围内及周边工业搬迁；依托其悠久的历史文化积淀、独有的药王养生文化、历史遗迹遗存，打造“唐风古韵”的建设风貌。

3. 空间布置

泛华提出构建“一心、两轴、两带、四片区”的结构。一心：药王广场，作为游客集散和大型活动举办场所。两轴：以药王大道构建发展主轴，布置华原古街、商业设施、药王广场等；南联药王湖、北接药王广场，形成景观轴线。两带：在景区形成景观绿化带和绿化缓冲带。

圣境药王山：保护原有南庵、北洞、吕祖庙、摩崖造像、关帝庙等古迹；新建药王广场、山门、游客中心、碑林、道教活动中心、石刻艺术馆、医德传承基地、隐居地、崇福阁等文化建筑及神仙谷生态景观廊，保护培育侧柏风景林。深度发掘人文景观资源，修复、完善各类景点，弘扬药王养生文化。

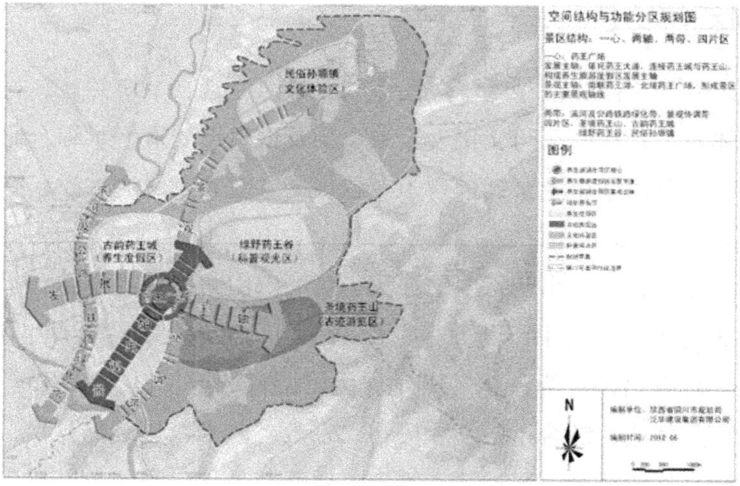

铜川药王山休闲养生度假区空间分区示意图

古韵药王城：打造文化休闲区、养生保健区、国医科教区三片区，建设华原古街、逍遥谷、温泉养生度假村、逍遥谷、特色医馆街等建筑；打造文化创意产业园、中医药科研区、养生酒店、双养社区、药王湖等设施。

民俗孙塬镇：孙思邈的故乡，分布有药王墓、药王祠、幼读遗址，体现宁静安闲、乡土的地方特色。

绿野药王谷：建设药用植物园、休闲农庄、药牛牧场，展现郊野自然风光。

药王山景点示意图

4. 创新与特色

规划统筹，一体建设：泛华对涵盖的风景名胜区、城市片区、村镇等统筹规划、一体建设；对中医药文化、旅游市场及项目策划进行了综合研究，引导产业发展；针对污染企业搬迁进行了专题规划，对开发时序、投入产出、经济社会效益进行了详细研究。

体现深厚文化、突出药王主题：泛华对药王山的系统规划融合了佛道儒的药王文化为特色，围绕中医药养生及药王主题，打造集文化体验、旅游观光、养生保健、教育培训等为一体的文化养生旅游目的地。以孙思邈的道德观点、医药养生论为核心，综合了医学、民俗、宗教、艺术、建筑等要素，将文化创意与中医药、旅游结合，通过项目策划、道路及公共空间的布局及命名、建筑风格选取、特种植物配置、特色文化景观小品的运用等形式，体现博大精深的非遗文化。

重视产业发展：泛华特别注重当地的产业转型与产业链的衔接、延伸，根据铜川的资源基础、产业关联、经济社会效益，提出重点发展中医药文化产业、养生旅游业、医疗保健业，积极发展科研教育、会议培训、文化创意产业。将药王山打造为中医药文化产业基地、产业转型承载基地、休闲养生基地、铜川旅游发展核心。

共同参与、多规合一：本项目的意见征求及参与编制人员，包括产业研究、规划管理、城市建设、文物保护、旅游开发、宗教人士及行政专员、当地居民等领域。还邀请了清华、北大、中医药大学、中规院、白云观、孙思邈研究会等国内外众多的专家、学者作为顾问。多学科协同工作，保障了规划的科学性和可操作性。

泛华将战略产业、规划策划、投资测算等内容整合在一起，从宏观的资源城市转型的战略方向、旅游健康养生产业选择、城市与景区的规划，到中观的项目策划及微观的修规、古建及公建设计、项目及税收等内容，均以系统规划理念来统筹。

泛华的系统规划将原有的城市总规、经济发展规划、风景名胜区规划、土地利用规划、石刻保护规划等内容进行整合，发现问题，提出解决思路。考虑到不同的规范要求，形成1+1+3的规划体系，即一个旅游度假区总规，一个风景名胜区总规，三个修规（药王山、药王城、孙塬镇）的成果。

2014年12月药王山景区被确定为“全国中医药文化宣传教育基地”。近年来投资建设了药王大道，有效解决了景区进出道路不畅的问题。建成了药王山主题灯光音乐演艺亮化工程，通过对景区山体、建筑等设施的照亮，展示、提升药王山景区风貌和文化特色；建成了药王养生酒坊、孙思邈药膳坊、游客中心、孙思邈国医馆、非遗展示中心、景区旅游道路等基础设施；开发了旅游观光车、电子门禁等项目，大大提升了药王山景区的品味和服务水平，进一步宣传展示了孙思邈的中医药及养生文化遗产。建成的药王文化广场工程、遇仙桥步行道工程、灯光照亮提升改造工程，将使药王山成为一座具有强烈吸引力的旅游休闲和养生保健之地。

案例6：打造太极圣地，弘扬中华文化——泛华助力温县太极小镇建设

清风徐徐，绿柳依依。掩映在垂柳后面的是鳞次栉比的商业街，络绎不绝的人流穿梭其中，到处一派热闹非凡的景象，平整的青石广场上，往来可见正在打太极拳的人群……一幅美丽的画卷在温县赵堡镇陈家沟村铺开。

县赵堡镇实景图

温县赵堡镇，相传因春秋时期晋国大将赵洁在此筑堡而得名，其还有一个更具魅力的称呼——太极小镇，是国家第一批特色小镇、重点示范镇和省级文明乡镇，南水北调、西气东输、新洛公路贯穿全境。温县隶属于河南省焦作市，处于郑州、焦作、济源、洛阳四市“一小时经济圈”中心位置。温县是“四大淮药”的主产区和铁棍山药的原产地，特别是温县铁棍山药，是国家地理标志产品，并以其特有的食用、药用价值，在全国的影响不断扩大。在文化方面，名扬中外的太极拳就发源于赵堡镇陈家沟村。陈氏太极拳被列入首批国家非物资文化遗产名录，并被命名为“中国武术太极拳发源地”“中国太极拳发源地”和“中国太极拳文化研究基地”。

陈家沟实景图

然而，由于太极小镇在发展过程中存在着产业链条单一、项目全但不精、文化蕴但不显、建筑好但失色、配套有但不足、市场大但单一的特点，赵堡镇急需转变发展思路，扩大太极文化影响力，带动温县经济发展。经过多方寻智，温县县政府找到泛华集团。泛华集团提出的中国新型城镇化发展创新模式及上百个城市的实践经验，得到了县委县政府的高度认可。温县县委县政府携手泛华集团按照发展全域旅游的理念，对特色小镇进行整体规划设计，以战略思维共同谋划通过太极圣地的打造，树立文化自信，讲好中国故事，传播中国理念，让太极文化走向世界；以系统思维科学的编制《中国太极镇》顶层设计；以项目思维，利用新技术及新模式出色地完成了太极客厅项目。

太极客厅一期工程——中华太极馆

文化是城市的灵魂，是推进新型城镇化的重要力量源泉。新型城镇化之所以“新”，就是要注重提升城市文化力，不仅要重视实体建设，更要追求文化基因的传承、文化记忆的存留、文化历史的延续和文化元素的创新。在发展新型城镇化过程中，文化到底扮演着怎样的角色是我们关注的焦点。泛华提出，文化产业具有调结构、促消费、扩就业的独特作用，发展和壮大文化产业成为推动供给侧结构性改革，培育形成新供给、新动力的重要举措。

针对温县太极拳历史文化资源禀赋优势，要通过挖掘文脉，打通商脉，挖掘文象，形成载体，通过产业研究，构建产业集群和产业链生态圈，将文化事业上升为文化产业，提升温县的软实力和知名度，打造国际知名的太极拳研修中心，树立文化自信。温县“四大淮药”和铁棍山药资源稀缺，产业发展潜力巨大，要通过深加工，构建起全产业链条，通过“三一二”产业发展路径，挖掘产业要素，实现产业集群化、集群基地化、基地园区化、园区社区化、社区带动城镇化，形成线上线下互动的产品市场、服务市场和要素市场，打造温县特色农产品交易中心。在生命、生产、生活、生态的“四生”理念的指导下，推动以产业化为动力、以农业现代化为基础、以新型城镇化为载体、以信息化为手段的四化高度融合，解决产业动力源问题，带动温县新型城镇化的创新发展，不仅让温县产业发展、经济增长、社会和谐、群众受益，而且让全世界更多的人共享温县优势资源。

讲好中国的故事关键是选择一个好的载体，能够让不同国家、不同民族、不同宗教信仰的人都可以接受的文化载体。太极拳是承载中国传统文化唯一的有形的活的载体。不仅能健身养生，还能修身养性陶冶情操、搏击防身。还具有文化的多元性，儒释道文化皆有，中国传统哲学易文化，导引吐纳养生术，中医经络学说，武术文化等。太极文化博大精深，其精髓是和谐，更符合社会主义核心价值观的内容要求。能否将太极拳文化打造成圣地文化、上升到国家战略，为一带一路国家战略做好价值输出，讲好中国故事，带动高端经济的发展，这是温县的重大历史机遇。

为更好地保护、传承和利用太极拳的历史价值、人文价值，提高美丽乡村建设水平，温县以陈家沟为核心，围绕"全力打造享誉世界的太极圣地"战略定位，着力打造集休闲旅游、健康养生和传统村落保护等功能于一体的特色小镇。特色小镇规划范围为赵堡镇全域，其中控制性规划10平方公里，核心区以陈家沟村为主，约3平方公里。陈家沟村按照"一个村落就是一部太极拳史"的理念，定位"中国太极拳发源地""中国传统村落""中国非物质文化遗产传承地"，打造神秘、古朴、深邃、自然的村落。

在发挥规划引领作用的同时，赵堡镇还注重发挥项目的支撑作用。目前，赵堡镇引进了投资20亿元的太极拳文化国际交流中心项目、投资30亿元的太极文化生态园项目，先后建成太极拳祖祠、祖林、太极文化园、中国太极拳博物馆等景点；投资1.5亿元的陈家沟老村改造项目基本完成；投资1.5亿元的东沟提升改造和杨露禅学拳处复建项目效果初步显现；投资1200万元的引水工程已完工，完成了民居立面改造、雨污管网、石板路铺设、印象陈家沟馆、强弱电入地等工程，整体提升了陈家沟村基础设施建设和旅游公共服务水平。

此外，为了凸显太极小镇的太极拳特色，近年来，温县先后在郑州、深圳、上海等地举办了陈家沟太极拳文化旅游推介会，承办了全国武术太极拳公开赛，成功挑战了最大规模武术表演的吉尼斯世界纪录……中国·陈家沟太极文化旅游体验季活动、中国太极镇旅游及服务配套综合项目签约仪式等一系列大型宣传推介活动，让太极小镇的影响不断扩大。

太极小镇是一座拳术小镇，是一座文化小镇，更是一座充满经济活力的小镇。走在赵堡镇陈家沟村，给人最深的印象是这里处处充满了太极文化的氛围，这里不仅教拳、练拳的多，街上售卖太极拳服饰、器械的店铺也多。赵堡镇近年来围绕太极拳文化展示、传统村落体验、太极拳培训、休闲疗养4个主题，积极推动非物质文化遗产保护、教育培训、健体养生、休闲旅游发展。同时，培育太极拳武校、武馆50余家，授拳、“四大怀药”、太极拳服饰、器械等产业加速发展。赵堡镇利用黄河滩区、‘四大怀药’种植特色农业基地，策划休闲生态游、农业观光游，促进农业产业融合发展，完善旅游吃、住、行、游、购、娱六大要素。赵堡镇近年来积极吸引社会资金、集体资金，建设家庭武馆、民宿、餐馆、茶社、书馆及名人故居等设施，增添了特色小镇发展的活力和动力。

赵堡镇被誉为太极小镇，首先得益于太极拳的历史文化元素，加强太极拳这一非物质文化遗产的保护，是赵堡镇的第一要务。为落实好《陈家沟传统村落保护规划》，温县启动了名人故居修缮工作，杨露禅学拳处、太极拳始祖墓地及附属物等21处建筑也先后被省政府评定为文保单位。陈式太极拳、和式太极拳被列为国家级非物质文化遗产，目前太极拳正在申报世界级非物质文化遗产。同时，赵堡镇还成立了文化旅游区综合执法队，积极开展景区秩序综合治理和违章建筑整治，规范规划区内新建、修缮和改造等建设行为，严格审批程序，保留神秘、古朴、自然的村庄体验。

翠绿的柳条在和煦的微风中曼舞，走在古朴又充满朝气的陈家沟村，描绘着太极小镇美好的明天——近年来，围绕“一赛一节”活动，赵堡镇谋划实施了太极客厅、村史馆、大师回归工程、名人故居建设、精品拳馆打造、民宿客栈建设、陈家沟环村路建设、背街小巷改造提升等项目，抓推进、抓落实、抓成效，举全力推进特色小镇建设。同时，赵堡镇以创建全国文明乡镇为目标，巩固省级生态乡镇建设成果，深入开展农村环境综合整治，建成新洛路生态廊、南水北调两侧精品绿化工程，推进生态、文化与旅游融合发展，力争以良好的拳乡风貌迎接各方宾朋。

案例7：丹棱水环境综合治理助力美丽乡村建设，打造全国农村污水治理示范的“丹棱模式”

2018年5月，全国生态环境保护大会在北京召开。习近平出席会议并发表重要讲话，他强调，生态文明建设是关系中华民族永续发展的根本大计，要自觉把经济社会发展同生态文明建设统筹起来，加大力度推进生态文明建设、解决生态环境问题，坚决打好污染防治攻坚战，推动我国生态文明建设迈上新台阶。

生态兴则文明兴，生态衰则文明衰。习近平指出，良好生态环境是最普惠的民生福祉。要坚持生态惠民、生态利民、生态为民，重点解决损害群众健康的突出环境问题，不断满足人民日益增长的优美生态环境需要。

四川丹棱县地处成都平原西南边缘，眉山市下辖县，是全国第一个农村生态文明家园建设试点县、国家可持续发展实验区、国家级生态示范区、中国橘橙之乡。荣誉的取得并非与生俱来，山清水秀的丹棱曾经是个垃圾围城、水资

源短缺、水污染严重的地区，真正的改变来自2011年四川省开展的城乡环境综合治理工作，丹棱县以一个乡村作试点，探索出了“因地制宜、分类收集、村民自治、市场运作”的农村生活垃圾收运处理的“丹棱模式”，实现丹棱县全域覆盖。2014年，“丹棱模式”被作为农村垃圾收运典型经验在全国推广。

丹棱水环境综合治理示意图

丹棱县幅员面积小，有利于项目全域覆盖，实现从县城到乡镇、从园区到景区、从集中到散户的水环境全域治理。近年来，丹棱县已成功实施全域安全饮水、全域清洁能源替代、全域有机肥替代化肥等六大全域工程。为更好地推进丹棱人居环境的建设，2017年1月15日，中国中车股份有限公司、泛华集团组成的联合体与四川省丹棱县举行全域水环境综合治理项目签约仪式，该项目是四川省首个县域全域水环境综合治理PPP项目，是丹棱县作为全国农村污水治理示范县的重要抓手，是在眉山全市率先实施全域水环境治理的示范项目。同年8月，央视新闻对丹棱发展模式及创新路径进行了跟踪报道，受到社会各界的广泛关注。2018年2月，该项目入选由财政部公布的“第四批政府和社会资本合作（PPP）示范项目”。

中车与泛华集团共同践行3.0海绵城市发展理念，通过水环境综合治理项目带动丹棱的生态文明建设，进而构建全域海绵体系，把生态优势变成经济优势和产业优势，带动丹棱的新型城镇化的发展和人居环境的提升，具有示范推广价值。

丹棱水环境综合治理实施图

案例8：东阿县下码头村——幸福宜居生态新农村

《规划》统筹协调发展，注重顶层设计，结合国家战略与地方发展政策，以绿色发展理念为引领，紧紧围绕牛角店镇的发展布局，促进下码头村产业结构调整和产业发展的提质升级，推进农村人居环境改善，为乡村全面振兴、基层群众美好生活打下坚实基础。

1. 乡村富民产业蓬勃发展

1.1　围绕牛角店镇发展布局，培育新产业新业态，融合创新自身发展产业

牛角店镇依托区位和资源优势，积极打造东阿商贸物流基地、机械工业集聚区和现代农业示范基地，形成“一轴、一带、三片”的布局结构。《规划》依据各级政策的引导、产业发展趋势机遇、下码头村自身产业优势资源，紧跟牛角店镇做大做强商贸物流业、打造商贸强镇的发展布局，以市场带产业，积极发展下码头村农副产品加工、纺织等轻型劳动密集型工业；发挥农业优势，加快发展现代农业和农业观光旅游业。

1.2　以布局全域旅游为重要抓手推动产业兴旺

《国务院办公厅关于促进全域旅游发展的指导意见》指出：“发展全域旅游，将一定区域作为完整旅游目的地，以旅游业为优势产业，统一规划布局、优化公共服务、推进产业融合、加强综合管理、实施系统营销，有利于不断提升旅游业现代化、集约化、品质化、国际化水平，更好满足旅游消费需求。”《规划》通过对区域内旅游资源、相关产业、生态环境、公共服务等进行全方位、系统化的优化提升，实现资源有机整合、产业融合发展。

下码头村观光休闲农业采用五种发展模式：乡村民俗文化旅游、资源依赖型观光休闲、特色产业展示观光、现代农业综合示范园、民宿休闲体验。将乡

村地区的自然资源与人文景观融合起来，不断培育乡村地区新产业、新业态。旅游与农业融合，发展观光农业、休闲农业，发展具备旅游功能的家庭农场、家庭牧场等新型农业业态，打造一二三产业融合发展的美丽休闲乡村；打造乡村研学旅游、红色研学旅游、乡村健康旅游等新项目，促进乡村产业结构优化，助力乡村产业兴旺。

东阿县下码头村全景图

2. 宜居乡村建设步伐加快

《规划》从生态宜居的角度，注重加强资源环境保护，推进乡村生态环境的优化、打造生态宜居新农村。

优化下码头村风景。在路边、水边、山边、村边开展净化、绿化、美化行动，通过加强对下码头村的自然生态、田园风光等自然风貌的保护，打造集自然美和人文美于一体的大美乡村。

优化服务功能。加强乡村基础设施建设，通过完善乡村交通枢纽网，积极改善停车场、旅游标识等配套设施，打破景区景点的交通瓶颈。

改善住宿环境。通过推进乡村生活设施的完善，实行改厨、改厕、改客房、整理院落和垃圾污水无害化、生态化处理，建设一批乡村特色农家乐和特色民宿等，推动乡村景区配套设施建设。

完善网络设施。运用“互联网+”的模式，建立网络宣传平台，满足游客对乡村景区精细服务的需求，促进优质服务的线上线下融合，全面提升乡村景区服务水平。

3. 乡村文化繁荣发展

淬炼乡村发展的文化品牌，用创新思维，将文化创意作为乡村文化振兴的重要动能，与乡村产业融合发展，提升文化附加值。发展田园综合体、休闲农场、农业庄园等文化农业，发展有温度、有内涵且能真正实现“可带走的记忆”的乡村旅游探索。形成生产、生活、生态和文化的良性互动，实现农业、农村、农民的融合协调发展，激发新时代乡村振兴的内生动力。

下码头村地处晋冀鲁豫文化经济发展碰撞的要冲，京杭大运河开通为文化带来了繁荣，具有丰富的非物质文化遗产，梨园荟萃，道不尽的戏曲传奇，体现了下码头村本地的人文特色与鲁西文化的传承。通过深入挖掘历史文化、地域特色文化、民族民俗文化、传统农耕文化等，提升乡村文明水平，推进乡风文明建设。

东阿县“下码头王皮戏”，是中国民间戏曲宝库中的一块艺术瑰宝，发源于东阿县牛角店下码头村，流行于东阿、冠县、茌平等地的一个稀有剧种。演出

剧目多是喜剧，幽默，诙谐，风趣，颇得百姓喜爱。

下码头村是“王皮戏之乡”，在这里可以聆听非物质文化遗产王皮戏起源的精彩故事，还可以和王皮戏传承人合影。九腔十八调七十二哼咳。平时下码头的戏迷们忙时从事农业劳动，农闲时搭班演戏，特别是春节期间经常应邀到邻县和附近的乡镇村进行演出。至今当地仍流传着这样的歌谣：“下码头人不害臊，大人孩子王皮调。下码头敲镲子，邻村来了大半子。”在东阿县及茌平县地界不管在那个县，只要一谈起王皮戏人们都会说上一句“下码头王皮正版”甚至成为人们生活中的口头禅。

挖掘下码头村的特色和优势，因地制宜地打造特色名片，以此增强游客体验，满足其多样化需求。

4. 农村社会保持和谐稳定

《规划》中，围绕留守村民、农二代、未来乡村、乡村创客、游客使用的五大主题做整体布局。同时，引入“新农人”为农村发展提供新活力，挖掘新的特色经济增长点，为新农人扎根提供土壤。将试点村庄打造成具有天蓝、水清、地绿、景美、生机勃勃、充满活力的生态村，人与自然和谐发展的宜居村，“健康、文明、富裕”三位一体的生态示范村，整体提升乡村形象，构建和谐稳定的农村社会。

幸福宜居生态新农村的发展是基层群众创新精神的体现，更离不开其积极参与。因此，《规划》更重视的是将下码头村的发展与基层群众美好生活需要的实现结合起来，增进基层群众的认可和支持，进一步激发其创新精神，凝聚基层群众的力量和智慧。这样才能共同努力，整体提升乡村形象，把下码头村打造成具有天蓝、水清、地绿、景美、生机勃勃、充满活力的生态村，打造成生态宜居、和谐发展的乌托邦，打造成人与自然和谐，“健康、文明、富裕”三位一体的生态示范村。

案例9：泛华助力国家第二批特色小镇建设

1.北京龙湾屯特色小镇

2017年8月22日，住建部公布的国家第二批特色小镇名单中，由泛华集团辅导的北京市龙湾屯镇成功入选，成为北京市推选的四个特色小镇之一。泛华集团今年5月与龙湾屯镇达成合作协议，作为咨询单位辅助镇政府准备申报特色小镇相关材料，前期现场调研、现有资料整理、缺失资料搜集、规划方案编制、汇报文件制作等工作。

龙湾屯镇位于北京市东北郊，背倚层峦叠嶂的燕山——三十里山峰，峰峰相连，层林尽染；环抱碧波潋滟的金鸡河——十八湾河水，湾湾相挽，山水连天。镇域总面积56.6平方公里，下辖13个村，总人口1.6万人。以红色旅游、运动休闲、都市农业为主导产业。2016年全镇社会生产总值达到5.9亿元，实现地方财政收入3487万元，农民人均纯收入1.8万元。近年来，先后获得全国红色旅游经典景区、全国青少年爱国主义教育示范基地、中国优质果品基地、中国历史文化名村、中国最美休闲乡村等荣誉称号。

龙湾屯镇具有天蓝地绿、水清岸秀的生态环境；红色引领、百花齐放的文化环境；山地运动、全民健身的特色资源。龙湾屯镇坚持“红色+”发展理念，深挖“地道战”红色文化内涵，以爱国主义、革命传统教育、党性教育为主题，以红色文化、运动休闲、都市农业为主线，大力发展红色文化产业。

按照“红色+文化、休闲、体育、教育、农业”的产业发展战略，形成了以焦庄户地道战为核心、以休闲观光采摘、登山运动拓展、民俗特色餐饮为辅助的产业雏形。相继建成焦庄户地道战纪念馆、北京葫芦艺术庄园、柳庄户村慢生活文化产业街、焦庄户红色文化一条街等项目。

龙湾屯镇总体风貌

作为北京唯一的以地道战为主题的红色教育基地，“红色+”产业发展迅速，近5年内累计接待游客约300万人次，年带动就业8000人左右，实现综合产值近5亿元。未来，通过打造红色文化小镇，形成年产值数十亿的红色文化产业集群，推动民生改善，实现龙湾屯镇跨越式发展。

坚持节约优先的原则，在原有建设用地上提高土地使用效率；坚持合理使用的原则，盘活存量土地资源；坚持改革创新的原则，探索土地管理新机制。按照“望得见山，看得见水，记得住乡愁”的总体原则，建设“美丽乡村”。保护和传承红色传统文化，发扬“地道战”红色堡垒精神，突出“青山、绿水、红色、古村”相融合的特色资源，将龙湾屯镇建设成为全国红色生态示范镇，首都慢生活示范区。

小镇核心区按照“一核、一带、四片区”空间结构进行布局，建设17个相关项目，并在环境整治和基础设施上加大投入，建立“政府主导、市场合作”开发模式，制定土地、资金、税收等优惠政策。探索“龙头企业带动、农户参与、第三方平台搭建、行业协会组织推动、政府提供配套服务”运营模式，增强小镇产业集聚效益和辐射带动能力。

此次龙湾屯镇的入选是泛华模式在特色小镇领域的重要发展成果，为下一步规划设计提出了明确的要求，也为泛华设计院在特色小镇方面的工作指明了方向。

2. 华侨城甘坑客家小镇打造“小凉帽”IP

文化是城市名片之魂，是城市最大的不动产。为了更好地实现文化赋能区域新旧动能转换、壮大城市发展新动能、提升核心竞争力，打通城市全要素聚集的最后一公里，泛华集团成立城市品牌创新研究中心，联合汉唐韵文化集团，致力于城市文化IP品牌及文旅版块的运营打造，凭借丰富行业经验，以及聚集的相关产业资源，泛华城市品牌创新研究中心具备从原创孵化、价值发现、价值放大到价值变现的综合能力，打造城市文化品牌金名片，赋能城市发展。

依托对城市基因的深度挖掘，以及对区域文化内容的价值孵化，城市品牌创新研究中心塑造了多个城市品牌IP形象，助力文化产业升级，推动文化归属地的民生发展。今天我们来讲讲“小凉帽”的故事。

在深圳布吉，有一个鲜为人知的村落——“甘坑”，在深圳城市建设的进程当中，这个村因其拥有大片山林、田野、河道等自然资源而被保护起来，没有进行过度开发。近年来，当地政府联合华侨城文化集团共同打造“甘坑客家小镇”，这里逐渐热闹起来，成为深圳市民周末及假期游玩的好去处。令人印象深刻的，不仅是这里的客家文化、客家建筑和自然风光，还有一个可爱的动漫形象——凉帽宝宝。

客家凉帽是一种汉族特色民俗文化，深圳甘坑是凉帽最大原产地。甘坑是有名的凉帽村，手工制作的凉帽出口全球，2011年更是被评为深圳市非物质文化遗产。2016年8月，华侨城文化集团通过结合凉帽元素、加上古香古色的小镇气质以及人们对客家女性贤惠、勤俭的认知，便有了小凉帽姐妹及铛铛狗最早的形象。

然而想要打造一个自有动漫IP，并使其成长为头部IP，并不容易，需要专业的动漫原创、制作、运营团队，对IP进行全方位、多维度的动漫IP系统化打造。因此，华侨城文化集团最终选择了国内文旅IP领域最专业的团队——汉唐韵集团，做为小凉帽IP内容运营和品牌运营的战略合作伙伴。

为了使“小凉帽”文化主题化，必须将其贯穿到吃、住、行、游、购、娱等各个环节，提高这些环节的附加值，依靠文化演艺等新的娱乐休闲消费而增加在目的地的停留时间，拉长旅游目的地产业链。并对文化旅游资源进行整合和深度开发，结合全域旅游的概念，打造区域内具有文化特色的旅游产品，形成“文化+旅游”的产业集群。

针对IP发展的需求，我们提出四大策略：

1.塑造区域个性名片，及其竞争力——将文化资源活化，产品化，使游客感受、体验，并迅速地传播出去；

2.促进文化IP和旅游融合发展——文化旅游富含人文内涵、注重感知体验，成为融合发展的新趋势；

3.形成结构完整的产业集聚——建立强化品牌基因，吸引到相关产业、资金、人才的聚集；

4.构建无形资产系统，促进文化资本运作——规范新的行为体系和新视觉系统。

通过对小凉帽IP的全方位打造，从形象优化、绘本大赛、VR乐园、文创商店、大电影制作到各渠道宣发，使小凉帽迅速成为头部IP。

● 首创IP Town特色小镇发展模式

通过深入挖掘非物质文化遗产甘坑凉帽的文化内涵打造IP形象。在设计师通过对人物角色的不断完善和调整后，呈现了小凉帽姐妹最后的形象。

● 国际绘本大赛及小凉帽IP活化

深圳第十二届“创意十二月”活动中，甘坑客家小镇每周末举办“HOT甘坑周末”系列互动，以文化庙会、民谣音乐、新型农创等IP导入，赋予小凉帽姐妹以主人翁的形象，带大家在小镇参观游玩。并举办“小凉帽国际绘本论坛”。

● VR影院——V谷乐园

在甘坑小镇的V谷乐园飞行影院，带上VR眼睛，便可跟随小凉帽姐妹一起进入到魔幻的探险世界。

小凉帽文创商店

在充满浓郁客家风情并留香百年的传统客家村落中，还开设了小凉帽文创主题商店，使“小凉帽迷”可以将小凉帽带回家。

●《小凉帽之白鹭归来》系列动画片

小凉帽系列动画片第一部预计共制作52集，主讲阿凉姐妹保护白鹭蛋、与邪恶稻草龙勇敢战斗的故事，以生活化场景展示耳目一新、宛如仙境的客家风光，童真有趣并引发深思，深入浅出诠释人与自然的关系，回归传统价值观，力求实现“人、心、自然”的统一和升华。

走入甘坑小镇便如置身于“小凉帽”的世界中，这里有“小凉帽”的绘本、衍生品、VR互动影院、主题酒店等。越来越多的游客成为了小凉帽的粉丝，小凉帽姐妹也逐渐成为了甘坑小镇的代言人，围绕“小凉帽IP”形成的产业集群也日益壮大。遵循着创造性与体验式相结合的发展路径，小凉帽IP在赋予客家小镇新的生命力的同时，也逐渐成长为国内动漫的新生力量。

3. 百丈时尚体育小镇

水是眼波横，山是眉峰聚。在浙江省泰顺县的青山间远眺，飞云湖如翡翠镶嵌在浙南大山里。在飞云湖畔坐落着一个具有历史悠久、风光旖旎的小镇——百丈。

百丈历史悠久，在新石器时代晚期就有人类活动，唐宋时期陶瓷生产达到一定规模。百丈囊括了飞云湖的三分之二的水域面积，是温州的大水缸，也是“乌飞板块”的一部分，生态环境是一张硬杠杠的名片。20世纪60年代前是一个重要的水埠码头，是全县对外交通的枢纽、浙闽两省七县的物资吞吐口岸，贡献着泰顺县90%的财政收入，是泰顺县商贸龙头重镇，有“小上海”之美誉。

2000年，随着温州市珊溪水库的建成蓄水，百丈老镇随之沉入一汪碧水之中。百丈新镇落成之后，作为库区镇，百丈面临人口大量外迁、产业发展受限等局面，经济渐趋衰败，亟待找出发展新出路。

百丈鸟瞰图

2011年以来，当地党委政府充分挖掘百丈境内飞云湖这一宝贵资源，借助国家推进体育产业发展的重大战略机遇，以引进国家青年赛艇队入驻为突破口，推出系列组合拳，建设百丈时尚体育小镇。百丈时尚体育小镇也于2016年列入温州市第一批市级特色小镇创建名单和《浙江省体育产业发展“十三五”规划》。借助创建时尚体育小镇，百丈也相继获得国家级生态镇、国家级卫生城镇、省级园林城镇、首批省级低碳试点乡镇等荣誉称号，走出了一条既保护生态环境又推动库区发展的以体育为主业推进“两山”理论实践的新路子。

3.1 系统规划，引领升级

2016年，百丈镇委托泛华集团高起点编制百丈体育产业专项规划和“时尚体育小镇”概念性规划，从战略、产业、空间、项目和投融资等五位一体，科学布局环飞云湖体育产业发展，先后完成《时尚体育小镇概念性规划》《百丈时尚体育小镇专项规划》《百丈镇体育产业专项规划》《环湖绿道慢行系统专项规划》《百丈水上运动中心控制性详细规划》等规划编制，加快推进《飞云湖国家水上国民休闲运动中心规划》编制，绘制百丈时尚体育小镇的发展蓝图。

3.2 依托优势资源，精准发力体育产业

近年来，百丈镇党委政府立足实际，坚持“以发展促保护”的理念，依托山水资源优势，抢抓适宜适度开发飞云湖的历史机遇，大力发展水上运动产业，引进运动队伍，把运动和时尚旅游相结合，着力打造“时尚体育小镇”，成功申报了国家水上运动后备人才基地和国家体育训练基地等2个国家级基地。

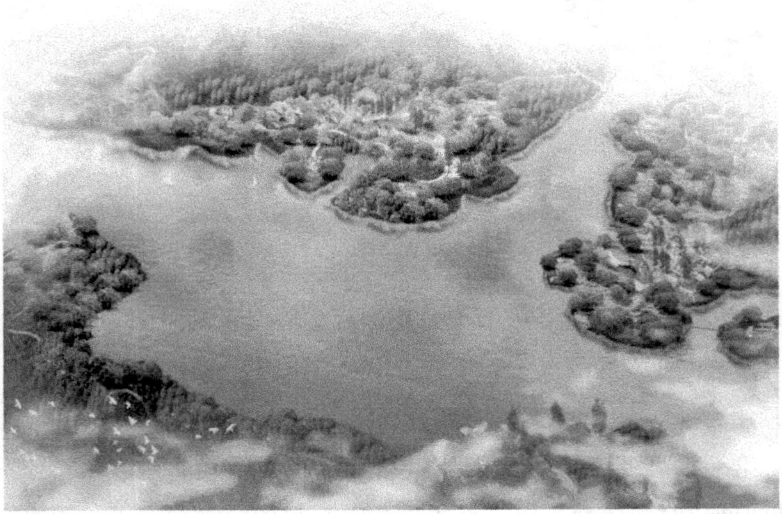

一个小镇，何以能吸引到国家水上运动管理中心将这里定为训练基地，国家青年赛艇队、辽宁皮划艇、赛艇、曲棍球以及浙江等省的赛艇专业竞技队伍也纷纷扎根这里训练，百丈镇的优势到底在哪里？百丈镇党委书记张孝存这样说：“飞云湖水域宽广、风平浪静，还有百丈的生态环境还是保持在一汪清水、两岸的自然生态，冬天温暖的气候，极佳的空气质量以及对发展体育休闲事业支持的力度，是吸引他们前来扎根的重要原因。”

早在2012年，浙江省、辽宁省皮划艇队进驻百丈开展冬季集训，近100名运动员来到飞云湖畔，百丈镇发展体育旅游、推动库区发展的序幕就此拉开。

3.3 加快体育基础设施建设，高标准打造体育训练基地

百丈镇投入5000多万元建运动员公寓、体能训练房、训练下水码头、一期曲棍球场等一批体育基础设施，落地飞云湖（国家）水上运动训练基地、辽宁省冬训基地、浙江省水上运动训练基地等3个旗舰型基地项目。目前，投资1300万元的辽宁一期曲棍球场已建成并投入使用，二期曲棍球场有望近期建成。这将是浙江省第一个可以举办国际赛事的曲棍球场。

积极与国家水上运动中心、辽宁军事航海学校和浙江水上运动中心对接，先后引进赛艇国家二队、浙江省皮划艇队、甘肃省皮划艇队、福建省皮划艇队和辽宁省曲棍球队、皮划艇队等多支队伍入驻训练，500多名体育健儿连续四年参与飞云湖冬季大集训活动。

百丈镇还依托飞云湖资源比较优势，在成为国家级训练基地的同时，先后承办全国露营大会、全市第十五届运动会皮划艇比赛、国际山地户外运动挑战赛、全国青年U16赛艇锦标赛等系列知名品牌赛事活动，极大提升了百丈镇知名度和影响力。

3.4 “时尚体育+休闲旅游”产业融合共促经济发展

2016年底，国家旅游局、国家体育总局联合发布了《关于大力发展体育旅游的指导意见》，冰雪运动旅游、山地户外旅游、水上运动旅游、汽车摩托车旅游等体育旅游新业态成为重点发展目标，其中提出，到2020年，将在全国建成100个具有重要影响力的体育旅游目的地，建成100家国家级体育旅游示范基地等，体育旅游总消费规模突破1万亿元。

以时尚的理念构塑体育景观，打造环湖绿道色彩缤纷景观旅游带，用海棠半岛的浪漫气息、时尚的体育理念打造别致的时尚体育公园。有机结合体育产业和休闲旅游，大力发展乡村旅游、民宿经济，让体育休闲成为旅游新时尚，剑指时尚旅游。

张孝存书记指出："我们主要是想通过体育搭台、旅游唱戏，融合体育跟旅游产业的发展，提高社会经济发展的水平。"

全力推进环飞云湖慢行系统项目。该项目总长28公里，融合健步、骑行、观湖观赛、马拉松等功能，打造形成一环、两带、八组团的环飞云湖色彩缤纷景观旅游带。同时，在镇域建制区打造海棠半岛，实施海棠景观绿化工程，建设休息驿站3座。依托环湖小岛资源，打造湖畔露营基地，建设集淋浴、公厕、露营设备租赁一体的游客服务中心1处，露营广场2000平方米，露营平台11个，游步木栈道1200多米。二期露营基地已正式启动建设工作。湖畔露营基地被省旅游局、体育局评为优秀体育旅游项目。

3.5 抓住特色小镇机遇，促进农民增收、产业增效、农村增绿

特色小镇建设，是中国新型城镇化发展的助推器，是打破城乡二元结构的有力抓手，百丈镇利用打造“时尚体育小镇”的契机，以农民增收、农业增效、农村增绿为目标，大力发展生态农业、乡村旅游。全镇发展杨梅、茶叶、蓝莓、板栗、脐橙、中药材、猕猴桃、桃子、红心柚等特色品种10余种，种植基地约1.8万亩，成为名副其实的“四季水果采摘基地”，把农业采摘与乡村旅游相融合，通过举办杨梅采摘节等活动，吸引县内外游客体验自助采摘旅游，促进水果销售，增加农民收入。

保护飞云湖这一潭碧水，筑牢温州300万市民的大水缸，是库区群众义不容辞的光荣使命。保护是为了更好地发展，选择把体育作为主业，是因为体育产业是朝阳产业、绿色产业。坚定不移推进时尚体育小镇建设，将为库区群众谋取体育产业发展的政策红利，真正将现有的“绿水青山”转化成为今后的“金山银山”。

4.嘉峪关特色小镇

8月22日，住房城乡建设部公布第二批全国特色小镇名单。在各地择优推荐的基础上，经组织现场答辩、专家评审和公示，认定北京市怀柔区雁栖镇等276个镇（名单见附件）为第二批全国特色小镇，自此，全国特色小镇已达403家。

2016被称为特色小镇元年，泛华集团结合中国新型城镇化发展创新模式以及在城市、县域、美丽乡村等上百个项目的实践经验，创造性的提出了产业与市场、产业与金融、产业与城镇融合发展的“泛华·三融小镇”发展计划，并在全国落地30多个国家级、省级特色小镇项目，以产城融合PPP模式切实推动特色小镇的发展。

在全国第二批特色小镇中，泛华集团全力协助甘肃省嘉峪关市峪泉镇、新疆生产建设兵团阿拉尔市沙河镇、北京市顺义区龙湾屯4.镇成功入选。这些小镇有何特色，泛华又是如何做的呢？今天我们从嘉峪关市峪泉镇开始！

8月22日，住房和城乡建设部正式公布了第二批全国特色小镇名单，由泛华集团全程协助申报的甘肃省嘉峪关市峪泉镇关城文旅特色小镇成功入选。

历史上的嘉峪关，丝路文化与长城文化交相辉映。这里不仅是明代万里长

城的西端起点，是古代丝绸之路的交通要冲，也是一座从千年古道上走来的西部明珠城市。

如今的嘉峪关，活力四射、生机勃勃，乘着“一带一路”建设的东风，这颗古丝绸之路上的明珠绽放的愈发璀璨。已经发展成为“国家综合性交通枢纽、省域副中心城市、丝绸之路重要的国际旅游目的地城市”。

新时期的嘉峪关，也正面临着推动城市产业转型发展、推进全域旅游发展、探索全域新型城镇化的战略使命。峪泉镇关城文旅特色小镇，正是承载这一使命的战略抓手和发展引擎。

峪泉镇，位于嘉峪关市西北，河西走廊西段，是我国东中部地区通往新疆的门户、丝绸之路经济带的咽喉和中转重镇。峪泉镇历史文化底蕴深厚，拥有长城世界文化遗产、关城5A景区、万里长城第一墩、悬臂长城等世界级资源。先后获得甘肃省首批综合改革试点镇、全国创建精神文明村镇先进镇、“绚丽甘肃”2013十佳旅游景区和十大魅力乡镇等荣誉称号。

为了全面推进和落实国家“一带一路”发展、甘肃华夏文明传承创新区建设，推动嘉峪关城市转型和全域旅游发展，按照国家新型城镇化、美丽乡村建设、特色小镇培育发展的总体要求，以峪泉镇创建全国建制镇示范为契机，依托深厚历史文化底蕴的世界文化遗产嘉峪关关城，建设峪泉镇关城文旅特色小镇，走出一条产城融合的文化旅游特色小镇发展之路。

泛华集团在对嘉峪关进行深入考察调研后，明确了项目总体定位：丝路驿站、雄关小镇。打造中国第一个以丝路文化、长城文化交汇，东西方文化交融，集文化体验、旅游度假、国际文化交流、文旅产业创新、休闲娱乐、旅游集散服务等于一体的特色文化旅游小镇，打造成为丝绸之路黄金段国际旅游目的地。在规划布局方面，以“雄关之心、丝路之环”为核心理念，采用象征文化融合的七彩之路，以长城第一雄关为起点，串起历史，现代和未来，走“景点互动、景城一体、古今尽阅、内外融通”的创新发展之路。

为加快关城文旅特色小镇建设，泛华集团重点策划了丝绸之路文化博览园、世界文化遗产公园（花博园）、峪泉古街古镇、旅游联接公路、文化旅游创意产业园等重点项目。并通过全省和嘉峪关市举办和承办的甘肃文博会、敦煌行丝绸之路国际旅游节、嘉峪关国际电影短片节、嘉峪关摄影展、嘉峪关奇石文化旅游节、嘉峪关国际房车博览会、国际铁人三项赛等文化体育节庆活动，不断提升嘉峪关市峪泉镇关城文旅特色小镇的知名度和美誉度，提升了峪泉特色小镇的竞争力。

5. 泛华助力新疆阿拉尔市成功入选第二批全国特色小镇

2016被称为特色小镇元年，泛华集团结合中国新型城镇化发展创新模式以及在城市、县域、美丽乡村等上百个项目的实践经验，创造性的提出了产业与市场、产业与金融、产业与城镇融合发展的“泛华·三融小镇”发展计划，并在全国落地30多个国家级、省级特色小镇项目，以产城融合PPP模式切实推动特色小镇的发展。

在全国第二批特色小镇中，泛华集团全力协助甘肃省嘉峪关市峪泉镇、新疆生产建设兵团阿拉尔市沙河镇、北京市顺义区龙湾屯镇成功入选。这些小镇有何特色，泛华又是如何做的呢？今天我们来了解一下新疆生产建设兵团阿拉尔市沙河镇！

2017年8月22日，住房和城乡建设部正式公布了第二批全国特色小镇名单，由泛华集团全程协助申报的新疆阿拉尔市沙河镇成功入选。

这里是兵团南拓的南疆第一站；是边疆的“稳定器、大熔炉、示范区”；是民族风情的展示区和民族融合的大家庭；是国家发改委公布的产城融合示范区之一，承载着推进产业转型升级和经济发展方式转变，探索“师市合一”新型城镇化发展模式的重要任务。

这里是雪山、峡谷汇集的自然丰饶之地；茫茫戈壁滩、滚滚流沙河构成小镇的生态大背景，使人仿佛置身于当年玄奘西天取经的漫漫长路；

这里是一带一路的重要节点，是传说中流淌着牛奶和蜂蜜的地方；具有良好的农业、畜牧业发展优势，苹果产业已形成品牌；奶牛养殖基地已形成规模。

数十年来，秉承无私奉献、开拓进取的兵团人将南疆的茫茫戈壁变成了环境优美、设施完备的现代化小城镇，为祖国的边疆建设作出了巨大的贡献。

泛华集团在对沙河镇进行深入考察调研后，明确了项目总体定位：将沙河镇打造成南疆地区三生融合、三宜结合、三创统一的创新型特色小城镇：以水库生态修复为契机、营造良好居住环境、培育小镇新兴产业；以苹果产业为基础、延伸提升产业链条、促进第一、第二、第三产业联动发展；以大众创新为动力、鼓励居民创业、集聚小镇人口、实现共建共享。通过培育“苹果+”产业体系，实现一业（农业）牵动、多业支撑；品牌营销、旅游推广，形成“三二一”三产融合发展路径。围绕孵化器导入、研发、生产制造、销售集散、展示展览体验等科技产业链相关环节，创新“孵化器+院校+公司”合作模式，打造“产学研政企”一体化的现代农业+科技的产业集群。

培育天山玉苹果产业，大力发展研发孵化、交易结算、旅游休闲；培育牛羊养殖及深加工产业，大力发展御品孵化中心；培育民族风情“田园综合体”，依托地方特色，增强体验，构建多维的都市型农业业态，通过一、二、三产业互融互动，最终实现申报财政部田园综合体建设试点项目。

在体制机制创新方面，大力申请省、市、县支持政策，依托五团沙河镇社会管理服务创新、镇村融合创新，规划层面加强“多规合一、顶层设计”规划理念创新、加快天山玉苹果小镇开发建设，制定了“品牌推广、平台建设、和运营模式创新”三大举措。

天山玉苹果小镇，围绕三生融合、三宜结合、三创统一的创新型特色小镇的建设目标，建设成为“新疆兵团生态农业示范基地、南疆地区农产品交易结算中心、五团民族风情田园综合体”。新疆团镇合一的典范、新疆地区新型城镇化示范团，多元民族融合的示范团，“一带一路”经济走廊的展示窗口。

景城一体、创新驱动、内外融通、绘就未来！五团沙河镇的未来将从这里起航！

6. 新疆天山玉苹果小镇炼成记

新疆生产建设兵团阿拉尔市沙河镇（五团）委托泛华集团，结合中国新型城镇化发展创新模式以及在城市、县域、美丽乡村等上百个项目的实践经验，协助特色小镇申报并以产城融合模式切实推动沙河镇（五团）特色小镇的发展。在住房和城乡建设部正式公布了第二批全国特色小镇名单，由泛华集团全程协助申报的新疆阿拉尔市沙河镇（五团）成功入选。

我国东、中、西地区条件各不相同。东部地区建制镇在地理空间上布点密集度、城镇在国内生产总值、镇区人口规模、城乡规划管理、宜居环境建设水平等方面，高于中、西部地区水平。西部地区要注重发展特色乡镇，宜农则农、宜商则商、宜游则游。

申报国家特色小镇规划体系和主要内容为：一个定位策划+五个要求+两个提升+一个空间优化落地的规划体系。

6.1 一个定位策划：要找准发展定位，明确特色小镇发展思路和重点

五个要求：产业、宜居、文化、设施服务、体制机制五个方面的专项规划和实施方案，保障特色小镇发展。

特色鲜明的产业形态。从产业特色、带动作用、发展环境三个方面阐述小城镇的产业发展特色。

和谐宜居的美丽环境。从城镇风貌、镇区环境、美丽乡村三个方面阐述小城镇的环境风貌特色。

彰显特色的传统文化。从文化传承、文化传播两个方面阐述小城镇的文化特色。

便捷完善的设施服务。从道路交通、公用设施、公共服务3方面阐述小城镇服务设施的便捷性。

充满活力的体制机制。从理念模式、规划建设、社会管理、体制机制等方面阐述小城镇的体制机制活力。

6.2 两个提升：旅游和智慧体系两个提升规划，建设系统提升

一个空间优化落地：最终通过一个空间优化落地规划落实所有规划设想，并明确实施步骤。

本次申报成功的新疆生产建设兵团阿拉尔市沙河镇（五团）位于天山支脉哈里克套山南麓，温宿县境内，距阿克苏市56公里，乌喀公路从场区北部穿过。东以玉尔滚山为界，西与二道沟扎木台毗邻，南接沙依科夫，北至盐山口。

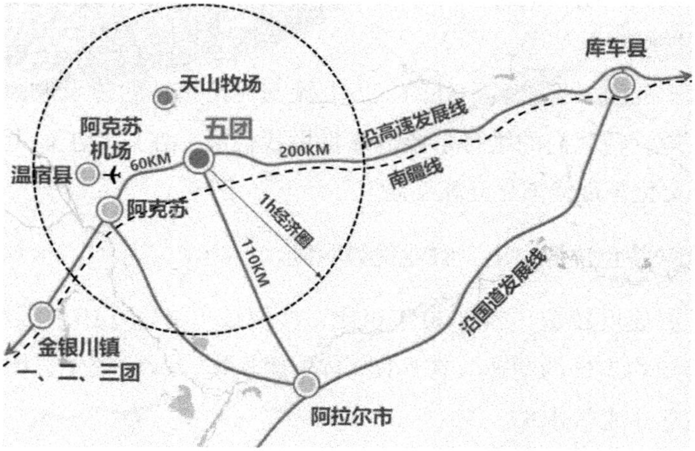

新疆生产建设兵团阿拉尔市沙河镇区位图

沙河镇（五团）总人口19657人，聚集汉族、维吾尔族、回族和其他少数民族（其中维吾尔族3207人，回族288人，其他少数民族270人）。

6.3 战略区位优势明显，南连北通的新节点

沙河镇（五团）地处南北疆交通、信息、人员、物资流通的交通要道，扼守住这条交通要道对于南疆地区的长期稳定与发展至关重要。又是阿克苏市的东大门，阿拉尔市的北大门，是南连北通的节点和关卡，西南方向直接面向

"维稳、戍边"的最前沿——南疆三地州，这里不仅能够有效阻截"三股势力"由陆地从西向东进入北疆和乌鲁木齐，而且能够对五团周边地方县市起到稳定人心和战略支援作用，从而维护区域的安全与稳定。沙河镇（五团）发挥"区域稳定的压舱石""安居乐业的安全岛""攻防兼备的战斗堡垒"作用，实现"维稳、戍边"的国家战略和历史使命。

6.4　文化旅游资源富集，兵团精神文化悠久

沙河镇（五团）毗邻举世闻名的塔克拉玛干大沙漠，地处巍峨雄浑的天山最高峰托木尔峰脚下，有西游记中传说的流沙河穿城而过，红色的屯垦历史，绿色的现代田园，神秘的西域文化，天然的冰川雪水，金色的大漠胡杨，构成了沙河镇（五团）旅游资源独特的禀赋。沙河镇（五团）北依天山南麓，团内绿化覆盖率较高，植被品种多样，依靠天山独特自然气候，团域内已能形成独特的优越小气候。

沙河镇（五团）是驰名中外的三五九旅南泥湾精神的传承地，军垦文化浸润着这片土地。辖区内的维吾尔族群众世世代代居住在这片土地上，少数民族文化与军垦文化、现代文化互相交融。

6.5　产业特色优势突出，农业优势明显

经济发展速度较快。较2000年相比，沙河镇（五团）GDP年均增长20%，近五年保持年均27%的增速。在兵团144个团场里，沙河镇（五团）GDP排名第33位，属于中上等水平。

2016年农业实现总产值15亿元，较上年同期增加3亿元。在农业内部结构中，种植业、林果业、畜牧业对农业总产值的贡献分别达到19∶67∶12，特色林果业成为农业第一大支柱。农业生产条件逐步改善，生产技术装备不断更新。

沙河镇（五团）建团之初就开始引进种植苹果，是阿克苏地区最早种植苹果的产地，至今已有60年的历史，生产的阿克苏红富士苹果以肉质酥脆、酸甜适度，耐储存而享誉全国，年产苹果13万吨已注册的"天山玉"商标，获得国家绿色食品A级产品认证和北京爱科赛尔认证中心认证颁发的万亩果品有机转换认证证书。

针对以上优势条件，在对沙河镇（五团）进行深入考察调研后，明确了项目总体定位：将沙河镇打造成南疆地区三生融合、三宜结合、三创统一的创新型特色小城镇：以水库生态修复为契机、营造良好居住环境、培育小镇新兴产业；以苹果产业为基础、延伸提升产业链条、促进一、二、三产业联动发展；以大众创新为动力、鼓励居民创业、集聚小镇人口、实现共建共享。通过培育"苹果+"产业体系，实现一业（农业）牵动、多业支撑；品牌营销、旅游推广，形成"三二一"三产融合发展路径。围绕孵化器导入、研发、生产制造、销售集散、展示展览体验等科技产业链相关环节，创新"孵化器+院校+公司"合作模式，打造"产学研政企"一体化的现代农业+科技的产业集群。

培育天山玉苹果产业，大力发展研发孵化、交易结算、旅游休闲；培育牛羊养殖及深加工产业，大力发展御品孵化中心；培育民族风情"田园综合体"，依托地方特色，增强体验，构建多维的都市型农业业态，通过一、二、三产业互融互动，最终实现申报财政部田园综合体建设试点项目。

在体制机制创新方面，大力申请省、市、县支持政策，依托五团沙河镇社会管理服务创新、镇村融合创新，规划层面加强"多规合一、顶层设计"规划理念创新、加快天山玉苹果小镇开发建设，制定了"品牌推广、平台建设、和运营模式创新"三大举措。

天山玉苹果特色小镇，围绕三生融合、三宜结合、三创统一的创新型特色小镇的建设目标，建设成为"新疆兵团生态农业示范基地、南疆地区农产品交易结算中心、五团民族风情田园综合体"。新疆团镇合一的典范、新疆地区新型城镇化示范团，多元民族融合的示范团，"一带一路"经济走廊的展示窗口。

本次特色小镇申报成功，将会给沙河镇（五团）带来新的产业动能，为当地新旧产业动能的转换乃至整个新疆地区注入了新的活力。

案例10：贵州松桃县“三苗龙都·苗人古城”

松桃，是我国最早成立的五个苗族自治县之一，武陵山地区作为苗族的核心聚居地之一，自古以来就是苗族文化发展的重要活动地；九龙坡上九仙女变龙的传说激发着历代松桃苗乡人民浪漫纯真的想象……然而，千百年来，苗乡人民历经磨难，四处漂泊。勤劳、纯善、勇敢、正直的苗家人渴望有一个繁荣进步的家园和充实丰满的精神寄托；华夏同胞和世界人民需要有一个全面了解苗族同胞的窗口和平台。

泛华认为松桃古城应以苗文化为核心，以古城为载体，以泛旅游业为产业支撑，以国际化为标准，集文化休闲、旅居度假、文体娱乐、教育医疗、城市居住等功能于一体的旅游新城。

在空间上，泛华提出以“龙飞蝶舞”为意向，九龙湖是一条飞龙，古城两岸犹如飞舞的蝴蝶两翼，形成“龙蝶飞舞”的空间意向。

“三祖宫”效果图

泛华根据文化产业定位、功能分区、产品类型和水系景观空间特色，融入旅游六要素，确定了六大特色旅游线路，同时六条旅游线相互交融，富有变化，从而丰富苗人古城旅游体系，满足游客不同需求。

项目研究人员梳理八处主要的里坊，作为古城生活居住的重要场所。在命名方式、建筑风格及景观营造等方面坊映射松桃八景。在古城东北侧依山就势打造神秘苗寨，与古城形成呼应。古城以餐饮娱乐住宿购物为主，展现苗族古城雄伟庄严，古寨以活动、演艺和体验为主，展现苗寨特色风情。

泛华提出苗寨以苗族特色行为文化体验为核心卖点，将长桌宴、拦路酒、特色婚俗、特色祭祀活动等串联成一套可供体验观赏的参与性项目。并在苗寨设置牯脏斗牛场、傩舞场、巫乐场等充满神秘色彩的苗家特色项目。山顶设置保宅神树，并设置巫傩祭坛等，营造神秘氛围。

其中，三祖宫：苗祖祭祀场所，松桃历史文化教育场所。为两进院落，前为英雄广场。后为苗祖殿（主祭始祖蚩尤，另外分设三苗九黎重要首领的塑像或牌位），广场两侧分别设东、西配殿；

九歌乐宫：苗族乐舞主题剧院及附属设施。以屈原《九歌》为依托，一方面以歌舞、乐舞的形式展示苗族历史文化典故和神话故事；另一方面展示以屈原为代表的苗族历代名人事迹。湖西岸为九歌乐宫和码头，东岸为保诺（花鼓舞）广场。

在建筑风格上，以苗人民居为范本，融合地域文化精髓，将现代工艺融入传统建筑形式，筑造苗族特色建筑。

苗寨整体效果图

古城总体效果图

泛华生态旅游规划设计院为松桃苗人古城项目提供系统解决方案，包括概念性规划、总体规划、控制性详细规划、修建性详细规划、可行性研究报告、建筑设计、市政设计、景观设计及运营管理等服务。

泛华生态旅游规划设计院作为泛华集团重要的业务板块之一，多年来一直致力于国内复建型和创新型古镇的咨询规划设计研究，为政府及开发商提供古镇咨询策划、规划设计、投融资、工程建设、运营管理等一站式系统解决方案。

通过深入挖掘地域历史文化、研究当地民风民俗，创意策划具有市场影响力和号召力的新型古镇，提出主题定位、发展目标、产业选择、开发思路、空间布局、项目策划、配套服务、节庆活动、运营管理等方案，同时提供概念性规划、控制性规划、修建性规划、单体方案设计、建筑施工图设计、配套市政工程设计及风景园林设计，并协助项目方进行运营及融资服务。

近年来，泛华生态旅游规划设计院全程参与新型古镇的创意策划与设计、开发与运营，成功运作多个新型古镇，成为中国新型古镇开发与运营的系统服务商。完成了河北唐山滦州古城、陕西耀州古城、山东枣庄微山湖古镇、遵义市余庆乌江风情小镇、河北燕都古城、贵州省松桃古城等的规划设计，在以文化旅游古镇为代表的新型古镇的规划设计及运营管理方面积累了丰富的经验。